Shareholder's Information Right
Historical Development of American Corporate Law

アメリカ会社法における
株主の会社情報の収集権

模範事業会社法の改正の経緯を中心に

澤山裕文———[著]
Hirofumi SAWAYAMA

専修大学出版局

はしがき

　本書は、平成 29 年度に専修大学へ提出した「アメリカ会社法における株主の会社情報の収集権〜模範事業会社法の改正の経緯を中心に〜」と題する博士論文に必要最小限の加筆・修正を加えたものである。博士後期課程ではアメリカ会社法における株主の会社情報の収集権を研究テーマとして、とりわけ模範事業会社法（Model Business Corporation Act）の歴史的沿革を中心に検討を進めてきた。博士論文はその研究の一つの節目となるものである。

　ところで、近時の様々な企業不祥事を背景とした健全なコーポレート・ガバナンス（企業統治）の構築に関する動向と相俟って、様々な議論が活発となっている。そのような会社の不正行為に対して、わが国の会社法は株主に種々の監督是正権を付与している。しかし、上場会社においては、株主数が多いため十分な会社情報を入手しづらく、会社経営者との情報の非対称性も大きくなるから、監督是正権の適切に行使できないおそれがある。そこで監督是正権を効率的、合理的あるいは適切に行使するための株主権として、株主の会社情報の収集権が位置付けられており、経営監督のための重要な権利であると考えられている。

　しかし、従来からその権利行使要件や拒絶事由の適用等が検討すべき重要な課題となってきたものの解決を見るには至っていなかった。そうした検討すべき重要な課題を克服するための議論を提供したいという問題意識のもと、株主の会社情報の収集権を研究テーマとして選定し、博士論文ではアメリカ会社法との比較法的検討を通して、わが国の会社情報の収集権に関する規定の今後の在り方についての提言を試みた。

　そもそも、この研究を進めていくにあたって、先行研究を辿ると会計帳簿や株主名簿といった個別の会社情報に特化した研究が多く見受けられた。しかし、その主なモデルとなっているアメリカ会社法においては、会社情報を区別

せずに議論が展開されており、たとえば、調査権（inspection right）や情報権（information right）といった分類で言及がされている。したがって、本書ではアメリカ会社法の歴史的沿革を中心に検討しているため「会社情報の収集権」という用語を用いている。

　また、アメリカ会社法における株主の会社情報の収集権については、これまで多くの優れた先行業績が蓄積されているが、それはどのような理論的根拠に基づくものであるのか、あるいは歴史的展開があって現在に至っているかが明らかでなかったように思われた。それゆえに、アメリカ会社法における株主による会社情報の収集権の歴史的展開につき、これまでの研究成果の整理をするとともに、その基盤となる理論的根拠等を明確にする必要があると考えた。

　その研究の端緒として、博士論文ではアメリカで模範として提供されている会社法である模範事業会社法に焦点を当てている。模範事業会社法は、アメリカ会社法において重要な役割を担っているが、その改正経緯等についても十分な検討がされていないのではないかと見受けられた。そこで、模範事業会社法の改正経緯を手がかりに、株主の会社情報の収集権がどのような発展をしていったのかを明らかにすることを試みている。

　博士論文の提出にあたっては、ここにお名前を挙げられないほどの多くの方々にご指導・ご助言をいただいた。とりわけ、博士後期課程の指導教授である松岡啓祐先生（専修大学法科大学院教授）には大変お世話になった。博士後期課程から専修大学に進学した筆者を快く引き受けていただき、研究者を目指すには未熟であったにも拘らず、ご多忙の中、的確かつ懇切丁寧なご指導を賜った。そのご指導がなければ、博士論文は提出できなかったであろう。心より御礼申し上げたい。

　もとより、研究者を目指すきっかけとなったのは、学部・修士課程の指導教授である小杉伸次先生（札幌学院大学名誉教授）との出会いであった。現在も温かい激励をいただいており、今の自分があるのは学部・修士課程の指導が礎となっている。

はしがき

　博士論文の審査に際しては、その審査に携わっていただいた田邊宏康先生（専修大学法学部教授）、土田亮先生（専修大学法学部教授）に心から感謝申し上げたい。博士論文の審査に係る口述試問では、今後の研究課題となりうる様々な貴重な指摘を賜り、そこでの議論も今後の糧としていきたい。

　そして、博士後期課程に進学後は東京商事法研究会に参加させていただく機会をいただいた。研究会への参加を通して日頃接することが叶わない諸先生方からも極めて有益のご助言を賜り、深く感謝したい。

　なお、本書は専修大学課程博士論文刊行助成を受けて出版される。本書の出版にあたっては、専修大学及び専修大学出版局の相川美紀氏に格別のご配慮をいただいた。厚く御礼申し上げたい。

　最後に私事にわたるが、筆者のわがままを受け入れ、何も言わずに見守り支えてくれた母・直美に心から感謝するとともに本書を捧げたい。

平成 31 年 1 月

澤山　裕文

目　　次

はしがき

序章 ……………………………………………………………………………… 1

第1章　アメリカ会社法における会社情報の収集権の歴史的沿革

第1節　アメリカ会社法における株主による会社情報の収集権の意義等

………………………………………………………………………… 11

第2節　アメリカのコモン・ローにおける会社情報の収集権の発展 …… 38

第3節　初期の制定法における株主の会社情報の収集権 ………………… 48

第4節　コモン・ローと制定法との関係 ………………………………… 56

第2章　1928年の統一事業会社法と株主の会社情報の収集権

第1節　統一事業会社法の公表 …………………………………………… 63

第2節　統一事業会社法における株主の会社情報の収集権の意義等 …… 67

第3節　統一事業会社法と1920年代以降の州会社法との関係 ………… 73

第3章　1950年の模範事業会社法の公表と株主の会社情報の収集権

第1節　模範事業会社法の公表とその影響 ……………………………… 85

第2節　模範事業会社法における株主の会社情報の収集権 …………… 92

第3節　株主への財務諸表の送付 ………………………………………… 97

第4節　模範事業会社法の全体的な各州の採用に関する状況 ………… 99

第4章　1969年改正模範事業会社法と株主の会社情報の収集権

第1節　模範事業会社法の1969年改正の経緯 ………………………… 109

第2節　1969年改正模範事業会社法の意義と株主権等との関係 ……… 113

第3節　1969年改正模範事業会社法における株主の会社情報の収集権 … 117

第4節　改正法上の会社情報の収集権に係る諸問題 …………………… 121

v

第5章　1970年代における株主の会社情報の収集権に関する諸問題
　第1節　模範事業会社法の1969年改正の意義と問題点 …………………… 129
　第2節　1972年の *Wood, Walker & Co. v. Evans* 事件の検討 ………… 134
　第3節　模範事業会社法上の会社情報の収集権に関する問題点 ……… 142
　第4節　模範事業会社法の1970年代後半の動向 ………………………… 147

第6章　1984年改正模範事業会社法と株主の会社情報の収集権
　第1節　1984年改正模範事業会社法の意義と内容 …………………… 155
　第2節　1984年改正模範事業会社法における株主の会社情報の収集権 … 162
　第3節　改正法の会社情報の収集権に関する規定の特徴 ……………… 178
　第4節　株主への財務諸表の送付との関係 …………………………… 191

第7章　1990年代以降の模範事業会社法の展開と株主の会社情報の収集
　　　　権
　第1節　1990年代の企業法制の動向と模範事業会社法 ……………… 197
　第2節　1998年改正模範事業会社法と株主の会社情報の収集権 ……… 204
　第3節　2010年改正模範事業会社法等と株主の会社情報の収集権 …… 213
　第4節　各州会社法の採用状況 ………………………………………… 219

第8章　模範事業会社法の2016年改正と主な州会社法との関係
　第1節　模範事業会社法の2016年改正の意義と株主の会社情報の収集権
　　　　………………………………………………………………………… 229
　第2節　デラウェア州会社法 …………………………………………… 241
　第3節　ニューヨーク州会社法 ………………………………………… 253
　第4節　カリフォルニア州会社法 ……………………………………… 260

目　次

第9章　わが国における株主の会社情報の収集権とその問題点

第1節　会社情報の収集権の意義とその沿革等 ……………………………… 269

第2節　会社情報の収集権の沿革 …………………………………………… 281

第3節　会社情報の収集権の行使等を巡る判例の動向 ………………… 302

第4節　株主による会社情報の収集権に関する諸問題 ………………… 318

終章 ……………………………………………………………………………… 333

序章

　わが国の会社法は、株主に種々の会社情報の収集権を認めている。株主の会社情報の収集権は、経営監督のための重要な権利であり[1]、監督是正権を効率的、合理的あるいは適切に行使するための株主権として考えられている[2]。あるいは、種々の監督是正権を実質化させるための権利であるともいわれる[3]。

　たとえば、その一つである株主名簿閲覧謄写請求権（会社法 125 条 2 項）は、その意義として次のように考えられている。株主名簿の備置及び利害関係者に正当な閲覧請求に応じる義務を取締役に課すことは、直接には株主等の保護を図り、間接的に株主の構成等といった会社の状態を監視することにより、会社の利益を保護するための制度であると説明される[4]。

　さらに、株主が取締役の責任追及等の訴えを提起するために必要な調査をする場合等に重要な役割を果たす会計帳簿閲覧謄写請求権（会社法 433 条 1 項）がある。会社法は株主に種々の監督是正権が付与しているが、そうした権利を効果的ないし適切に行使するために、会社の業務及び財産状況に関する正確かつ詳細な情報を入手しておく必要があるから、会計帳簿の閲覧謄写請求権が認められている[5]。

　あるいは、株主提案権（会社法 303 条）の行使のために、株主が取締役会議事録の閲覧謄写を求める判例をみるに至っている。こうした株主による会社情

---

1) 松岡啓祐『最新会社法講義（第 3 版）』121 頁（中央経済社、2016 年）。

2) 尾崎安央「東京商事法研究会・シンポジウム 株主の経営監督機能 基調講演（2）株主の情報収集権」判タ 872 号 20 頁（1995 年）。

3) 龍田節＝前田雅弘『会社法大要（第 2 版）』185 頁（有斐閣、2017 年）。

報の収集権の中で広く直接的でかつ裁判所を通じた強力な調査権として検査役選任請求申立権（同法 358 条 1 項以下）がある [6]。

　株主の会社情報の収集権は、近時のコーポレート・ガバナンス（企業統治）の向上に向けた動向と相俟って、その行使に関して様々な議論が活発となっている。そこでは権利行使の要件や拒絶事由の適用等が問題となり、それらは検討すべき重要な課題となっている [7]。

　ところで、企業社会においては、コーポレート・ガバナンスの向上のために、株主の適切な権利行使が重要な役割を担っている。たとえば、アメリカでは取締役あるいは会社役員により責任を持たせることを意図して、議決権行使の有効性を高める株主民主主義（shareholder democracy）の動きが活発になっている [8]。上場会社等についてはインターネット等を通じた株主ないし投資者の権利の強化も連邦証券取引委員会（Securities and Exchange Commis-

---

4) 山下友信編『会社法コンメンタール 3―株式 (1)』289 頁［前田雅弘］（商事法務、2013 年）、酒巻俊雄＝龍田節編集代表『逐条解説会社法 第 2 巻 株式・1』205 頁［志谷匡史］（中央経済社、2008 年）、上柳克郎＝鴻常夫＝竹内昭夫編集代表『新版注釈会社法 (6)―株式会社の機関 (2)』200 頁［山口幸五郎］（有斐閣、1987 年）参照。株主名簿については、株券の電子化・ペーパレス化といわれる振替制度の施行に伴い、その運用に変化がみられるところである。その点については、拙稿「株券の電子化・ペーパレス化と株式取引を巡る問題点の検討〜公開・上場会社を中心に〜」専大院 55 号 62 頁以下（2014 年）を参照していただければ幸いである。また、同制度における株主権の行使とその問題点につき、同「振替制度における個別株主通知の意義と問題点〜近時の判例の動向を中心に〜」専大院 54 号 1 頁（2014 年）参照。

5) 江頭憲治郎『株式会社法（第 7 版）』707 頁（有斐閣、2017 年）。会計帳簿閲覧謄写請求権の意義につき、江頭憲治郎＝弥永真生編『会社法コンメンタール 10―計算等 (1)』131 頁［久保田光昭］（商事法務、2011 年）、上柳克郎＝鴻常夫＝竹内昭夫編集代表『新版注釈会社法 (9)―株式会社の計算 (2)』201 頁［和座一清］（有斐閣、1988 年）を参照。

6) 松岡・前掲（注 1）119 頁。

7) たとえば、組織再編・M&A における株主の会社情報の収集権に係る近時の判例の展開につき、荻野敦史「株主の情報取得権」神田秀樹＝武井一浩編『実務に効く M&A・組織再編判例精選（ジュリスト増刊)』192 頁（有斐閣、2013 年）を参照。

sion）等によって考えられている[9]。

　この点については、わが国においても近時の様々な企業不祥事を背景に、コーポレート・ガバナンスに関する種々の議論が展開されている。たとえば、コーポレート・ガバナンスの強化を目的とした会社法の改正法が平成 27 年 5 月 1 日より施行された[10]。

　そうした動向としては、その他にも平成 26 年 2 月に金融庁より公表された「『責任ある機関投資家』の諸原則《日本版スチュワードシップ・コード》～投資と対話を通じて企業の持続的成長を促すために～」や、平成 27 年 3 月に金融庁と東京証券取引所を共同事務局とする有識者会議によって原案が公表され、同年 6 月 1 日より適用が開始されている上場会社の企業統治の指針となる「コーポレートガバナンス・コード」がある[11]。

　日本版スチュワードシップ・コードでは、その原則 3 で機関投資家はスチュ

---

8)　*See* Lisa M. Fairfax, *The Future of Shareholder Democracy*, 84 IND. L. J. 1259（2009）.政治における民主主義と企業における民主主義の比較につき、*See* Usha Rodrigues, *The Seductive Comparison of Shareholder and Civic Democracy*, 63 WASH. & LEE L. REV. 1389（2006）. 上場会社での株主の役割に関する近時の議論の歴史的研究として、*See* Dalia Tsuk Mitchell, *Shareholder as Proxies: The Contours of Shareholder Democracy*, 63 WASH. & LEE L. REV. 1503（2006）.

9)　アメリカにおける株主権の強化に関する論稿として、*See* Lucian Arye Bebchuk, *The Case for Increasing Shareholder Power*, 118 HARV. L. REV. 833（2005）.

10)　平成 26 年改正会社法全般の検討につき、松岡啓祐「会社法改正の概要とその課題について―平成 26 年改正の動向を中心に―」専紀 39 号（民事法の諸問題 XIV）127頁（2014 年）等を参照。近時の動向については、同「著書の第 3 版刊行と企業法制の動向について」専修大学今村法律研究室報 65 号 10 頁（2016 年）等も参照。

11)　諸外国におけるコーポレートガバナンス・コードの検討として、イギリスにつき、川島いづみ「コーポレートガバナンス・コードとイギリス会社法」鳥山恭一＝中村信男＝高田晴仁編『現代商事法の諸問題―岸田雅雄先生古稀記念論文集―』239 頁（成文堂、2016 年）参照。フランスの動向については、石川真衣「フランスにおけるコーポレートガバナンス・コードの見直しについての覚書」早法 91 巻 1 号 37 頁（2015 年）参照。この点については、江頭憲治郎「コーポレート・ガバナンスの目的と手法」早法 92 巻 1 号 95 頁（2016 年）も参照。

ワードシップ責任を適切に果たすために、投資先企業の状況を的確に把握すべきとされている。コーポレートガバナンス・コードにおいても、上場会社に対して、その原則1‐2で株主総会における権利行使に係る適切な環境整備を要求する。そのうえで、補充原則1‐2①では株主総会において株主が適切に判断を行うことに資すると考えられる情報の開示を求めている。適切なコーポレート・ガバナンスの構築するために、会社と株主あるいは投資家との対話が重要視されている。株主ないしは投資者と会社との対話は、その前提として、株主等が会社情報を入手することで一層有意義なものになると考えられる。

　もっとも、これら2つのコードの施行後も、金融庁の「スチュワードシップ・コード及びコーポレートガバナンス・コードのフォローアップ会議」で重要な議論がされたほか、東京証券取引所の「上場制度整備懇談会」にあっても上場会社向けの規範の在り方について重要な検討が行われ、平成29年5月には日本版スチュワードシップ・コードの改訂版が公表されている[12]。さらに、「株主総会プロセスの電子化促進等に関する研究会」等でも多くの提言がされており、商事法務研究会に設置された「会社法研究会」では制度の課題等についての議論がされた[13]。平成29年2月には法務大臣より次期会社法改正に関する諮問もあった。そこでは、社外取締役の設置強制の是非や株主総会の電子化、あるいは濫用的な株主権の行使への対応が検討課題となっており、企業法制の動向は活発である。

　商事法務研究会に設置された会社法研究会（座長：神田秀樹学習院大学教授）では、株主代表訴訟における株主の資料収集や議決権行使書面の閲覧謄写請求権の濫用的な行使の制限に係る検討で、株主が会社情報を直接的な閲覧を認めるべきかが議論された。その議論の中では、株主の直接的な会社情報の収

---

12)　改訂された日本版スチュワードシップ・コードの解説として、田原泰雅＝染谷浩史＝安井桂大「スチュワードシップ・コード改訂の解説」商事2138号15頁（2017年）がある。

13)　神田秀樹「特集 会社法施行10年の実情と課題―特集にあたって」ジュリ1495号14頁（2016年）。

集を否定して、検査役による調査を通じて株主の権利を担保しようとする見解が有力に示されたようである[14]。この点、会社法研究会の報告書では、会社情報の収集権の行使により収集した会社情報の目的外利用等の濫用が懸念されることや、株主の資料収集の権限を強化するのであれば、会社の利益に反する株主による責任追及等の訴えを制限する措置を併せて採る必要があるという意見等もあったとする。そのため、会社情報の収集権に関する規律の見直しの要否については引き続き検討することが相当であるとされた[15]。

もとより、会社情報の収集権の中心である会計帳簿閲覧謄写請求権は、昭和25年商法改正でアメリカ法上の会社情報の収集権（inspection right of books and records）に倣い導入された[16]。しかし、その行使要件や拒絶事由の適用あるいは閲覧の対象となる範囲については争いがあるのみならず、株主名簿との違いも議論の対象となっている。さらに、昭和25年商法改正において重要な役割を果たしていたGHQという外圧がない環境で、わが国にふさわしい会社情報の収集権の在り方を模索すべきであると主張されている[17]。

他方で、株主による会社情報の収集権は監督是正権との連係も問題となる[18]。株主には、取締役の経営監督機能を果たすために、株主による会社の不正行為に対する監督是正権が付与されており、コーポレート・ガバナンスの健全性を確保するためにはその行使が重要となる。そうした権利としては、株主代表訴訟提起権（会社法847条。株主による責任追及等の訴え）がある。た

---

14) 中東正文「株主による会社の書類への直接的アクセス」金判1509号1頁（2017年）。

15) 公益社団法人商事法務研究会 会社法研究会「会社法研究会報告書」商事2129号29頁（2017年）。

16) 江頭＝弥永編・前掲（注5）131頁［久保田光昭］、上柳ほか編・前掲（注5）201頁［和座一清］。

17) 中東・前掲（注14）1頁。

18) 会社法上の監督是正権と株主の会社情報の収集権との関係については、中村信男「株主権の機能的連関」石山卓磨＝上村達男編『酒巻俊雄先生還暦記念 公開会社と閉鎖会社の法理』507頁以下（商事法務研究会、1992年）を参照。

5

だ、株主代表訴訟では株主に責任発生原因事実の主張ないし立証をしていかなければならない。そこで、株主はこれを裏付ける資料ないしは情報を収集することになり、そのためには取締役会議事録や会計帳簿の閲覧等が重要な手段となる[19]。しかし、上場会社においては株主数が多いため十分な会社情報を入手しづらく、それにより会社経営者との情報の非対称性も大きくなるために建設的な対話や責任追及が十分に出来ないおそれがある[20]。

そもそも、わが国のコーポレート・ガバナンスは、諸外国の会社法制と比べて、株主を中心に置く会社法制を有していながら、実際に現れているコーポレート・ガバナンスに乖離があるといわれている。すなわち、わが国の株式保有構造はアメリカやイギリスのように分散しているが、会社経営陣の権限が強い一方で株主は弱い立場にあるとする。この点はアメリカと比較してもその傾向が強いとの批判がある。さらに、日本企業の取締役会は大多数がその会社の出身者である取締役によって支配されていると指摘されている[21]。

そこで本稿は、まず、株主による会社情報の収集権につき、わが国の主なモデルになっていると考えられているアメリカ会社法における歴史的展開やその機能等を明らかにする。次いで、わが国の会社情報の収集権の意義や判例の動向等をアメリカ会社法との比較をしながら整理する。そのうえで、そうした検討を通して、わが国の会社情報の収集権に関する規定の在り方等につき有益な

---

19) 佐藤鉄男「株主代表訴訟における資料収集」小林秀之＝近藤光男『新版・株主代表訴訟大系』223 頁以下（弘文堂、2002 年）参照。なお、株主による会社情報の収集権についての実務に関しては、三苫裕ほか編著『会社訴訟・紛争実務の基礎―ケースで学ぶ実務対応』72 頁以下（有斐閣、2017 年）を参照されたい。

20) 久保田安彦「株式会社法の基礎（第 2 回）株式会社の区分規制」法セ 726 号 108 頁（2015 年）参照。この点については、内藤裕貴「経営判断原則の再考（3・完）―ドイツにおける経営判断原則の立法化を中心として―」早研 155 号 242 頁（2015 年）も参照。

21) *See* Reinier Kraakman et al., The Anatomy of Corporate Law―A Comparative and Functional Approach, 75 (3d ed. 2017). また、岩原紳作編『会社法コンメンタール 7―機関（1）』24 頁［岩原紳作］（商事法務、2013 年）も参照。

示唆を得ようとするものである。その構成をまとめると次のようになる。

第1章では、アメリカ会社法における株主による会社情報の収集権を検討する前提として、アメリカ会社法における株主権の意義について、その分類を中心に整理し、会社情報の収集権がどのように位置付けられているのかを明らかにする。そのうえで、会社情報の収集権の理論的根拠に関する学説の状況をみていく。その検討を踏まえて、会社情報の収集権の起源と考えられているイギリスにおける展開を検証する。

そして、アメリカ会社法における株主の会社情報の収集権について、初期のコモン・ローや制定法あるいは判例法の動向を中心に検討する。その検討にあたって、コモン・ロー上の会社情報の収集権は権利行使の要件やその運用についての判例の展開及び救済手段について概観する。そうしたコモン・ロー上の権利が反映されて制定された1900年代前半の制定法に係る問題点やその問題を裁判所がどのように解決を図っていったのかを確認する。

第2章では、アメリカにおける株主による会社情報の収集権の展開と関連して、各州法の統一を目的として、統一州法委員会全国会議（National Conference of Commissioners on Uniform State Laws）によって1928年に公表された統一事業会社法（Uniform Business Corporation Act）に焦点を当てる。同法は会社情報の収集権について重要な規定を有していた。さらに、会社情報の収集権を補完するものとして、会社の情報開示について規定していた点にも特徴がある。そこで統一事業会社法における株主の会社情報の収集権を当時の州会社法の動向にも触れながら検討する。

第3章では、統一事業会社法に代わって、再度各州法の統一を試みるべく1950年の模範事業会社法（Model Business Corporation Act）がアメリカ法曹協会（American Bar Association）によって公表される。そこで模範事業会社法の公表経緯を踏まえて、同法における株主の会社情報の収集権の特徴を検討する。それとともに、統一事業会社法との違いや各州に採用状況についても確認する。連邦会社法を有していないアメリカにおいて、各州会社法の模範となることを意図して起草された模範事業会社法における株主の会社情報の収集権

は、わが国の当該権利の在り方を検討するうえで重要であると考えられる。

　その後の展開として、第4章で1960年代のアメリカ会社法制の動向を確認し、模範事業会社法の最初の大きな改正である1969年改正の経緯を概観する。そのうえで、その他の株主権等の改正にも触れながら、1969年改正模範事業会社法における株主の会社情報の収集権の改正点を中心に、模範事業会社法において、株主の会社情報の収集権がどのような展開をしていったのかを検討を行う。

　ところで、アメリカ会社法における株主の会社情報の収集権も問題を有していなかったわけではない。そこで、第5章ではアメリカ会社法における株主による会社情報の収集権に関する規定で議論の多かった不当拒絶の防止策について、再考する契機になったと考えられる1972年の *Wood, Walker & Co. v. Evans* 事件を検討する。同事件の検証を通して、会社役員の不当拒絶に対する防止策に関する当時の学説の状況を確認する。そのうえで、模範事業会社法は1984年に大規模な改正がされるが、その改正に至るまでの変遷につき、1969年改正後の動向を概観する。

　そうした種々の検討課題を明らかにしたうえで、第6章は模範事業会社法が公表されて初めてとなる抜本的な改正である1984年改正についての検討を行う。その検討にあたっては、改正の経緯にも言及しつつ、1984年改正模範事業会社法における株主の会社情報の収集権の特徴について分析する。模範事業会社法の1984年改正では会社情報の収集権について抜本的な改正がされることになり、諸判例の動向や州会社法との関係も踏まえながら検討する。

　模範事業会社法の1984年改正以降の動向として、第7章において1990年代から2000年代の展開に焦点を当てて検討を行う。1984年改正以降の動向の特徴として、たとえば、1998年改正では会社情報の収集権に関して情報技術を柔軟に取り入れていることが注目される。あるいは、会社の事務負担の軽減を意図した改正やアメリカ特有の株式の保有形態に関する点についても一定の手当てがされている。さらに、2010年には株主総会の基準日との関係での会社情報の収集に関する改正がされている。この点については、わが国においても

近時議論が活発にされており、有益な示唆に富むものと思われる。

　さらに、第8章では、アメリカ会社法の近時の動向として、1984年改正以降初めての全面改正であるといわれる模範事業会社法の2016年改正につき、その経緯と株主の会社情報の収集権の関係について検討を行う。2016年改正模範事業会社法における株主の会社情報の収集権は、模範事業会社法の1984年以降の改正点が整理された。それとともに、会社情報の収集権の行使によって得られる情報の利用について手当てがされている点に特徴がある。そのうえで、アメリカにおいて主な州会社法として考えられているデラウェア州会社法、ニューヨーク州会社法、カリフォルニア州会社法における株主の会社情報の収集権に関する規定を概観し、模範事業会社法の規定との比較検討を行う。

　そうしたアメリカ会社法における株主の会社情報の収集権の検討を受けて、第9章で、わが国における株主の会社情報の収集権についての検討を行う。この章では、まず、株主権ないし株主による会社情報の収集権の意義に関する学説の展開を確認する。それを踏まえて、株主の会社情報の収集権に関する規定の沿革について整理する。そのうえで、わが国における会社情報の収集権の要件あるいは拒絶事由の在り方につき、アメリカの模範事業会社法等との比較を交えながら、検討も行うこととする。

　最後に、これまでの日米の会社法における株主による会社情報の収集権の比較法的検討を通して、どのような示唆が得られたかを分析する。そうした検討から、わが国の会社情報の収集権に関する規定の今後の在り方について提言していきたい。

第1章　アメリカ会社法における会社情報の収集権の歴史的沿革

第1節　アメリカ会社法における株主による会社情報の収集権の意義等

1．株主権の意義と理論的根拠等

(1)　株主権の意義

　株式会社において、株主は、その会社について十分な情報を有していない限り、保有している株式の売却や議決権の行使又は勧誘、あるいは派生訴訟（derivative suits）の提起といった株主としての権利の適切な行使ができないと考えられている。そこでアメリカでは、会社法上の株主権の一つとして株主による会社情報の収集権が制定法あるいは判例によって認められている[1]。

　アメリカでは株主の会社情報の収集権の他に、会社ないし他の株主によって提示された議案に投票する議決権や経営上の疑問に対して会社経営陣に説明を求める権利、あるいは株主の有する権利が侵害された等の場合に訴訟を提起する権利を有しているとされている[2]。こうした種々の株主権は、アメリカではどのように分類され、その理論的根拠はどのように考えられているのであろうか。アメリカにおいて、株主の会社に対する権利は伝統的に3つの側面を有し

---

1)　ROBERT CHARLES CLARK, CORPORATE LAW, 96（1986）.

2)　See WILLIAM F. MAHONEY, THE ACTIVE SHAREHOLDER—EXERCISING YOUR RIGHTS, INCREASING YOUR PROFITS, AND MINIMIZING YOUR RISKS, 94（1993）.

ていると考えられている[3]。

第1に、会社の支配及び経営に関する権利（rights as to control and management）である。こうした権利として、①取締役の選解任に関する議決権及び定時株主総会や臨時株主総会の開催に付随する権利、②会社の存在及び組織に関する定款の変更（amendment of charter）又は他の基本的変更についての議決権、③取締役や会社役員の権限あるいは報酬といった多くの事項を定める附属定款（bylaws）の作成及び修正に関する議決権、④授権した事業の範囲で、株主の利益のために公正かつ慎重に経営されている会社を所有する権利が挙げられている。

第2に、所有者としての権利（proprietary rights）がある。この権利には、①剰余金の分配を比例して受領する権利、②会社の全部又は部分清算において残余財産の分配を受領する権利、③新株の発行又は定款の変更のような持分利益（share interest）に影響する会社の行為において、株主が会社経営陣もしくは支配株主から平等かつ公正な取扱いを受ける権利、④株式の譲渡が有効であることを前提として、株主名簿に株主として記録される権利、⑤会社の債務に関する個人責任を免責する特権がある。

第3に、救済及びそれに付随する権利（remedial and ancillary rights）である。この分類に含まれる権利には、①情報についての権利（right to information）として、会社情報を調査する権利、②経営過誤又は権限のない経営の防止もしくは救済するための行為である代表訴訟又は派生訴訟（representative or derivative suits）の提起権及びその権利を法的に執行することを会社に強制する権利、③個人的権利の侵害に対するコモン・ロー上、エクイティ上あるいは法定の救済を求める権利がある。

株主の会社情報の収集権は、以下で検討するように、会社の所有者としての

---

3) *See* JAMES D. COX & THOMAS LEE HAZEN, 2 THE LAW OF CORPORATIONS, 452-454 (3d ed. 2010). ちなみに、WINTHROP BALLANTINE, BALLANTINE ON CORPORATIONS, 389 (rev. ed. 1946) も同様の分類をしている。

権利から派生するものと理解されているが、救済を求める権利としての側面も有していると考えられている。さらに、救済及びそれに付随する権利としての側面を有する他の株主権に鑑みると、アメリカにおいても、株主の会社情報の収集権は実質的な救済を求めるための前提となる権利として位置づけられていることが窺われる。

(2) 学説上の株主権の分類

近時の学説では、株主権を経済的権利（economic rights）、支配権（control rights）、情報権（information rights）、訴訟提起権（litigation rights）の4つに分類する見解もある[4]。以下では、この見解の内容について概観していく[5]。

まず、株主は主に経済的利益の獲得を目的として、会社に対して投資を行う。経済的利益を得るには2つの方法があり、一つは会社の利益の配当を受領することである。もう一方は、所有する株式の一部又は全部の売却によって利益を得ることである。こうした権利が株主の経済的権利であるとする。

次いで、株式会社の重要な特徴として挙げられるが、所有と経営が分離しているという点である。株主は会社を所有していると観念できるが、事業を運営していくという権利は有していない。会社を運営していく権限は取締役会に付与されているものの、株主が事業と一切関連を持たないとするのは不都合も多い。そこで株主は事業に関連する重要な問題については議決権を有しており、その行使を通じて会社を支配する権限が与えられているとする。これを株主の支配権と位置付ける。

これと関連して、株主は支配権を適切に行使するために会社の運営に係る情報を入手する権利をいくつか有している。その一つとして、株主は州会社法に

---

4) *See* Julian Velasco, *The Fundamental Rights of the Shareholder*, 40 U.C. DAVIS L. REV. 407, 413（2006）.

5) *See id.* at 413-424.

基づく会社情報の収集権が与えられている。あるいは、公開会社の株主は1933年証券法（Securities Act of 1933）及び1934年証券取引所法（Securities Exchange Act of 1934）を中心とする連邦証券諸法に基づく情報開示（disclosure）を通して会社情報を入手する権利を有している。

そして、株主は、派生訴訟（derivative litigation）という手段を用いて、会社経営陣の会社と株主に対する信認義務（fiduciary duties）の法的執行あるいは当該義務違反に伴う損害賠償を求める訴訟提起権を有している。派生訴訟は、株主が会社を代表して会社経営陣に対して行う訴訟であるが、当該訴訟提起により、間接的に株主が利益を享受できるとされる。それゆえに、訴訟提起権が認められているとする。

この分類でも、株主の会社情報の収集権は株主の基本的な権利の一つとして挙げられており、その重要性が窺われる。この見解における株主による会社情報の収集権の特徴としては、伝統的な株主権の分類では監督是正権との関係で論じられているのに対して、この学説では議決権との関連で議論が展開されており、議決権を適切に行使するための権利として位置付けていることが挙げられる。さらに、株主の州会社法に基づく権利としての会社情報の収集権だけではなく、連邦証券諸法に基づく情報開示もその対象としているのもこの見解の特徴といえよう。

(3)　株主権と契約理論

アメリカにおいて、株主の権利の分類に相違があるものの、こうした種々の権利が認められているのは、次のことを理論的根拠とする。すなわち、株式という持分は、主として会社資本に対する寄与を基礎とした利益共有契約（profit-sharing contract）を基礎にすると考えられている。この共有契約に基づき、かつ、持分の保有者としての地位によって、株主には権利が認められているとする[6]。

---

6)　COX & HAZEN, *supra* note 3, at 452.

第 1 章　アメリカ会社法における会社情報の収集権の歴史的沿革

　もとより、19 世紀初期のアメリカにおいて、株主の権利は「会社は財産の受託者であり、株主はその持分に応じて有する」とする信託理論に基づいていたとされている。その後、工業が発達し、株式会社形態を採用する企業の増加に伴い、株主有限責任の原則や株式の流通に関する株主権に関する諸制度が形成された。その理論構成においても信託理論に代わって、契約理論が採用されるに至った[7]。

　すなわち、「会社の charter は州と会社、および株主と会社（または株主相互間）の契約に基礎をなす。州と会社との契約によって会社に法人格が与えられ、株主と会社の契約によって株主の権利が発生する」という特殊な契約理論が形成された[8]。そのうえで、charter が株主の権利や義務、あるいは責任の基準となり、その内容を明らかにするものであると考えられている[9]。

2．アメリカ会社法における会社情報の収集権の意義

(1)　会社情報の収集権の意義

　アメリカにおいて、株式会社は伝統的にその所有者である株主の利益のために運営されなければならないといわれ[10]、株主の利益最大化のために運営さ

---

[7]　富山康吉「アメリカ会社法における株主の地位の変遷」京都大学商法研究会『英米会社法研究』146-147 頁（有斐閣、1950 年）。

[8]　酒巻俊雄「株式会社の本質観と会社法理―イギリス法とアメリカ法―」星川長七先生還暦記念『英米会社法の論理と課題』7 頁（日本評論社、1972 年）。その詳細については、久保田安彦「初期アメリカ会社法上の株主の権利 (1)」早法 74 巻 2 号 96 頁以下（1999 年）参照。ちなみに、石川真衣「フランス株式会社法における資本概念 (2・完)」早誌 66 巻 2 号 27 頁（2016 年）によれば、フランス会社法において、株主の権利は資本概念と密接な関連を有しているとする。そのため、アメリカ会社法と異なる株式会社像を提示していると述べている。

[9]　WILLIAM MEADE FLETCHER ET AL., 7A FLETCHER CYCLOPEDIA OF THE LAW OF PRIVATE CORPORATION. 225-226 (rev. vol. 2014). なお、初期のフランス会社法に関する研究として、石川真衣「フランスにおける株式会社の成立と展開 (1) (2) (3) (4・完)―会社本質論への手がかりとして―」早研 149 号 25 頁（2014 年）、150 号 1 頁（2014 年）、151 号 25 頁（2014 年）、153 号 29 頁（2015 年）がある。

15

れなければならないと考えられている[11]。それを実現するためには、株主も会社が適切な運営がされているかを監督（monitors）する必要がある。株主が会社を監督するためには、容易に会社情報を入手でき、自由にかつ低廉な費用で他の株主と意思疎通を図る方法の確保が重要となる[12]。

そこでアメリカのほとんどの州では会社に対して会社情報の保存を要求している。会社に保存が要求されている会社情報は会社の会計に関する記録のみならず、取締役会や株主総会の議事録あるいは株主名簿が含まれている。会社は会社情報を通して株主に対して説明を行う。そのため会社は会社情報を作成する義務を負っていると解されている[13]。

そのうえで、各州会社法は株主にそれらを調査する会社情報の収集権を認めている[14]。各州会社法が株主の会社情報の収集権を認めているのは、株主は会社業務についての情報を得るという基本的な権利を有していると考えられているからである[15]。また、そうした制定法は株主の利益となるように解釈されなければならないとも指摘される[16]。少数株主にとって会社情報の収集権の行使によって会社の帳簿や記録から得られた情報は非常に有益なものである

---

10) ADOLF A. BERLE, JR. & GARDINER C. MEANS, THE MODERN CORPORATION AND PRIVATE PROPERTY, 333（1932）.

11) 森田章『会社法の規制緩和とコーポレート・ガバナンス』65頁（中央経済社、2000年）。

12) Randall S. Thomas, *Improving Shareholder Monitoring of Corporate Management by Expanding Statutory Access to Information*, 38 ARIZ. L. REV. 331, 331（1996）.

13) *See* WILLIAM E. KNEPPER & DAN A. BAILEY, 1 LIABILITY OF CORPORATE OFFICERS AND DIRECTORS, 5-10（8th ed. 2015）.

14) *See* RICHARD D. FREER, THE LAW OF CORPORATION IN A NUTSHELL, 143（7th ed. 2016）. なお、株式会社でない会社や非営利会社といった他の会社の構成員についても、会社情報の収集権が認められている（*See* 18 C.J.S. *Corporations*, 697（2007））。

15) *See* WILLIAM MEADE FLETCHER ET AL., 5A FLETCHER CYCLOPEDIA OF THE LAW OF PRIVATE CORPORATION, 241（rev. vol. 2012）.

16) 18 C.J.S. *Corporations*, 697（2007）. そのような判示をした事案として、1941年の *State ex rel. Foster v. Standerd Oil Co.*事件（18 A.2d 235（Del. 1941））がある。

第1章　アメリカ会社法における会社情報の収集権の歴史的沿革

とされている[17]。

　もっとも、アメリカにおいて、株主に広範な会社情報の収集権が認められている実際上の理由としては次の指摘もある。すなわち、内部監督機関である監査役といった常置の監督機関がなく、株主の自主的監督権を強くするとともに株主の自己防衛機能を強化する必要があるためともいわれる[18]。

(2)　会社情報の収集権の機能

　株主の会社情報の収集権はいくつかの重要な役割を担っている。第1に、株主は会社に保存が要求されている会社情報の一つである株主名簿の調査によって他の株主と意思疎通を図ることができる。これにより、会社役員に不満のある株主が当該会社役員の解任を意図した委任状合戦（proxy fight）を行うことを可能にする[19]。

　第2に、会社情報の収集権は株主が会社役員の責任を追及するための証拠を集めるにあたっては大きな威力を発揮するとされている[20]。すなわち、株主が会社情報を収集せずに、会社の監督機関として会社役員に対する訴訟を効果的に行うのは困難であるともいわれる[21]。

　株主の会社役員に対する責任追及に係る情報収集手段との関連で、アメリカにおいては訴訟のための証拠収集手段として訴訟開始後の情報開示の制度である discovery（開示。以下「ディスカバリー」という）がある。ディスカバ

---

17)　F. Hodge O'Neal & Robert B. Thompson, 2 O'Neal's Oppression of Minority Shareholders, 227（2d ed. 2003). Mahoney, *supra* note 2, at 123 は、株主が十分な情報を有していることが、その権利を適切に行使するための重要な要素になると述べている。

18)　菅原菊志「取締役・監査役の説明義務」『企業法発展論〔商法研究II〕』463頁（信山社、1993年）、山村忠平『株主の説明請求権』164頁（千倉書房、1969年）。

19)　*See* Browning Jeffries, *Shareholder Access to Corporate Books and Records: The Abrogation Debate,* 59 Drake L. Rev. 1087, 1088（2011）.

20)　近藤光男『株主と会社役員をめぐる法的課題』384頁（有斐閣、2016年）。

21)　Jeffries, *supra* note 19, at 1089.

17

リーは、民事訴訟において両当事者が自らに有利な証拠・情報も不利な証拠・情報もあらかじめ相手方と共有しなければならないとする制度である。これによりアメリカでの民事訴訟の戦略性を低め、実体的真実を発見するための強力な手段とされており、正当な理由なく開示を拒否すると強力な制裁が裁判所によって科されることとなっている[22]。

　会社情報の収集権とディスカバリーは、会社役員への責任追及の局面において、会社情報の開示という点で類似した機能を果たすと考えられる。しかし、私的訴訟（civil action）において、会社情報の収集権はディスカバリーに代わるものではないと指摘される[23]。この点につき、1997 年の *Security First Corp. v. U.S. Die Casting and Development Co.*事件[24]において次のような判示がされている。すなわち、会社情報の収集権とディスカバリーは同じではなく、混同すべきではないとする。裁判所は、その理由として、会社情報の収集権の場合は収集の対象となる会社情報が正確さをもって（with rifles precision. ライフルのように正確に）特定されなければならない。その一方で、ディスカバリーはしばしば会社情報の収集権よりも収集する会社情報の対象が広くなることがあるから両者を区別している[25]。

---

22)　浅香吉幹『アメリカ民事手続法（第 3 版）』81 頁（弘文堂、2016 年）。ディスカバリー制度については、同・81 頁以下、高橋宏志「米国ディスカバリー法序説」法学協会編『法学協会百周年記念論文集　第三巻』527 頁（有斐閣、1983 年）を参照。ちなみに、かねてより、わが国においてディスカバリーという制度を欠くことが株主の情報収集を困難にしていると指摘されている（田中英夫＝竹内昭夫『法の実現における私人の役割』47 頁（東京大学出版会、1987 年）参照）。

23)　EDWARD P. WELCH ET AL., FOLK ON THE DELAWARE GENERAL CORPORATION LAW, 739-740 (2016 ed. 2016).

24)　687 A.2d 563 (Del. 1997).

25)　*See id.* at 570; Stephen A. Radin, *The New Stage of Corporate Governance Litigation: Secution 220 Demands*, 26 CADROZO L. REV. 1595, 1599-1600 (2005).

第1章　アメリカ会社法における会社情報の収集権の歴史的沿革

(3)　会社情報の収集権の機能に関する近時の判例の動向

　会社情報の収集権の重要な機能の一つである株主が会社役員の責任を追及するための証拠収集であるが、派生訴訟に関する情報を収集するための会社情報の収集権の利用について、近時その点に言及する判例が見受けられる。そこでは、提訴に際しての情報収集手段として、会社情報の収集権の積極的な利用が示唆されている[26]。

　そうした判示をしたリーディングケースと考えられているのが、1993年の *Rales v. Blasband* 事件[27]である。同事件において、裁判所は株主が派生訴訟において情報を得る手段として会社情報の収集権の行使が少ないことを指摘したうえで、取締役の不正行為の主張をする場合、訴訟提起前の情報収集手段として株主に会社情報の収集権の行使を提案する判示をした[28]。あるいは、前述の *Security First Corp. v. U.S. Die Casting and Development Co.* 事件では、会社情報の収集権が派生訴訟を提起するための端緒として有益な機能を果たすと判示する[29]。1996年の *Grimes v. Donald* 事件[30]においても、裁判所は株主に対して派生訴訟を提起する以前に必要な情報を得るためにすぐに利用ができる手段として会社情報の収集権の行使を示唆していた。

　さらに、2000年の *Brehm v. Eisner* 事件[31]では次のように述べられている。

---

26)　E. Norman Veasey & Christine T. Di Gugliekmo, *What Happened in Delaware Corporate Law and Governance from 1992-2004? —A Restrospective on Some Key Developments,* 153 U. PA. L. REV. 1399, 1466 (2005); EDWARD BROADSKY & M. PATRICIA ADAMSKI, LAW OF CORPORATE OFFICERS AND DIRECTORS—RIGHTS, DUTIES AND LIABILITIES, 567 (2015). 派生訴訟と会社情報の収集権との関係に言及する判例の動向として、近藤・前掲（注20）384頁以下も参照。

27)　634 A.2d 927（Del. 1993）.

28)　*See id.* at 934 n.10. この点については、*See* Randall S. Thomas & Kenneth J. Martin, *Using State Inspection Statutes for Discovery in Federal Securities Fraud Actions,* 77 B. U.L. REV. 69, 83（1997）.

29)　687 A.2d 563, at 571.

30)　673 A.2d 1207（Del. 1996）.

31)　746 A.2d 244（Del. 2000）.

すなわち、「原告は訴答する目的のために（for pleading purposes）、必要な事実を詳しく説明するためにすぐ利用することができる手段を有しているであろう。たとえば、株主が請求した文書につき、正確さをもって正当な目的及び具体的のかつ個々の特定性を立証することができる場合は、デラウェア州一般会社法220条に基づく関連する会社の帳簿及び記録を請求することができる」とする[32]。

　あるいは、2000年の *Ash v. McCall* 事件では会社情報の収集権は派生訴訟で利用することができるのではなく、むしろ行使すべきであると判示している[33]。近時の事案である2010年の *King v. VeriFone Holdings, Inc.* 事件[34]においても、前述の *Rales v. Blasband* 事件の判示を引用しつつ、派生訴訟の提起にあたっての会社情報の収集権の重要性を強調している[35]。

3．株主の会社情報の収集権の行使目的とその特徴

(1)　株主の会社情報の収集権の行使目的

　株主の経営監督機能を果たしている会社情報の収集権はその行使の具体的な目的を次の4つに分類できるとされている[36]。第1に、自己の投資を評価である。そのような例としては、配当が支払われなかった理由や経営過誤が懸念される場合の調査を目的とする会社情報の収集が挙げられる。あるいは、自己の保有する株式価値の算定を目的とした会社情報の調査がある。そうした事案としては、1996年の *Thomas & Betts Co. v. Leviton Manufactuying Co.* 事件[37]

---

32)　*Id.* at 266.

33)　S. Mark Hurd & Lisa Whittaker, *Books amd Records Demands and Litigation: Recent Trends and Their Implications for Corporate Governance*, 9 DEL. L. REV. 1, 9 (2006). *See* 2000 Del. Ch. LEXIS 144, at *56 n.56 (Del. Ch. Sep. 15, 2000).

34)　994 A.2d 354 (Del. Ch. 2010). なお、同事件の解説として、近藤・前掲（注20）380頁がある。

35)　*Id.* at 363-364 n.33. *See* Jeffries, *supra* note 19, at 1090-1091.

36)　*See* CLARK, *supra* note 1, at 100-103.

37)　685 A.2d 702 (Del. 1996).

第 1 章　アメリカ会社法における会社情報の収集権の歴史的沿革

がある。この事案において、裁判所は自己の投資の価値を知ることは正当な目的であり、基本的かつ重要な目的であると述べている[38]。

もとより、自己の投資の価値を調査するという目的は、閉鎖会社の株主にとって、とりわけ重要な目的であると指摘される。すなわち、閉鎖会社においてはその保有する株式の価値を算定する市場がなく、連邦証券諸法に基づく強制開示（mandatory disclosure）の対象となっていない。そのため会社の財務情報が入手できなければその価値を容易に算定することができず、会社情報の収集権が一層重要なものになるといわれる[39]。

他方で、上場会社において自己の保有する株式価値の算定を目的とした会社情報の調査を認めることに裁判所は謙抑的である。そうした事案としては、1992 年の *BBC Acquisition Corp. v. Durr-Filauer Medical, Inc.*事件[40]がある。同事件で裁判所は「非公開閉鎖会社（nonpublicily-held corporation）の投資者の場合は、自身の投資をどのように保護するか又は維持するかを判断するために会社の帳簿及び記録を調査する必要があるが、この事案はそうした場合に該当しない」と述べている[41]。

第 2 に、投資家として（qua investor）、他の株主と意思疎通を図ることを目的とする会社情報の収集である。この類型には潜在的な会社支配権の変更も含まれ、経営陣の交代を目的とした委任状勧誘や公開買付け（tender offer）への応募の促進等がこれにあたる。たとえば、1976 年の *Crane Co. v. Anaconda Co.*事件[42]は公開買付けの勧誘を目的として会社情報の収集権の行使した事案である。

---

38)　*See id.* at 713.

39)　Arthur R. Pinto & Douglas M. Branson, Understanding Corporate Law, 133 n. 245（4th ed. 2013）; Freer, *supra* note 14, at 146.

40)　623 A.2d 85（Del. Ch. 1992）.

41)　*Id.* at 91.

42)　382 N.Y.S.2d 707（N.Y. 1976）. 同事件の検討として、木村真生子「公開買付けにおける敵対的買収による株主名簿閲覧謄写請求権の行使」筑波ロー 17 号 51 頁以下（2014 年）がある。

さらに、会社に対する訴訟の原告を募る目的での株主名簿の調査も含まれよう。そのような事案としては 1993 年の *Compaq Computer Corp. v. Horton* 事件 [43)] がある。同事件では次のような興味深い判示がされている。すなわち、株主の会社情報の収集権の行使目的が株主としての利益に合理的な関連があったとしても、会社の利益を害するものであってはならないと述べている [44)]。

　この分類は自己の投資の評価を目的とする第 1 の分類とは異なり、会社の事業活動に対する情報を得ることを目的とするものではない点に特徴がある。ちなみに、裁判所は委任状勧誘や公開買付けが正当であるか又は会社の最善の利益となるかどうかについて評価をしないといわれている [45)]。

　第 3 に、投資とは関係のない個人的利益を得るための会社情報の収集である。この分類は企業秘密や株主名簿に記載されている情報を得て競業者等に提供することを目的とするものである。第 4 に、株主自身の経済的利益とは関係のない企業の社会的責任を果たすために行使される会社情報の収集である。このような目的のために会社情報の収集権が行使された代表的な事案としては、1971 年の *State ex rel. Pillsbury v. Honeywell, Inc.* 事件 [46)] がある。この事件では軍事兵器の製造をやめさせるために自己の発言権の強化を目的として会社情報の収集権を行使した事案であった [47)]。

　このように大きく分類して 4 つの類型で行使される会社情報の収集権であるが、当該権利行使がされる状況の多くは最初の 2 つを目的とするものである。ただ、それらが会社情報の収集権の行使に要求されている「正当な目的」となるかは不明確であり、裁判所の判断に委ねられている [48)]。

　たとえば、公開買付けの勧誘を目的とした前述の *Crane Co. v. Anaconda Co.*

---

43)　631 A. 2d 1（Del. 1993）. 同事件の解説として、黒沼悦郎「株式原簿閲覧請求権行使の正当な目的」商事 1491 号 39 頁（1998 年）がある。

44)　*See id.* at 4.

45)　JESSE H. CHOPER & JOHN C. COFFEE, JR. & RONALD J. GILSON, CASES AND MATERIALS ON CORPORATIONS, 629（8th ed. 2013）.

46)　191 N.W.2d 406（Minn. 1971）.

事件で裁判所は、すべての株主に公開買付けの目論見書（prospectus）を送付
し、他の株主と意思疎通を図る目的は不当ではないとして会社情報の収集権の
行使を認められている[49]。その一方で、*BBC Acquisition Corp. v. Durr-
Filauer Medical, Inc.*事件も公開買付けの勧誘も目的として会社情報の収集権
を行使した事案であったが、裁判所は「BBC 社の真の（あるいは主たる）目
的は、公開買付けの価格を再設定すること又は公開買付け自体を再構築するこ
とを判断することである」として当該権利行使を認めなかった[50]。

(2) 正当な目的の内容と複数の権利行使目的

正当な目的の内容として、たとえば、1987 年の *Conservative Caucus Re-
serch, Analysis & Education Foundation, Inc. v. Chevron Corp.*事件では次のよ
うに述べられている。すなわち、会社の特定の問題について他の株主と意思疎
通を図るのは正当な目的であるということを前提に、会社の行う事業の経済的
リスクについて他の株主との意思疎通を図ることを求めるのは正当な目的であ
るとする[51]。あるいは、2002 年の *Saito v. McKesson HBOC, Inc.*事件におい

---

47) 同事件については、久保田光昭「帳簿・書類閲覧謄写請求権について（二）」上法
33 巻 1 号 158 頁以下（1990 年）や、米山毅一郎「株主の株主名簿閲覧謄写請求に関
する一考察」奥島孝康＝千野直邦編『現代企業法の諸問題―小室金之助教授還暦記
念』152 頁以下（成文堂、1996 年）等を参照。ちなみに、当時のアメリカにおいて、
こうした社会的目的による株主権の行使されたのは、会社情報の収集権の他に株主
提案権がある。その点を検討する論稿として、小杉伸次「株主提案権―SEC による
提案権の規制―」専法 24 号 57 頁（1977 年）がある。わが国における議論として
は、久保大作「社会的目的による株主提案権の行使―試論―」黒沼悦郎＝藤田友敬
編『江頭憲治郎先生還暦記念 企業法の理論（上巻）』499 頁（商事法務、2007 年）
を参照。

48) CLARK, *supra* note 1, at 100. アメリカにおける正当な目的に関する判例の動向につい
ては、*See* COX & HAZEN, *supra* note 3, at 458-461.

49) *See* 382 N.Y.S.2d 707, at 713.

50) 623 A.2d 85, at 89. これら判例については、木村・前掲（注 42）51-52 頁、55-56 頁
も参照。

51) *See* 535 A.2d 568, 571（Del. Ch. 1987）.

ては可能性のある不正行為（possible wrongoing）を調査するという目的は正当な目的であるとする[52]。

　もっとも、近時は、株主が正当な目的を主張するときであっても、株主は裁判所が不正行為を推認できる「信頼できる根拠（creable basis）」といわれるいくつかの証拠を示さなければならず、株主の推測的な主張のみでは不十分であるとされている。こうした理解に基づき、2006 年の *Seinfeld v. Verizon Communications, Inc.*事件[53]以降、デラウェア州の裁判所においては株主が会社情報の調査する法的価値の立証の要求が厳格となっていった[54]。

　さらに、正当な目的が立証されたとしても、会社の保有するすべての会社情報を調査できるわけではない。株主が調査できる会社情報は、調査目的を達成するために必要不可欠な会社情報のみであるとされている[55]。こうした見解は 1987 年の *Helnsman Management Services, Inc. v. A & S Consultants, Inc.*事件[56]から示されており、同事件がその後の判例に影響を及ぼしているとされている[57]。すなわち、同事件において、裁判所は「単に可能性のある一般的な不正行為を調査する目的との申立てでは、広範な（筆者注：デラウェア州会社法において会社情報の収集権を規定する）220 条の救済の権限が株主には与えられない」と述べていた[58]。

---

52)　*See* 806 A.2d 113, 116（Del. 2002）. これら正当な目的に係る判例については、カーティス・J・ミルハウプト編『米国会社法』119 頁（有斐閣、2009 年）も参照。

53)　909 A.2d 117（Del. 2006）. 同事件を検討する論稿として、釜田薫子「デラウェア州における株主の閲覧権と正当目的の立証―『信頼できる根拠』基準の適用―」同法 67 巻 6 号 153 頁以下（2015 年）、前原信夫「株主の帳簿・記録の閲覧権と正当な目的の立証における『信頼できる証拠』という基準」近藤光男＝志谷匡史編著『新・アメリカ商事判例研究（第 2 巻）』303 頁（商事法務、2012 年）がある。

54)　CHOPER & COFFEE & GILSON, *supra* note 45, at 629. この点については、前原・前掲（注 53）305 頁以下も参照。

55)　釜田・前掲（注 53）149 頁。

56)　525 A.2d 160（Del. Ch. 1987）.

57)　釜田・前掲（注 53）151 頁。

58)　525 A.2d 160, at 165-167.

第 1 章　アメリカ会社法における会社情報の収集権の歴史的沿革

　この点に関する近時の判例としては、2011 年の *Espinoza v. Hewlett-Packard Co.*事件[59]がある。同事件で、裁判所は不可欠性について「ある文書が株主の閲覧目的の核心部分を扱っており、当該文書に含まれる重要情報が他の情報源から入手できないこと」とする[60]。

　ところで、株主の会社情報の収集権を行使する目的が様々なものから構成されていて、そうした目的の一つが不当な目的であった場合には当該権利行使ができるのであろうか。この点につき、1969 年の *Mite Corp. v. Heil-Coil Corp.*事件[61]で次のように述べられている。すなわち、「原告が一つでも正当である目的を提示した場合、会社は原告のその他の目的ないしは名簿に関心のある本来の理由を証明することによっても拒絶することはできない」とする[62]。

　さらに、1972 年の *Credit Bureau Reports, Inc. v. Credit Bureau of St. Paul, Inc.*事件[63]では次のような判示をしている。同事件は委任状勧誘を目的とした株主名簿の調査を求めた事案であるが、委任状勧誘は株主としての利益に合理的に関連する目的であり、株主名簿の調査を求める更なる目的あるいは副次的な目的があることは関係がないとする[64]。その後の事案である前述の *Helnsman Management Services, Inc. v. A & S Consultants, Inc.*事件でも、「一度でも株主が主たる正当な目的を有していると判断されると、株主が副次的な目的や隠れた動機を有していても、そうした目的ないし動機は無関係である」と判示している[65]。

---

59)　同事件を検討する論稿として、釜田薫子「米国の株主代表訴訟と株主の情報収集—閲覧可能な文書の範囲と『不可欠性』の要件—」北村雅史＝高橋英治編『藤田勝利先生古稀記念論文集　グローバル化の中の会社法改正』197 頁（法律文化社、2014 年）がある。

60)　同事件に係る裁判所の判断については、釜田・前掲（注 53）149-150 頁も参照。

61)　256 A.2d 855（Del. Ch. 1969）.

62)　*Id.* at 858.

63)　290 A.2d 691（Del. Ch. 1972）.

64)　*See id.*

(3) 株主の会社情報の収集権の特徴

アメリカ会社法における会社情報の収集権の特徴として、次の点が挙げられている[66]。第1に、制定法上の株主の会社情報の収集権には会社の行っている実際の運営（physical operation）や日常業務の調査は含まれていないとされている。第2に、会社情報の収集権は株主の代理人による行使が認められていることである。第3に、会社情報の収集権を行使できる株主は名義株主にとどまらず、株式の実質的保有者や議決権信託（voting trust）の委託者のような株式の法的権限を譲渡している者にも認められている。第4に、制定法上の権利としての会社情報の収集権はコモン・ロー上の会社情報の収集権と並存する。ただ、その対象は制定法上の権利では法定されているのに対して、コモン・ロー上の権利については不明確である等といった違いがある。

もとより、アメリカにおいて株主の会社情報の収集権はエクイティ（衡平法）上の権利であるとされている。それゆえに、裁判所は伝統的なエクイティ上の権限に基づき、会社情報の収集権を認める際にその対象となるべき会社情報の範囲の特定や会社情報の収集に際して他者に見せてはならないといった各種の条件を付すことができ、その実際としてもそのような対応が行われるのが通常であるといわれている。そのうえ、裁判所の命令に違反した場合には裁判所侮辱罪となるため、その実効性が高いとされている[67]。

さらに、わが国とは異なる点として、会社情報の収集権の対象となる会社情報が会計帳簿や取締役会議事録といった個別具体的ではないことに特徴がある。すなわち、会社経営陣の請求を追及する場合においても、会社情報の収集

---

65) 525 A. 2d 160, at 160; *See* MELVIN ARON EISENBERG & JAMES D. COX, BUSINES ORGANIZATIONS—CASES AND MATERIALS, 341 （11th ed. 2014）.

66) *See* FREER, *supra* note 14, at 144.

67) 神田秀樹「会計帳簿等の閲覧謄写権」ジュリ 1027 号 24-25 頁（1993 年）参照。RUSSELL B. STEVENSON, JR., CORPORATIONS AND INFORMATION: SECRECY, ACCESS, AND DISCLOSURE, 152 （1980）は、会社情報の収集権はエクイティ裁判所で最初に発展したと述べている。

権の行使により得ようとする会社情報の範囲は個別具体的な会社情報ではない。たとえば、前述した *Seinfeld v. Verizon Communications, Inc.* 事件においては、経営過誤及び 3 人の会社役員に支払われた高額な報酬の調査を目的としてそれに関連する会社の帳簿及び記録の調査を求めた事案であった。

近時の事案である 2016 年の *Amalgamated Bank v. Yahoo! Inc.* 事件 [68] でも役員報酬等の調査を目的として広く会社情報の調査を請求している。こうした事案からも明らかなように、アメリカにおいては会社情報の収集権が責任追及における証拠収集手段としての機能を十分に果たしていることが窺われる。

上述のような目的で行使される会社情報の収集権であるが、その理論的根拠はどのように説明され、アメリカ会社法の展開のなかでどういった変遷を辿ってきたのであろうか。そこで、以下では、まず、会社情報の収集権の理論的根拠を整理することにしたい。

4．会社情報の収集権の理論的根拠

(1) 所有権理論

株主の会社情報の収集権は、株式会社における株主の位置付けに係る理解から、所有権理論（ownership theory）[69] と代理人理論（agency theory）[70] の 2 つの基本的な理論の下で発展した [71]。所有権理論によれば、株主は会社資産の実質的な所有者として会社情報の収集権が認められるとする [72]。すなわち、会社と株主は分離し法的存在は区別され、会社の財産は株主ではなく会社に帰

68）　132 A.3d 752（Del. Ch. 2016）. 同事件の検討として、熊代拓馬「DGCL220 条（b）項における『帳簿および記録』の範囲」商事 2129 号 44 頁（2017 年）がある。

69）　Thomas, *supra* note 12, at 335 は、会社における株主の財産権と述べている。

70）　Johnathan D. Horton, *Oklahoma shareholder and Director Inspection Right: Useful Discovery Tool?*, 56 OKLA. L. REV. 105, 107（2003）は、代理人理論を番犬理論（" watchdog" theory）と述べている。

71）　Jeffries, *supra* note 19, at 1099.

72）　*Id. See* W. E. Shipley, Annotation, *Purposes for Which Stockholder or Officer May Exercise Right to Examine Corporate Books and Records*, 15 A.L.R. 2d 11, 15（1951）.

属しているが、株主が会社情報を調査する権利は株主の会社資産及び財産の基礎をなす所有に基づくとする[73]。

それゆえに、株主による会社情報の収集権は株主が会社財産を実質的所有しているということに対する付帯的権利であると考えられた[74]。これに加えて、会社情報の収集権は株主自身の利益保護という潜在的な地位に不可欠な構成要素（integral component）であるから、利益の追求に必要な（commercial necessity）権利と解することができるとも考えられている[75]。

ただし、所有権理論に基づいていると考えられる判例においてもその根拠には若干の違いがみられる。すなわち、1901年の *State ex rel. Bulkley v. Whites & Weless* 事件では、株主は会社の準所有者（quasi-ownership）であるとする[76]。1907年の *Varney v. Baker* 事件は、会社資産の「エクイティ上の所有者（eqitable owner）」と判示している[77]。あるいは、1934年の *Ralston v. Grande Ronde Hosp.* 事件では株主は会社の利害関係人（interested person）であるから、会社情報の収集権は重要な権利であると述べている[78]。

こうした判例の動向に対して、学説においては、株主は会社資産の「エクイティ上の所有者」であるから会社情報の収集権が認められるとする見解が多く

---

73) FLETCHER ET AL., *supra* note 15, at 241-242; BALLANTINE, *supra* note 3, at 389. 18A AM. JUR. 2d, 162 (2004) も、株主が会社の所有者であるから会社情報の収集権が認められているとするが、この権利が認められたのは政策的な理由があることを示唆している。ちなみに、Graciano C. Regala, *Nature of the Stockholders to Examine the Books of the Coporation*, 21 PHIL. L. J. 74, 75 (1941) は、会社は株主とは法的に独立した存在であるということは法の機能によっても覆すことができないと述べている。

74) Note, *"Proper Purpose" for Inspection of Corporate Stock Ledger*, 1970 DUKE L. J. 393, 394 (1970); Samuel M. Koenigsberg, *Provisions in Corporate Charters and By-laws Governing the Inspection of Books by Stockholders*, 30 GEO. L. J. 227, 228 (1942).

75) Brian C. Griffin, *Shareholders' Inspection Rights*, 30 OKLA. L. REV. 616, 616 (1977).

76) 28 So. 922, 925 (La. 1900).

77) 80 N.E. 524, 525 (Mass. 1907).

78) *See* 39 P.2d 362, 362 (Or. 1934). なお、こうした判例の展開については、*See* COX & HAZEN, *supra* note 3, at 455 n. 5.

第1章　アメリカ会社法における会社情報の収集権の歴史的沿革

見受けられる[79]。もっとも、株主の会社情報の収集権は会社資産の実質的所有（beneficial ownership）を基礎とした権利であるとする学説もある[80]。このように理解の異なる点もあるが、所有権理論は株主が会社財産の所有者であるという認識に基づいていることに相違はない。

(2)　代理人理論

　会社情報の収集権は、ある意味で会社は単に株主の資産を管理している代理人あるいは受託者という事実に起因するといわれる。そのうえで、会社情報の収集権はその資産に対して利益を有する株主が説明を受ける権利であるとする[81]。

　株主は共有財産たる会社情報を調査する権利を当然に有するとしても、そうした会社情報は現実には会社役員やその代理人の管理のもとに置かれている。そのため、株主が会社情報を収集する手段が必要であると考えられた[82]。この点に関連する判例としては 1885 年の *Huyler v. Cragin Cattle Co.*事件[83]があり、裁判所は次のように述べている。すなわち、「会社の帳簿は、取締役又は経営者の私的財産ではなく、株主の受託者としての取引の記録である」とする[84]。

79）　STEVENSON, *supra* note 67, at 152; Frank G. Newman, *Inspection of Stock Ledgers and Voting Lists*, 16 Sw. L. J. 439, 440（1962）; Susan B. Hoffnagle & Jolyan A. Butler, *Shareholders' Right to Inspection of Corporate Stock Ledger*, 4 CONN. L. REV. 707, 709（1972）; JEFFREY D. BAUMAN & RUSSELL B. STEVONSON, JR. CORPORATIONS LAW AND POLICY: MATERIALS AND PROBLEMS, 555（8th ed. 2013）.

80）　Note, *supra* note 74, at 394.

81）　FLETCHER ET AL., *supra* note 15, at 243; Koenigsberg, *supra* note 74, at 227; HARRY G. HENN & JOHON R. ALEXANDER, LAWS OF CORPORATIONS AND OTHER BUSINESS ENTERPRISES, 537（3d ed. 1983）. Thomas, *supra* note 12, at 336 も、株主の会社情報の収集権は株主と会社経営陣との代理関係（agency relationship）にも基礎づけられると述べている。

82）　Thomas, *supra* note 12, at 336; FLETCHER ET AL., *supra* note 15, at 243-244.

83）　2 A. 274（Ch. 1885）.

そのうえで、代理人理論によれば会社の取締役あるいは執行役は株主という所有者の利益のための受託者（trustee）として機能し、株主は次の3つのことから会社役員らによって管理される会社の帳簿を閲覧する必要があると考えられている[85]。第1に、会社財務の健全性（financial well-being of the corporation）を確認するためである。第2に、取締役らが会社財産の浪費あるいは誤った経営に行わせないためである。第3に、取締役らが適切に会社の事業を営み、信認義務（fiduciary duties）に従っているかを確認するために必要といわれる。

　代理人理論に依拠していると思われる事案として、1946年の*Albee v. Lamson & Hubbard Corp.*事件[86]がある。同事件で、裁判所は「株主は会社の財務情報、行った事業及び運営された業務の内容並びに株主の財産を委託された会社経営陣が、会社の利益に忠実かつ効率的に行動したかどうかに関する信頼できる情報を入手する権利がある」と判示している[87]。

(3)　投資者としての会社情報の収集権

　アメリカは連邦会社法を有していないが、実質的な連邦会社法として機能している連邦証券諸法も、情報開示の理念の基づき投資者に対して財務諸表の完全開示（full disclosure）等によって広範な情報を提供し、証券詐欺（fraud）に対するさまざまな保護を与えている[88]。こうした情報開示の理念は、ブランダイス判事が「日光は最大の消毒剤であり、電灯は最も有能な警察官である[89]」と述べたことに現れているといわれる[90]。

　そもそも、株主は投資者であり、投資者は株式価値の向上を享受するために

---

84)　*Id.* at 278.

85)　*See* Jeffries, *supra* note 19, at 1100.

86)　69 N.E.2d 811（Mass. 1946).

87)　*Id.* at 813.

88)　CLARK, *supra* note 1, at 96; PINTO & BRANSON, *supra* note 39, at 133.

89)　LOUIS D. BRANDEIS, OTHER PEOPLE'S MONEY AND HOW THE BANKERS USE IT, 92（1914).

第1章　アメリカ会社法における会社情報の収集権の歴史的沿革

会社の業績が適切に反映されているかを知る権利を有している[91]。会社情報の収集権もそうした連邦証券諸法による情報開示の一つとして位置付けられている[92]。とはいえ、財務諸表等の情報開示それ自体は株主の会社情報の収集権を代替するものではなく、会社経営陣が株主の会社情報の調査を拒絶する理由にはならないと考えられている[93]。

　すなわち、会社の経営陣の中には計画的に会社の状況について、株主を無知又は誤解のもとに置き続けている。しかし、事業の健全性という観点からは投資者が会社経営陣と事業の状況の継続的な監視（watchful eye）が不可欠である。これは、会社経営陣には経営者としての著しい不適格あるいは長年の不正行為に責任を有している可能性があるためである。そこで株主がそうした不正行為に対する責任を追及しようとするときに、会社の記録の調査あるいは情報を得ることができなければ経営陣はその責任追及を免れる可能性がある。それゆえに会社情報の収集権が必要であるともいわれている[94]。

5．会社情報の収集権の起源とイギリス会社法の展開

(1)　会社情報の収集権の起源

　コモン・ローに基づく会社情報の収集権は上述のように所有権理論及び代理人理論という重複する理論を基礎に形成された。そもそも、コモン・ローはイギリスで発展し、同国が世界中に植民地を持ったために広がったイギリス法を中心とする法体系を指す言葉である[95]。そこでは法体系を構成している法形

---

90)　黒沼悦郎『アメリカ証券取引法（第 2 版）』4 頁（弘文堂、2004 年）。なお、アメリカにおける情報開示に関する詳細な研究として、湯原心一『証券市場における情報開示の理論』（弘文堂、2016 年）がある。

91)　*See* Fred S. McChesney, *"Proper Purpose," Fiduciary Duties, and Shareholder-Raider Access to Corporate Information*, 68 U. Cin. L. Rev. 1199, 1205-1206（2000）.

92)　*See* Phillip I. Blumberg, *The Public's "Right to Know": Disclosure in the Major American Corporation*, 28 Bus. Law. 1025, 1043（1973）.

93)　Ballantine, *supra* note 3, at 389.

94)　Fletcher et al., *supra* note 15, at 244.

31

式の中で判例法が一次的な法源としての地位を占めていることを意味してお
り、判例法が一般法的機能を果たしている[96]。コモン・ローは普通法ともい
われる。

　そのコモン・ローにおける会社情報の収集権は、1700 年代の産業革命時に
イギリスにおいて初めて認められた[97]。イギリスにおける会社情報の収集権
は次のことをその理論的根拠とする。すなわち、株式会社については持分の譲
渡自由性といった組合に適用される法律の多くが修正されて適用されていた
が、これは組合の構成員を株主と区別する根拠にはならないとされており、会
社は実質的には組合であると考えられていた[98]。

　組合において、その構成員は当該組合の事業に関連した取引についての会計
帳簿を自由に調査する権限を有していると考えられており、この理解が株主に
も妥当するとされていた[99]。そのうえ、会社の運営に携わる会社構成員であ
る株主は会社業務について十分な認識を持つ必要があり、そうした認識不足は
会社の利益獲得の機会を逸してしまうおそれがある。そのため株主は会社情報
の収集権を有する必要があると考えられた[100]。

　さらに、17 世紀以前、会社は信託受益者（cestui que trust）として株主の
利益のために財産を保有する受託者であると厳格に考えられていた[101]。した
がって、株主の代理人あるいは受託者である取締役は会社の行った取引等につ
いては適切な帳簿を保存し、その内容を株主に報告する明確な義務を負ってい

---

95)　樋口範雄『はじめてのアメリカ法（補訂版）』2 頁（有斐閣、2013 年）。

96)　伊藤正己＝木下毅『アメリカ法入門（第 5 版）』90 頁（日本評論社、2012 年）。

97)　WILLIAM F. WALSH, A HISTORY OF ANGLO-AMERICAN LAW, 383（2d ed. 1932).

98)　WALTER B. LINDLEY, 1 A TREATISE ON THE LAW OF COMPANIES, CONSIDERER AS A
　　BRANCH OF THE LAW OF PARTNERSHIP, 1（6th ed. 1902).

99)　HENRY SALT & HUGH E. FRANCIS, A TREATISE ON THE LAW OF PARTNERSHIP, 491（11th
　　ed. 1950).

100)　FRANCIS WILLIAM CLARK, 1 A TREATISE LAW OF PARTNERSHIP AND JOINT-STOCK
　　COMPANIES, ACCORDING TO THE LAW OF SCOTLAND, 387（1866).

101)　Thomas, *supra* note 12, at 336.

第 1 章　アメリカ会社法における会社情報の収集権の歴史的沿革

るとされていた[102]。

(2)　産業革命による社会の発展

　産業革命による近代企業社会の発展に伴い、イギリスのコモン・ロー上では株主の経済的利益を保護するために会社情報の収集権が認められ始めた[103]。アメリカの判例ではあるが、このことを示唆するものとして 1899 年の *In re Steinway* 事件[104]がある。同事件では次のように判示されている。すなわち、「他の構成員（corporator）と同様に利益を有する構成員の正当な目的でかつ合理的な状況のもとでの会社の帳簿及び書類を調査する権利は、王座裁判所（King's Bench）及び大法官府（Chancery）で初期の頃から認められていた」と述べている[105]。

　イギリスにおける会社情報の収集権に関する初期の判例として、1702 年の *Gery v. Hopkins* 事件では「取引の記録がある公会社（public company）の帳簿に公衆の関心があり、その帳簿は国会法（act of parliament）で株式（stock）の購入者に所有権（title）があるとすることには十分な根拠がある」と述べている[106]。1737 年には、*Richards v. Pattinson* 事件で「会社の帳簿に公民（freemen）の名前が記録されている場合、自己の費用で謄写しうる」として、裁判所は帳簿の謄写を認めた[107]。

　その後、1745 年の *Rex v. Fraternity of Hostman* 事件では、「会社のすべての構成員は、自身に関する問題について他者（others）との紛争が未解決であっても、帳簿を調査する権利を有する」と判示した[108]。同事件が株主の会社情

---

102)　A. F. Topham, Palmer's Company Law; A Practical Book for Lawyers and Business Men, 209 (19th ed. 1949).

103)　Thomas, *supra* note 12, at 337.

104)　53 N.E. 1103 (N.Y. 1899).

105)　*Id.* at 1105.

106)　87 Eng. Rep. 1142 (1702).

107)　94 Eng. Rep. 893 (1737).

108)　93 Eng. Rep. 1144 (1745).

報の収集権を初めて認めた判決であると考えられている[109]。

　もっとも、イギリスにおいて会社情報の収集権は絶対的なものではなく、その行使にあたっては経営過誤又は詐欺の疑いがあり、かつ、その疑いに対する特定ないし合理的な事実でなければならなかった。もとより、株主の好奇心や単なる嫌がらせもしくは株主としての利益と無関係又は阻害的な目的による会社情報の収集権の行使は認められなかった[110]。さらに、イギリスにおいて株主による会社情報の収集権の行使は訴訟がなければ会社によって認められなかったとされている[111]。実際には訴訟がなければ会社情報の収集権の法的執行を求める訴えが認められなかったわけではないが、会社とその構成員又は個人との間で特定の問題があることが必要とされていた[112]。

　そのため、イギリスでは会社情報の収集権の行使に関しては株主を組合員というよりも債権者としてみなしていたと指摘されていた[113]。そのうえ、イギリスにおいては株主が制定法で言及されている場合や取締役による承認がある場合、もしくは株主総会での決議がある場合を除き、会計帳簿といった会社情報の収集権を有していないと定款で定められていたのが一般的であり、そうした定款の規定は有効であると解されていた[114]。

　たとえば、1862 年会社法[115]模範定款（附表）1 の A 表（First Schedule, Table A）[116]76 条では従来限定された時間の他に会社情報の収集に関する方法

---

109)　William T. Blackburn, *Shareholder Inspection Rights*, 12 Sw. L. J. 61, 61（1958）.

110)　HENRY WINTHROP BALLANTINE, BALLANTIN'S MANUAL OF CORPORATION LAW AND PRACTICE, 547-548（1930）.

111)　L.C.B. Gower, *Some Contrasts Between British and American Corporation Law*, 69 HARV. L. REV. 1369, 1380（1956）. 和座一清「イギリスに於ける株主の帳簿・書類の閲覧権」金沢大学法文学部論集法経篇 2 号 67 頁（1955 年）はアメリカにおいては株主の会社情報の収集権が会社に対する訴訟の前提条件となり、会社の経営が取締役によって適正に行われているか否かを強調している判例があることと全く対照的であるとする。

112)　BALLANTINE, *supra* note 110, at 548 n.154.

113)　Gower, *supra* note 111, at 1381.

114)　TOPHAM, *supra* note 102, at 211-212.

第 1 章 アメリカ会社法における会社情報の収集権の歴史的沿革

についても制約を加え、これを株主総会の定めるところとした。当時の会社の定款には同様の規定を有していたといわれ、株主は自主的に定める時間と方法に関する制限の下に会社情報の収集権を有するという考え方が当時においては支配的であったとされている[117]。

(3) 会社情報の収集権の制限と検査役制度の発展

こうした理解は次のことが理由として推測されている。すなわち、会社経営陣と一般の株主あるいは機関株主との利益がそれぞれ異なり、さらに同種企業間の競争が激しく行われていることに鑑み、特に会社の営業秘密を巡って株主の閲覧を認めるのが会社にとって回避すべき切実な問題となった。そのため、会社情報の収集権を制限する方向へ向かっていったと考えられている[118]。

さらに、会社情報の収集権が組合で認められていることをもって、会社、とりわけ大規模会社にその規則には適用しえないとも考えられた。この解釈を会社にも適用すると取締役等が株主によって委任されている権限をもたないことになると指摘された。大規模会社において全ての株主に会社情報の収集権が認

---

115) イギリスにおいては 1856 年の Joint Stock Company Act によって近代的会社法の基礎が実質的に築かれたといわれており、その後 1862 年会社法が制定され、それが今日的な略称をもつ最初の制定法であるとされている。イギリス会社法制の沿革につき、酒巻俊雄「〈新版〉英法系諸国の会社法 (1)」際商 42 巻 5 号 671 頁 (2014 年) を参照。

116) 模範定款（附表）は株式会社に関するもので各会社の通常定款（articles of association）に模範定款に掲げられた規定の全部又は一部を採用することが可能である一方で、模範定款の規定を排除又は変更しないかぎり、模範定款の規定が各会社の通常定款となる（小橋一郎「帳簿閲覧権」田中耕太郎編『株式会社法講座 第 4 巻』1457 頁注 7（有斐閣、1956 年））。

117) 和座・前掲（注 111）68 頁。ちなみに、1862 年会社法模範定款（附表）1 の A 表 76 条は「会計帳簿は会社の登記された事務所に保存され、これは株主総会において定められる時と方法についての合理的な制限に従って、会社の営業時間中、株主の閲覧に供せられる」と定めていた。

118) 和座・前掲（注 111）69 頁。

35

められるとした場合、適切な方法での会社情報の保存という実務が困難となり、会社業務に支障をきたしてしまうとの批判があった[119]。

そのうえ、会社情報の収集権の法的執行手段である職務執行令状の発行を裁判所に求める事案でも次のような問題があったとされている。職務執行令状の発行を求める訴訟においては、その訴訟以前に会社情報の収集権が会社経営陣に拒絶されたことを前提にその行使目的を裁判所に示す必要があった。その目的が合理的なものであると裁判所に判断されない限り、職務執行令状の発行がされなかった[120]。

そこで、イギリスにおいては個々の株主による直接的な会社情報の調査に代わるものとして検査役による会社情報の収集に関する規定等が整備ないし強化され、正式に選任された代理人によって会社情報の調査をすることは合理的であると考えられた[121]。こうした理解から、イギリス会社法では商務省（Board of Trade）の選任した検査役（inspectors）による会社業務の調査という規定が整備されるに至る[122]。

イギリスの検査役制度は 1856 年の Joint Stock Company Act で初めて導入され、発行済株式総数及びその価格の 5 分の 1 を有する株主に認められていた。1862 年の会社法ではそうした要件に加えて、検査役調査の濫用を防ぐことを目的として請求株主に悪意の動機（malicious motives）に基づく請求では

---

119) Victor Morawetz, 1 A Treatise on the Law of Private Corporations, 444（2d ed. 1886）.

120) See Lindley, *supra* note 98, at 616; Morawetz, *supra* note 119, at 446 n.3. 和座・前掲（注 111）67 頁も参照。

121) Morawetz, *supra* note 119, at 444-445. 和座・前掲（注 111）71 頁もこのような方法こそ株式会社の社団たる実態に本来適応したより合理的なものといえると述べている。さらに、山田弘之助「株主の会計帳簿閲覧権と検査役選任請求権」鈴木忠一編『松田判事在職 40 年記念 会社と訴訟（上）』568 頁（有斐閣、1968 年）は、わが国において会社情報の収集権が会社荒らしによる企業秘密を暴露することや競業会社が相手方会社を危機に陥れるために悪用されるという実状から裁判所任命の検査役による会社経理調査の方が合理的であると述べている。

122) Ballantine, *supra* note 3, at 389.

第1章　アメリカ会社法における会社情報の収集権の歴史的沿革

ないことの立証責任が課されるとともに、商務省は請求株主に担保の提供を命じることができるようになった。その後、1907年の会社法で検査役の選任に関する持株要件が従来の5分の1から10分の1を有する株主にまで拡大された[123]。こうした会社業務等に対する国家機関による調査とその結果を踏まえた国家機関自身による是正措置の発動が制定法上の枠組みとして法定されているのがイギリス会社法の一つの特色と考えられている[124]。

これに対して、アメリカでは会社情報の収集権が株主の利益を守るための権利として広範に認められることとなった[125]。なにより、アメリカにおける会社情報の収集権は判例の多さとともに見るべきものがあると考えられている[126]。そのうえ、イギリスにおいては会社情報の収集権の制約から否定という段階を経た一方で、アメリカではコモン・ロー上の会社情報の収集権を基礎として制定法で株主の会社情報の収集権を規定されることになる。この点がイギリス法における会社情報の収集権の歴史的発展に対して興味ある相違であるともいわれる[127]。そこで以下ではイギリスを起源とする株主の会社情報の収集権がアメリカでどのように発展していったのかをみていくこととする。

---

123)　上田・後掲（注124）民商116巻1号51頁以下を参照。

124)　中村信男「〈新版〉英法系諸国の会社法〔21〕」際商44巻4号535頁（2016年）。なお、検査役制度に関する比較法研究として、上田純子「中立的社外者による会社情報の収集と利害調整」法政79巻3号293頁（2012年）がある。イギリスの検査役制度の沿革につき、同「株式会社における経営の監督と検査役制度（一）・（二・完）——イギリスにおける展開を機縁として——」民商116巻1号45頁（1997年）、116巻2号203頁（1997年）や、中島史雄「イギリス会社法における商務省の調査・検査権」茨政27号27頁（1970年）も参照。フランスにおける検査役制度の論稿としては、中曽根玲子「フランス会社法における業務鑑定制度の機能——少数株主権の新たな展開——」早誌34巻61頁（1983年）等がある。

125)　和座一清「アメリカ法に於ける帳簿・書類の閲覧権（一）」金沢1巻1号61頁（1955年）。

126)　木俣由美「適切な経営監視のための株主の情報収集権——会計帳簿閲覧権を中心に——」産法38巻1号20頁（2004年）。

127)　和座・前掲（注125）67-68頁。

第2節　アメリカのコモン・ローにおける会社情報の収集権の発展

1．コモン・ローにおける会社情報の収集権の意義

(1)　コモン・ロー上の理論的根拠

　アメリカにおいても、イギリスと同様に会社は組合の考え方を基礎としていた。組合において、その構成員は帳簿等を調査する権限を有していると考えられており、組合に適用される権利のアナロジーとして発展したと考えられている [128]。そうした前提のもとで、株主は自身の利益を保護するために組合の帳簿等を調査する権利と同様の権利を有するとされている [129]。アメリカにおいては、株主の会社情報の収集権ほど他の株主権に比して基本的もしくは必須な権利はないともいわれる [130]。

　もっとも、組合と会社の場合では、会社情報の収集権の性格の違いとして次のようにいわれている [131]。すなわち、組合における構成員の会社情報の収集権は、他の財産権と同じく、組合財産の所有権（ownership）に基づく権利で

---

128)　MORAWETZ, *supra* note 119, at 445; WILLIAM W. COOK, 2 A TREATISE ON THE LAW OF CORPORATIONS HAVING A CAPITAL STOCK, 1763（8th ed. 1923）. ただ、原茂太一「帳簿閲覧請求権」田中誠二監修『商法・有限会社法改正試案の研究（金判755号）』165頁（経済法令研究会、1986年）は、アメリカにおいて会社情報の収集権は組合的な株式会社観に由来するというよりも、むしろ多数決原理の支配する株式会社にあって奪うことのできない個々の株主の基本的な権利を定めたものであると述べている。

129)　FLETCHER ET AL., *supra* note 15, at 241.

130)　Ernest A. Raba & Charles Edward Clark, *Shareholders' Rights*, 5 BAYLOR L. REV. 146, 147（1953）. ただ、松井智予「技術革新と会社法」中東正文＝松井秀征『会社法の選択―新しい社会の会社法を求めて』821頁（商事法務、2010年）は、株主の会社情報の収集権でも、とりわけ株主名簿の閲覧権については、権利自体は古くから観念されていたものの、その位置付けは明確ではなかったとする。

131)　*See* ARTHUR W. MACHEN, JR., A TREATISE ON THE MODERN LAW OF CORPORATIONS WITH REFERENCE TO FORMATION AND OPERATION UNDER GENERAL LAWS, 892-893（1908）.

第 1 章　アメリカ会社法における会社情報の収集権の歴史的沿革

あるとされている。したがって、当該権利は絶対的なものであり、その行使の動機や目的は問わないと考えられている。

　他方で、とりわけ大規模な会社においては株主が多数存在して、その株主が組合と同じ絶対的な会社情報の収集権を行使した場合、会社業務が公然となってしまい、会社の運営に重大な影響を及ぼしかねなかった。それゆえに株主は会社情報の収集に関して絶対的な権利を有していないと考えられた。ただ、一定の状況で何かしらの目的を有している場合、株主には会社情報の収集権という特権が付与されるべきであるといわれていた。

(2)　裁判所の立場

　アメリカのコモン・ローにおいて、株主の会社情報の収集権は、株主の経済的利益の保護と投資を委任した経営陣の誠実で適切な運営を確保するために会社の所有者としての付帯的な権利の一つとして認められていた[132]。あるいは、会社の財務状況又は会社業務の運営に関して信頼できる情報を受け取る権利に対応するものといわれる[133]。

　アメリカ連邦最高裁判所は 1905 年の *Guthrie v. Harkness* 事件[134]において次のように述べている。すなわち、「調査権（right of inspection）は、会社財産を管理している者が実質的な保有者である株主の単なる代理人であるという命題（proposition）に基づく」とする[135]。1995 年の *Karen Shaw and Forrest Foster v. Agri-Mark, Inc.* 事件[136]では「調査権は株主の会社財産の所有に対する付帯的権利として考えられる」としつつ、「自己防衛の問題として、株主は

---

132)　Hoffnagle & Butler, *supra* note 79, at 709.

133)　Newman, *supra* note 79, at 440.

134)　199 U.S. 148（1905）. *Guthrie v. Harkness* 事件については、米山毅一郎「アメリカ法における株主の株主名簿閲覧請求権―『正当目的（proper purpose）』に関する一考察―」法雑 38 巻 2 号 395-396 頁（1992 年）も参照。

135)　*Id.* at 155.

136)　663 A.2d 464（Del. 1995）.

会社の割合的所有者（a part owner）としてその代理人がどのように会社業務を遂行しているかを知る権利を有している」と述べている [137]。

　ちなみに、アメリカ連邦最高裁判所は、1967 年の *Tcherepnon v. Knight* 事件 [138] において「調査権は、会社の株式に普遍的に付随する権利ではない」と判示している [139]。しかし、同事件は主としてイリノイ州貯蓄及び貸付法（Illinois Savings and Loan Act）に基づき事業を行うシカゴ市貯蓄協会（City Savings Association of Chicago）の持分が 1934 年証券取引所法 3 条（a）項（10）号の証券に該当するかが争われた事案であり、会社情報の収集権を争点とする事案ではない。

　さらに、裁判所が引用している見解 [140] を参照すると、そこでは種々の権利行使要件が課されている制定法上の株主による会社情報の収集権に関する言及がされている。すなわち、連邦最高裁判所は、制定法上の権利としての株主による会社情報の収集権は 1 株でも株式を有していれば行使できるというものではないと判示したにすぎないと考えられる。

　もとより、こうした判示はイリノイ州での紛争であったことも一因であったともいえよう。すなわち、後述するように、当時の同州会社法では株主による会社情報の収集権に権利行使要件を設けており、そこではその行使に先立ち、6 か月以上株式を継続的に保有するか、又は発行済株式総数の 5 ％以上の株式を保有する株主に限定していた。それゆえに、株主による会社情報の収集権の重要性には影響を及ぼさない判決と解するのが妥当であろう [141]。

---

137)　*Id.* at 467. こうした判示から、Thomas, *supra* note 12. at 336 n.24 は会社情報の収集権の理論的根拠である所有権理論と代理人理論が重複していると述べている。

138)　389 U.S. 332（1967）.

139)　*Id.* at 344. *See* William MEADE FLETCHER ET AL., 5A FLETCHER CYCLOPEDIA OF THE LAW OF PRIVATE CORPORATION, 323（perm. ed. 1987）.

140)　RALPH J. BAKER & WILLIAM L. CARY, CASES AND MATERIALS ON CORPORATIONS, 739-741（3d ed. 1959）.

141)　ちなみに、FLETCHER ET AL., *supra* note 15 では、この記述が削除されている。

第 1 章　アメリカ会社法における会社情報の収集権の歴史的沿革

(3)　代理人による会社情報の収集権の行使

　株主が会社情報の調査にあたり、十分な理由がある場合は弁護士や専門の会計士といった代理人を通じた会社情報の調査も可能であった。もとより、専門会計士（expert accountant）による会社情報の調査でなければ、会社情報の収集権によって証券詐欺を発見できないとも指摘されていた[142]。代理人による会社情報の収集権の行使が可能であることは、1917 年の *Pfirman v. Success Mining Co.*事件[143]等においても明確に述べられていた。

　ただし、裁判所は会社に対して敵対的な株主あるいは自身の手間を省くために株主の株式を会社に買い取らせようとする代理人の選任から株主を保護するための裁量権を有していた[144]。そのような事案としては、1919 年の *Lien v. Savings, Loan & Trust Co.*事件がある。同事件では裁判所は次のような判示をしている。すなわち、同事件は株主の代理人である弁護士が依頼された株主の株式を売却しようとするといった不当な目的による会社情報の収集権を行使した事案であったが、裁判所はエクイティ上の裁量により当該権利行使を認めないとした[145]。

2．会社情報の収集権の行使要件

　このように、会社情報の収集権は認められていたものの、しばしば会社業務の重大な混乱を伴ったため裁判所の多くでは当該権利を絶対的な権利として考えていなかった。コモン・ロー上の株主による会社情報の収集権は適切な時間及び場所（proper time and place）でかつ正当な目的（proper purpose）を有する請求であれば株主名簿を閲覧する権利を与えた[146]。このような正当な目

---

142)　ROBERT S. STEVENS, HANDBOOK ON THE LAW OF PRIVATE CORPORATIONS, 488（2d ed. 1949）.

143)　166 P. 216（Idaho 1917）.

144)　BALLANTINE, *supra* note 110, at 550-551.

145)　*See* 174 N.W. 621, 621（N. D. 1919）.

146)　Hoffnagle & Butler, *supra* note 79, at 709.

的等の制限は権利の行使が阻害されないようにすることを確保するために必要なものと考えられていた[147]。

　もっとも、初期のアメリカの判例においてはイギリスにおける会社情報の収集権の前提とされていた閲覧を求める申立人である株主に利害関係がある場合に関連という原則を採用する判例もあったとされている[148]。そのような見解を示した事案としては、1886年の *Phoenix Iron Co. v. Commonwealth* 事件[149]や1902年の *Johnson v. Langdon* 事件[150]がある。

　株主は会社情報の収集権の行使につき、適切な時間及び場所という要件により特定の時間又は場所という独断的な主張に基づいて請求する権利を有していないと考えられていた。そのうえで、その適切な時間と場所の定義については それぞれの事案次第であり、裁判所の裁量により判断される。通常は会社の業務時間内でその業務を妨げないように閲覧をしなければならず、謄写（extract）についても業務時間が合理的な時間とされていた。ちなみに、制定法で「あらゆる時間（at all time）」と規定されている場合であっても、それは事業時間内の合理的な時間であると解釈されていた[151]。

　一方で、正当な目的については明確ではない[152]。正当な目的を構成することを示す基準は株主の目的が株主としての利益と密接な関係があり、会社の利益と対立していないこととされている[153]。ただ、会社の状況を確かめるといった漫然とした目的では不十分とされており、具体的な目的を示す必要があると考えられていた[154]。コモン・ロー上の会社情報の収集権の行使について

147）　Koenigsberg, *supra* note 74, at 228. 山田・前掲（注 121）567 頁は、アメリカにおいて会社は株主の契約的結合であるという基本的立場が採られていたから、会社情報の収集権も単独株主権として一切の会社情報につき適切な時間及び場所でかつ正当な目的で請求する限り拒否されないという強固な権利とされていたとする。

148）　Newman, *supra* note 79, at 440.

149）　113 Pa. 563（1886）.

150）　67 Pa. 1050（1902）.

151）　Newman, *supra* note 79, at 449.

152）　Jeffries, *supra* note 19, at 1100.

第 1 章 アメリカ会社法における会社情報の収集権の歴史的沿革

は具体的に次のことが正当な目的であるとされている。すなわち、不適切な経営が行われていたかを確認すること、配当が適切であるかを判断するために会社の財務状況を確かめること、株主総会において議決権をどのように行使するかを判断することや自己の保有する株式の価値を知ること等がコモン・ローにおける会社情報の収集権の正当な目的として考えられている[155]。

したがって、たとえば株式仲買人（stockbroker. 仲介証券会社）が自己の事業のために見込客の情報を収集するための閲覧請求は株主としての利益に密接な関係がないと考えられた[156]。あるいは、会社情報の収集権の行使が株主の好奇心を充足させること、会社又はその経営陣に対する嫌がらせや侮辱、単なる社会的ないし政治的な目的、当該権利行使により得られた情報を競業のために利用するといったことは正当な目的ではないとされている[157]。

こうした不当な目的による会社情報の収集権の行使にあってはその株主が会社の所有者としての役割を果たしておらず、結果として裁判所はそれらを目的とする会社情報の収集権の行使は正当な利益の保護ではないと考えている[158]。なお、正当な目的の内容として、前述の*Agri-Mark, Inc.*事件においては「株主が、会社情報の調査によって保護することを求める利益に関連する目的」との見解を示している[159]。

---

153) Hoffnagle & Butler, *supra* note 79, at 709. 正当な目的につき、Thomas, *supra* note 12, at 337 は株主が閲覧によって保護することを求める利益に関連する目的とし、Jeffries, *supra* note 19, at 1102 は適法でかつ株主という申立人の地位に関連する目的とする。

154) WILLIAM W. COOK, 1A TREATISE ON STOCK AND STOCKHOLDERS, BONDS, MORTGAGES, AND GENERAL CORPORATION LAW, 677 n. 1 (3d ed. 1894); CARL SPELLING, 2 A TREATISE ON THE LAW OF PRIVATE CORPORATIONS, 733 n. 1 (1892). 和座・前掲（注125）66 頁も参照。

155) CHOPER & COFFEE & GILSON, *supra* note 45, at 621.

156) Hoffnagle & Butler, *supra* note 79, at 709.

157) Horton, *supra* note 70, at 117; Jeffries, *supra* note 19, at 1100.

158) Hoffnagle & Butler, *supra* note 79, at 709.

159) 663 A.2d 464, at 467.

このように、コモン・ロー上の株主による会社情報の収集権は絶対的な権利として考えられていなかった。ただ、わずかな判例は会社情報の収集権を絶対的な権利とした。そうした州では違法な意図の立証又は単なる個人的な動機による閲覧請求であっても相当な抗弁を会社に提供していなかったとされている。この会社情報の収集権は絶対的な権利であるとする法理は、株主の会社情報の調査に対する会社の抵抗及び正当な目的の欠如について会社によるいい加減な主張がされたこと等の結果として広く発達していくことになる[160]。

3．裁判上の救済手段

(1)　救済手段の種類

　会社が株主の会社情報の調査請求を不当な目的と主張して拒絶した場合、株主は裁判によって会社情報の収集権を法的に執行する必要がある[161]。会社情報の開示に不本意な会社に対して会社情報の収集権を実現する手段として、コモン・ロー上の職務執行令状（writ of mandamus at law）、エクイティ上の作為命令的差止め命令（mandatory injunction in equity）、公判前尋問（examination-before-trial）、裁判上の証拠開示及び検査（discovery-and-inspection）が考えられている[162]。

　差止め命令は権利の法的執行をするために効果的であるとしばしば主張されていたが、救済手段としての職務執行令状と差止めの関係は同等ではないといわれる。すなわち、通常の差止めによる救済では会社情報の調査ということに対して不十分であるが、職務執行令状に関してはより直接的に救済を図ることができるとの主張がある[163]。そのため、最も適切な救済手段は公的権利又は義務を執行するために用いられていた職務執行令状と考えられていた[164]。

---

160)　Hoffnagle & Butler, *supra* note 79, at 710.

161)　Jeffries, *supra* note 19, at 1100.

162)　GEORGE D. HORNSTEIN, 2 CORPORATION LAW AND PRACTICE, 125-126（1959）.

163)　FLETCHER ET AL., *supra* note 15, at 467.

第 1 章　アメリカ会社法における会社情報の収集権の歴史的沿革

(2)　救済のための要件

　会社情報の収集権の法的執行手段として考えられていた職務執行令状であるが、その発行の認否については古くから次のように考えられていた。すなわち、会社情報の調査が根拠のない好奇心を充たすためと判断された場合には職務執行令状が発行されることはなく、株主は会社情報の収集権の行使が必要である利害関係の存在や当該権利行使を求める有益な目的を示さなければならなかった[165]。こうした考え方は 1896 年の *Stone v. Kellogg* 事件における判示の中でも引用されている[166]。

　つまり、裁判所は会社情報の収集権の法的執行を求める場合、その事案のあらゆる事実ないし状況を慎重に検討した。そのうえで、収集の対象となる会社情報の性質や会社の拒絶理由、会社情報の収集を請求する株主の具体的な理由や請求の合理性、さらには通常の会社業務への影響等を考慮して職務執行令状の発行の認否を判断した[167]。それゆえに、会社情報の収集権の行使が拒絶された場合の株主の負担は大きかった点に留意が必要であろう。また、コモン・ロー上の株主による会社情報の収集権は過度に制限されているとの批判もあった[168]。

　もっとも、すべての裁判所が会社情報の収集権に関するあらゆる事案において、当事者に正当な目的の立証責任を負わせることや厳格に当該目的の有無を

---

164)　BALLANTINE, *supra* note 3, at 386; Jeffries, *supra* note 19, at 1101. ただ、Newman, *supra* note 79, at 457 によれば、1960 年代のアメリカにおいて、職務執行令状の発行は民事手続連邦規則（Federal Rules of Civil Procedure）によって無効とされていたため、会社情報の収集権の行使を求める株主は州裁判所に申立てをしたとされている。

165)　JAMES L. HIGH, A TREATISE ON EXTRAORDINARY LEGAL REMEDIES, EMBRACING MANDAMUS, QUO WARRNTO, AND PROHIBITION, 216（1874）.

166)　46 N.E. 222, 226（Ill. 1896）.

167)　COOK, *supra* note 128, at 1771.

168)　Wiley B. Rutledge, Jr., *Significant Trends in Modern Incorporation Statutes*, 22 WASH. U. L. Q. 305, 331（1937）.

会社情報の収集権の構成要素としていたわけではなかったともいわれる[169]。たとえば、取締役会が株主の会社情報の調査理由を示すことを要求できるかが争点となった 1944 年の *State ex rel. Dixon v. Nissouri-Kansas Pipe Co.*事件において、次のような判示がされている。すなわち、裁判所は、職務執行令状の発行を求める訴訟において株主は調査目的の合法性やその本質を主張する必要はないと述べている[170]。

その一方で、株主が正当な目的を有していたとしても裁判所は職務執行令状以外に容易で相当な救済がある場合、職務執行令状を発行しないとされている。そのうえ、裁判所は会社を保護する必要がある場合、要求されている株主の正当な目的に関係する会社情報の調査に限定するといった制限を課すこと等をコモン・ローの裁量と考えていた[171]。こうした理解は、前述の *Guthrie v. Harkness* 事件においても次のように判示されている。すなわち、「職務執行令状の発行において、裁判所は裁量権を行使することができ、関連するすべての利益を保護するための適切な制限に基づいて権利を認める[172]」とし、株主の阻害行為に対して、会社又は他の株主の利益を保護するために職務執行令状の発行を認めないとする立場を示していた[173]。

裁判所がそのような裁量権を行使した事案としては、1958 年の *Wallace v. Miller Art Co.*事件[174]が挙げられる。同事件は株主が 10 年前の取締役会議事録の調査を求めた事案であった。その請求につき、裁判所は当該請求は株主が会社に不当な圧力をかけるものであるとして、5 年前までの取締役会議事録の調査に限定して会社情報の収集権の行使を認めた[175]。

---

169) Jeffries, *supra* note 19, at 1101.

170) 36 A.2d 29, 31 (Del. Super. Ct. 1944).

171) Jeffries, *supra* note 19, at 1102.

172) 199 U.S. 148, at 156.

173) BALLANTINE, *supra* note 3, at 386.

174) 177 N.Y.D. 391 (N.Y. App Div. 1958).

175) *See id.*; Jeffries, *supra* note 19, at 1102 n.74.

第 1 章　アメリカ会社法における会社情報の収集権の歴史的沿革

（3）　不当拒絶による差止め等

　前述のように、会社情報の収集権の不当拒絶に対する救済手段としては職務執行令状が効果的であるとされているが、差止めを認めた判例もある[176]。このような事案として、1900 年の *Cincinnati Volksblatt Co. v. Hoffmeiter* 事件がある。この事件で裁判所は「オハイオ州においては…差止めが適切な救済手段である」と述べている[177]。

　あるいは、1949 年の *Steinberg v. American Bantam Car Co.* 事件[178]では次のように判示されている。そもそも、この事件は定時株主総会の 10 日前に委任状勧誘を目的とした株主名簿の閲覧謄写を求めた事案であった。そうした状況にあって、裁判所は暫定的差止命令（temporary injunction）は、株主が株主名簿を謄写する機会を有するまで会社経営陣の委任状勧誘を禁止するための適切な救済手段であるとした[179]。

　他方で、コモン・ロー上の会社情報の収集権では不当拒絶に対する損害賠償も認めていた。そこでは、株主が会社情報の収集権の行使を会社役員に拒絶された場合、名目的損害賠償（nominal damages）に加えて、株主は証明することができる損害の賠償を求める権限を有していた。不当拒絶に対する損害賠償を求める訴訟において、株主は会社情報の収集の特別な理由ないし目的の主張又は証明の必要はないと考えられていた[180]。

　しかし、この救済手段は批判が強かった。すなわち、株主はあらゆる場合で会社情報の収集権の行使が不当に拒絶されたということを示す必要があると考えられた[181]。その一方で、会社にとってはこの損害賠償が免除されなかったため会社情報の収集権の救済手段としては不適切であるといわれていた[182]。

---

176)　BALLANTINE, *supra* note 110, at 553.

177)　56 N.E. 1033 （Ohio 1900）.

178)　173 F.2d 179 （W.D.Pa. 1949）.

179)　Newman, *supra* note 79, at 458.

180)　COOK, *supra* note 128, at 1768-1769. *See* Lewis v. Branerd 53 Vt. 510. 516-517 （1881）.

181)　BALLANTINE, *supra* note 3, at 387.

47

なお、1893 年の *Legendre v. New Orleans Brewing Ass'n* 事件[183]等でも同様の
ことが述べられている。

　もっとも、会社は裁判所の命令のない会社情報の開示について、経営陣が経
営過誤の隠ぺいを企図している場合又は株主が株主総会における委任状勧誘の
ために会社情報の調査を求めた場合には開示に対するわずかなインセンティブ
があったといわれる。すなわち、経営陣は不当な拒絶をした場合に裁判上の審
問やその主張という著しい不利益を被ることとなるから、会社情報の調査をさ
せるインセンティブがあると考えられていた[184]。

第3節　初期の制定法における株主の会社情報の収集権

1．制定法に基づく会社情報の収集権とその弊害

　19 世紀に入り、会社が大規模にかつその在り方がより複雑な形態に発展し、
所有と経営の分離という現象と相俟って株主は会社との関係において多岐広範
に亘るようになった。こうした変化に伴い、株主は会社業務に関する信頼でき
る情報を得る必要性が高まったが、株主は会社経営への参加がますます少なく
なり、結果として会社の情報に接する機会が減少した。この変化による当然の
副次的効果として株主の会社情報の収集権が重要な権利として位置付けられ、
この権利を尊重するとともに会社による当該権利行使の拒絶を防止するために
法によって救済する必要性が高まった[185]。ただ、株主は法が積極的な手段を
提供しなければ会社情報の入手が困難であった。とはいえ、株主が会社に対す
る監督機関としての役割を担っていることに鑑みると、株主が会社情報の入手

---

182)　Cox & Hazen, *supra* note 3, at 473.

183)　12 So. 837（La. 1893）.

184)　Kenneth Winston Starr & Terrance E. Schmidt, *Inspection Rights of Corporate
　　　Stockholders: Toward a More Effective Statutory Model*, 26 U. Fla.L. Rev. 173, 176
　　　（1974）.

第 1 章　アメリカ会社法における会社情報の収集権の歴史的沿革

は不可欠なものと考えられた[186]。

　19 世紀初頭の会社法制[187]はこの問題を扱うための 2 つのアプローチを提案した。一つのアプローチとして考えられたのが会社に対して株主への定時報告書の作成を要求することである。すなわち、株主が会社情報の収集権の行使を会社に拒絶された場合に訴訟において請求が認容されなければならない。そのうえ、株主が会社情報の収集権を行使して得られた情報を活用するためには会社の業務について正確な理解が必要であった。しかし、株主にはそうした知識が乏しく、その不足を補うことも容易ではなかった。

　それに対して、定時報告書はその内容について会社経営陣の説明を求めるために利用されることが意図されたものであった。しかし、各州法は 20 世紀初頭まで会社に対して定時報告書を課すことをしなかった。その一方で何らかの報告書を要求する州にあってもかなり簡素なものであり、子会社の情報は含まれていなかった等の不十分な点が多かった。もとより、こうした情報開示は会社内部のガバナンスの適正性確保ではなく証券市場の信頼性維持の観点から証券取引所によって要求されていた[188]。

---

185)　株式会社形態が大企業に用いられ始めたのは 1830 年代頃といわれており、19 世紀後半においては一般に採用されるに至り、大規模な株式会社が飛躍的に増大したといわれる（和座・前掲（注 125）70 頁）。ただ、証券市場に株式を公開している会社は依然として少なく、大規模で複数事業を営むような近代企業の登場は鉄道や電信などの基礎的なインフラストラクチャーが整備された 1880 年代になってからとされている（久保田安彦「初期アメリカ会社法上の株主の権利（1）」早法 74 巻 2 号 87 頁（1999 年））。

186)　JAMES WILLARD HURST, THE LEGITIMACY OF THE BUSINESS CORPORATION IN THE LAW OF THE UNITED STATES 1780-1970, 89（1970）. 久保田安彦「初期アメリカ会社法上の株主の権利（2・完）」早法 74 巻 4 号 480 頁（1999 年）も参照。

187)　ちなみに、Ray Garrett, *Model Business Corporation Act*, 4 BAYLOR L. REV. 412, 414（1952）によれば、初めての州会社法は 1795 年のノースカロライナ州が制定したといわれる。ただ、それは運河会社（canal companies）の設立に限定されていた。そのため実質的には 1811 年にニューヨーク州で制定されたのが最初の州会社法と考えられている。

188)　HURST *supra* note 186, at 89-90. 久保田・前掲（注 186）479 頁も参照。

49

もっとも、こうした要求は証券取引所の自主規制という形式にすぎなかった
ため、強制力の点でも不十分であったようである。たとえば、ニューヨーク証
券取引所は 1895 年に上場会社に対して貸借対照表や収益及び剰余金に関する
書類を少なくとも年 1 回公表し、年次株主総会の 15 日前までに株主へ交付す
ることを勧告し、その後これを要請に格上げした。しかし、かかる規制の不遵
守に対して上場を取り消す旨の勧告を行って、その強制力確保を試みたのは
1930 年代に入ってからのようである[189]。

2．会社情報の収集権に関する判例等の展開

(1)　20 世紀初頭の状況

　株主の会社情報の入手手段として検討されたもう一方のアプローチは、株主
による会社情報の収集権を制定法で明示的に規定することである[190]。上述の
ように、株主の会社情報の収集権はコモン・ロー上認められていたが、その行
使には正当な目的を有していることという制限があった。さらに、会社情報が
会社経営陣やその管理人の管理下にあったことや制定法により取締役会の権限
が拡大されたこともあり、当該権利行使の拒絶が増加し、株主はその法的執行
を求めて多くの訴訟を提起した[191]。

　会社経営陣の株主による会社情報の調査を認めることに対する抵抗が強く
なった背景として次のことがいわれる。会社情報の収集権に関する初期の判例
において、裁判所は権利行使目的の妥当性について株主の立証責任に重きを置
いていた。そこでは株主が権利行使目的の妥当性に関する証拠の提示や説得責
任（burden of persuasion）を負わされていた[192]。

---

189)　久保田・前掲（注 186）494 頁注 128。

190)　HURST, *supra* note 186, at 89.

191)　Newman, *supra* note 79, at 441; Case Comment, 57 MINN. L. REV. 385, 386 n. 7;
　　HORNSTEIN, *supra* note 162, at 124. 久保田・前掲（注 186）480 頁も参照。

192)　Douglas Soutar, *Stockhoder's Inspect Books-Recent Statutory Amendment*, 1942 WIS.
　　L. REV. 292, 294 (1942); Newman, *supra* note 79, at 440.

第 1 章　アメリカ会社法における会社情報の収集権の歴史的沿革

　このことは 1951 年の *Crouse v. Rogers Park Apartments, Inc.*事件 [193]　におい
ても、次のように述べられている。すなわち、「少数株主による会社の帳簿を
調査及び閲覧をするコモン・ロー上の権利には、それを認めることに会社役員
の強烈な抵抗やコモン・ロー上の制限への強い反感もあった」とする [194]。

　そこで、19 世紀後半には、ほとんどの州立法者はコモン・ロー上の権利を
強化し、会社情報の収集権の行使に制限を設けない絶対的な権利とする制定法
を制定した [195]。そういった州としては、まず、1896 年のカリフォルニア州法
がある。同法 5321 条ではすべての会社に、すべての株主の一覧表を内容とす
る帳簿を株主が入手できる場所でかつ株主が利用するために保存することを要
求していた。次いで、1890 年のニューヨーク州法は会社の帳簿及び株式原簿
は、営業日は毎日、事業時間の間、会社情報の収集権のために開示することを
定めていた。さらに、1892 年のオハイオ州法では会社情報は合理的な時間に
いつでも、すべての株主の調査のために開示することを規定していた [196]。

　株主による会社情報の調査が不当又は違法な目的であったとしても、それを
拒絶できないとした判例としては、1897 年の *Henry v. Babcock & Wilcox Co.*
事件 [197]　がある。同事件ではニューヨーク州法における株主の会社情報の収集
権の解釈として、「ニューヨーク州法は株主に絶対的な権利を認めており、会
社及び株式帳簿（share book）の管理人（custodian）に絶対的な義務を課し
ている。法は会社情報の調査を請求した者の側に特定の意図の陳述又は証明を

---

193)　99 N.E.2d 404 (1951).

194)　*Id.* at 405-406.

195)　HURST, *supra* note 186, at 89-90; Newman, *supra* note 79, at 441; Note, *supra* note 74, at
　　395. 当時の文献においても、株主の会社情報の収集権は絶対的な権利であると記述
　　されている。(*See* Annotation, *Stockholders Right to Inspect Books and Records of
　　Corporation*, 22 A.L.R. 38 (1923)). 他方で、Rutledge, *supra* note 168, at 331 は、議
　　決権や新株引受権（preemptive right）が裁判所により縮小化されたことと対照的で
　　あるとする。

196)　Thomas, *supra* note 12, at 339 n.46.

197)　89 N.E. 942 (1909).

51

要求していない」と判示した[198]。

さらに、1918 年の *Furst v. Rawleigh Medical Co.*事件[199]では、イリノイ州法によって与えられた株主の会社情報の収集権は当該権利が合理的な時間に行使されるという制限を除いて無条件かつ無制限なものであると述べている[200]。こうした制定法ないし判例によって、恐喝目的や競業者による会社情報の収集権の行使が増大した[201]。

ただ、株主の会社情報の収集権が絶対的なものとして規定した場合、次のような問題が生ずると指摘されていた。すなわち、会社の株式が分散して保有されている場合、株主名簿の調査によって得られた情報を利用して、会社支配権の獲得を目的とする株式の買い集めや新規に設立した会社の株式を売り込むことを目的とした強要の材料となりえた。その結果として、会社の健全性や他の株主の利益を害すると考えられた[202]。

(2) 判例の展開等

その後、裁判所は株主に善意（good faith）で正当な目的をもって調査を求めることを要求することによって株主の会社情報の収集権に制限を課すという制定法の解釈をした。たとえば、1913 年の *State v. Jessup & Moore Paper Co.* 事件[203]においては、次のように判示した。同事件では、当時絶対的な権利として株主の会社情報の収集権を規定していたデラウェア州法のもとでも、善意でかつ特定のもしくは正当な目的のために行使されることを条件とすると述べている[204]。

---

198) *Id.* at 943. *Henry v. Babcock & Wilcox Co.*事件については、久保田・前掲（注 186）495 頁注 134 も参照。

199) 118 N.E. 763（Ill. 1918）.

200) *See id.* at 765; Thomas, *supra* note 12, at 338 n.47.

201) Note, *supra* note 74, at 395; Rutledge, *supra* note 168, at 331.

202) Arthur Stone Dewing, 1 The Financial Policy of Corporations, 89-91（6th ed. 1953）.

203) 88 A. 449（Del. Super. Ct. 1913）

第 1 章　アメリカ会社法における会社情報の収集権の歴史的沿革

あるいは、権利行使の正当性の立証責任は株主から会社に転換されたとする判例もあった。そうした判例として、1922 年の *State ex rel. Thiele v. Cities Serv. Co.*事件[205]がある。同事件で裁判所は次のように述べている。「制定法は、コモン・ロー上の規則を宣言することを意図するものではなく、したがって、制定法が優先する。それどころか、制定法は、適切、正当又は明確もしくは適法な目的の調査を表す理由又は状況を示す必要はないという文言で株主へ積極的に権利を与えている。しかし、それが真実であるとしても、会社又は帳簿（books）の管理人は請求者が目的のない好奇心又は不当もしくは違法な目的のために会社情報の収集を請求していることを証明することができた場合、そうした証明は企図された権利の行使を認めることを拒絶するための十分な根拠を構成する」と判示した[206]。

ただ、全ての州が株主による会社情報の収集権を絶対的な権利として認めていたわけではない。絶対的な権利として認めていなかった州法としては、ニューヨーク州法がある。同法の 1916 年及び 1918 年改正で、株式帳簿（share book）につき、株式の 6 か月以上又は発行済株式の 5 ％以上の保有を株主に要求するようになった[207]。1916 年のニューヨーク州法では権利行使要件に加えて、会社情報の収集権を認めることを故意に懈怠した会社役員に 50 ドルの罰金も課していた[208]。

その一方で、次のようにも考えられていた。株主による会社情報の収集権の行使が会社に対して敵対的もしくは会社の利益と無関係な目的である場合に

---

204)　*See id.* at 452; Thomas, *supra* note 12, at 338 n.42. ちなみに、前述の *In re Steinway* 事件においても、ニューヨーク州法に基づき認められた株主の会社情報の収集権は、合理的な状況のもとで正当な目的を有するという制限がされていると述べている（*See* 53 N.E. 1103, 1105）。

205)　115 A. 773（Del. 1922）.

206)　*Id.* at 775. 同事件については、米山・前掲（注 134）400-401 頁も参照。なお、当時の判例の分析として、和座・前掲（注 125）72-74 頁を参照。

207)　Cook, *supra* note 128, at 1788.

208)　Thomas, *supra* note 12, at 339 n.48.

は、会社に抗弁を認めるべきであるとされた。さらに、会社役員の不当拒絶に対する罰則についても、会社全体の利益を保護するための正当な拒絶であったとしても、結果として個人責任を課されるのは不合理であると主張されていた[209]。

　ちなみに、職務執行令状は法定の権利の執行のための適切な方法として維持された[210]。絶対的な権利である会社情報の収集権の行使を拒絶された株主はその救済手段として職務執行令状の発行を求めたが、それは絶対的なものではなかった。すなわち、株主が職務執行令状の発行を求めたときにほとんどの裁判所は当該権利の問題であるとしたが、職務執行令状の発行は例外なく裁判所の裁量の問題とされていた。これにより、会社情報の収集権は絶対的な権利であると規定する一方で、裁判所は株主の当該権利行使の動機又は目的が不当なものであったときに法的執行するための職務執行令状を発行しなかった[211]。なお、職務執行令状の発行又はその他の救済を制限しているいくつかの州会社法のもとでは差止めのための訴訟が適切な救済手段とされていたようである[212]。

(3)　1920 年代以降の動向

　このような批判もあり、1920 年代に入ると制定法上の会社情報の収集権についても明文をもって制限を設ける傾向が次第に強くなり、会社情報の収集権の対象となる帳簿及び記録の範囲や会社情報の収集権を有する株主の範囲さえも制限する制定法が現れた[213]。初期の制定法では会社情報の収集権が絶対的な権利として認められていたうえに、株主が不当な理由により閲覧を請求して

---

209)　STEVENS, *supra* note 142, at 491-492.

210)　Jeffries, *supra* note 19, at 1104.

211)　Note, *supra* note 74, at 395.

212)　FLETCHER ET AL., *supra* note 15, at 467.

213)　久保田安彦「1928 年のアメリカ統一事業会社法と株主の権利」早法 75 巻 4 号 96 頁（2000 年）。

第 1 章　アメリカ会社法における会社情報の収集権の歴史的沿革

会社がこれを拒絶した場合であっても会社又はその役員に罰則が課せられた。そのため、恐喝目的や競業者である株主による不当な会社情報の調査が増加した[214]。

ちなみに、罰則を課していた州としては、たとえば1929年のミズーリ州法がある。同州法は株主の会社情報の収集権の行使を拒絶すること又は懈怠した会社情報を管理する会社役員に250ドルの罰金を課していた[215]。

その後、1930年代となると上記のように会社情報の収集権を絶対的な権利とした立法者への反発が起こった。すなわち、制限のない権利は株主の会社に対する阻害行為になりがちであるため、州の立法者はそれら阻害行為を防止するために会社情報の収集権を絶対的なものからコモン・ロー上のように制限するようになった[216]。そこでは、絶対的な権利としての会社情報の収集権の行使を通した阻害行為からの会社の保護を意図するものであった[217]。

たとえば、ミシガン州やルイジアナ州においては請求の日に先立つ一定期間で発行済株式の10%を保有していなければならないとした[218]。ルイジアナ州ではそうした制限に加えて株主が会社の競業者である場合に発行済株式の25%を保有しなければならないとしていた。さらにアイダホ州では保有株式が総株式資本（total share capital）の10%以下であれば、取締役による特別の承認がある場合を除いて、株主名簿を閲覧することが認められなかった[219]。

さらに、1931年のカリフォルニア州法355条は、株式登録簿（share register）、会計帳簿、各種議事録は、株主による書面の請求をもって、合理的な時間で株主としての利益に合理的に関連した目的のための調査に開示されるとした。1933年のミネソタ州法33条ではすべての株主は、正当な目的のために、

214）　Rutledge, *supra* note 168, at 331.

215）　Thomas, *supra* note 12, at 339 n.48

216）　Jeffries, *supra* note 19, at 1104.

217）　Rutledge, *supra* note 168, at 331.

218）　*Id.* at 332. ミシガン州ではそれに加えて株式の種類についても制限を加えていた。

219）　*Id.*

株式登録簿、会計帳簿及びその他の記録を調査する権利を有すると規定していた。そのうえ、1933年のニューヨーク州法では事業の利益に関係のない他の株主との意思疎通や会社の事業以外を対象とした目的での会社情報の収集権の行使を認めないこととした[220]。

このように、会社情報の収集権について制定法で制限を設ける州があった一方で、制定法を修正しない州も依然として存在した。こうした状況の中で、裁判所は会社情報の収集権を絶対的な権利としていた当初の判断が再検討され、株主による会社情報の収集権の行使につき、いくつかの制限を再び設けることとなる[221]。

第4節　コモン・ローと制定法との関係

1．調査対象の関係

会社情報の収集権に関する訴訟において、裁判所はコモン・ロー上の権利と制定法上の権利の両者を検討するとされている[222]。そもそも、コモン・ローと制定法との関係は制定法がコモン・ロー上の権利を代替するというよりも補完するものと考えられている[223]。

たとえば、1958年の *Estate of Bishop v. Antilles Enters.*事件[224]では「株主の会社の帳簿及び記録を調査する権利を保障する制定法の規定は会社の帳簿及び記録を調査するコモン・ロー上の権利を補完するものとして考えられており、コモン・ロー上の権利を制限するものではない」と述べている[225]。ある

---

220)　Thomas, *supra* note 12, at 339 n.50.

221)　Jeffries, *supra* note 19, at 1104.

222)　Pinto & Branson, *supra* note 39, at 134.

223)　Cox & Hazen, *supra* note 3, at 454.

224)　252 F.2d 498 (3d Cir. 1958).

225)　*Id*. at 500.

第1章　アメリカ会社法における会社情報の収集権の歴史的沿革

いは、1926 年の *State ex rel. Cochran v. Pennbeaver Oil Co.*事件[226]において次のように判示している。すなわち、「州議会は特定の会社の記録を調査する権利を明確に株主に対して付与するにふさわしいものと考えていることから、正当な状況でかつ正当な目的のもとでの株主による他の記録を調査するコモン・ロー上の権利が奪われることと推察することはできない」と述べている[227]。

このように考えられる理由として次のことが考えられる。コモン・ロー上の株主による会社情報の収集権は会社のすべての帳簿、記録、附属定款（by-law）、書類、契約書、台帳（ledgers）、仕訳帳（journal）、会計帳簿、議事録その他の証書（instrument）、あるいは納税申告書（tax return）や会社の物的設備（physical plant）が対象であった[228]。

ちなみに、この点に関する判例としては 1920 年の *Otis-Hidden Co. v. Scheirich* 事件[229]がある。同事件で裁判所は次のように判示している。「コモン・ローの会社情報の収集権は、会社のすべての帳簿及び記録を対象としている。…『記録（record）』という言葉は取締役会によってなされた正式な行為の議事録（minutes of official action）といった狭い意味で用いられているのではなく、むしろ会社の文書、契約書、書類も含むものと解される」と述べている[230]。

それに対して、州の制定法によっては株式原簿（stock ledger）や株主名簿（list of shareholder）といった一定の会社情報の収集のみに限定していた。そのため、制定法で規定されている以外の会社情報の収集についてはコモン・ロー上の権利を会社情報の収集手段としていた[231]。このように、会社情報の収集権については制定法の欠缺ないし不備等をコモン・ロー上の権利で充足

226）　143 A. 257（Ct. in Banc 1926）.

227）　*Id.* at 260.

228）　HENN & ALEXANDER, *supra* note 81, at 537.

229）　219 S.W. 191（Ky. 1920）.

230）　*Id.* at 194. ちなみに、この事件も株主がエクイティ上の差止めを求めた事案である。

231）　COX & HAZEN, *supra* note 3, at 462.

し、株主の会社情報の収集を十分なものとしていた。したがって、コモン・ローは制定法を補完するものと位置付けられている。

2. 救済手段の関係

そのうえで、株主の会社情報の収集権について、コモン・ロー上の権利と制定法上の権利を有している場合、コモン・ロー上の救済手段と制定法上の救済手段を主張できるのが重要な点であると考えられている[232]。この点につき、1967 年の *Tucson Gas & Elec. Co. v. Schantz* 事件[233]においては、コモン・ローと制定法の救済手段の関係について次のように述べている。「制定法の救済手段は、当該救済手段が唯一のものであると明確に規定されていない限り、単にコモン・ロー上の救済手段の累積的なものである」とする[234]。

このように、株主はコモン・ロー及び制定法上の救済手段を主張できると考えられているが、コモン・ロー上の救済手段と制定法上の救済手段のどちらを主張することが適切であるのかは検討すべきであると指摘されている。すなわち、いくつかの州において、コモン・ロー上の救済手段は、制定法上の救済手段よりもその対象が広い。さらに、制定法上の救済手段についてはその適用の対象となる状況が限られているが、コモン・ロー上の救済手段についてはそうした制限はない[235]。

他方で、コモン・ロー上の会社情報の収集権で要求されていることであっても、制定法上の会社情報の収集権では規定していない場合もある。たとえば、コモン・ロー上の会社情報の収集権は正当な目的を有していることの主張とその証明が必要になるが、制定法上の会社情報の収集権ではそうした主張をすることなく、当該権利行使をできる場合がある[236]。

---

232) O'NEAL & THOMPSON, *supra* note 17, at 229.

233) 428 P.2d 686（Ariz. Ct. App. 1967）.

234) *Id.* at 690.

235) O'NEAL & THOMPSON, *supra* note 17, at 230.

236) *Id.*

3．コモン・ローと制定法の関係に係る判例の動向

ところで、多くの州では上述のように制定法が整備されたとしてもコモン・ロー上の会社情報の収集権は無効にされていないと考えられている[237]。判例の多くもコモン・ロー上の権利は廃止されていないとする。もっとも、その理由付けは3つに分類され、それらはその事案によって、独立していたり、組み合わせたりして存在している[238]。その論拠とは次のとおりである。

第1に、その理論的根拠を示さずに、制定法上の権利や救済手段とは別にコモン・ロー上の権利及び救済手段が存続しているとする立場である。ただ、この見解は最も理論的根拠に乏しいといわれる[239]。この立場を示す判例としては、たとえば1947年の *Holdsworth v. Goodall-Sanford, Inc.*事件がある[240]。

第2に、制定法はコモン・ロー上の権利を制限せず、拡大したとする立場である。この見解は制定法が整備されたとしてもコモン・ロー上の会社情報の収集権は無効にされていないとする。この見解はコモン・ロー上の権利と救済は適切に維持されなければならず、制定法はコモン・ローを無効とするよりもむしろ補完するということを理由とする[241]。この理解を判示する判例として1980年の *Rockwell v. SCM Corp.*事件[242]等がある。

第3に、コモン・ロー上の権利を無効にするということが制定法の条文の中で明確に規定されていなければならないとする立場である。すなわち、コモン・ロー上の権利を無効にするという意図が条文から明確に表現されていない限り、コモン・ロー上の権利がそのまま存続するという厳格な解釈がされなければならないとする。この立場は、コモン・ロー上の権利を無効としない多く

237）　Jeffries, *supra* note 19, at 1113.

238）　*Id.* at 1114.

239）　*Id.* at 1114-1115.

240）　55 A.2d 130（Me. 1947）.

241）　Jeffries, *supra* note 19, at 1114, 1117.

242）　496 F. Supp. 1123（S.D.N.Y. 1980）.

の法域で支持されている[243]。このような判示をした事案としては 2002 年の *Missouri ex rel. Brown v. III Investments, Inc.*事件等がある。

　他方で、制定法で会社情報の収集権が整備されたことによって、コモン・ロー上の権利は無効にされたとする見解もある。そこでは次の2つの理由が主張される[244]。

　まず、制定法がコモン・ロー上の会社情報の収集権との併存を認めていると解釈される場合、制定法が無意味なものになってしまうとする見解である[245]。次いで、制定法がコモン・ロー上の権利と同様の対象で十分に明文化したうえでコモン・ロー上の権利との併存を認めるのとするならば、制定法体系の包括性（comprehensiveness of statutory scheme）という立法意図が覆ってしまうと述べる[246]。

　こうした制定法がコモン・ロー上の権利を無効にしたとする近時の事案としては 2011 年の *Mannato v. SunTrust Banks, Inc.*事件[247]がある。そこでは、裁判所がコモン・ロー上の権利を無効にしたとする2つの論拠を折衷した判断をしたことが注目される。この事件の法域であったジョージア州会社法の規定では、模範事業会社法を基礎として会社の基本定款又は附属定款（ariticles or bylaw）で発行済株式総数の2％以上有している株主にのみ会社情報の収集権が付与するという制限を設けることが認められていた[248]。

---

243)　Jeffries, *supra* note 19, at 1114, 1120.

244)　80 S.W.2d 855（Mo. Ct. App., 2002）.

245)　この立場を採用した事案として、前掲（注 177）の *Cincinnati Volksblatt Co. v. Hoffmeister* 事件がある。

246)　こうした理由付けを判示した判例として、1983 年の *Caspary v. Louisiana Land and Exploration Company* 事件（707 F.2d 785（4th Cir. 1983））がある。同事件の解説として、田村詩子「株主による株主名簿の閲覧請求」商事 1228 号 35 頁（1990 年）がある。

247)　708 S.E.2d 611（Ga. Ct. App. 2011）. 同事件を検討として、*See* Ruari James O'Sullivan, *Skimming form the 2%: The Status of Geogia's Resriction on Shareholder Access to Corporate Information*, 46 GA. L. REV. 835, 852（2012）.

248)　Jeffries, *supra* note 19, at 1131.

第1章　アメリカ会社法における会社情報の収集権の歴史的沿革

　SunTrust Banks もそうした規定を付属定款に規定していたところ、それを充たさない株主がコモン・ローに基づき会社情報の収集権を主張して会社情報の調査を求めた。それに対して、裁判所は次の2つの見解を示して株主の請求を認めなかった。第1に、立法者の意図を達成するために裁判所はコモン・ロー上の権利を無効とする意図の証拠として制定法で会社情報の収集権が規定された歴史に着目して判断をした。第2に、コモン・ロー上の権利を援用する株主の主張はジョージア州会社法を無意味なものにすると判示した[249]。

---

249)　*Id.* at 1131-1132.

第2章 1928年の統一事業会社法と株主の会社情報の収集権

第1節 統一事業会社法の公表

1. 統一事業会社法の公表経緯

アメリカは、周知の通り連邦会社法を有していない[1]。ただ、各州会社法の統一を目的として統一州法委員会全国会議（National Conference of Commissioners on Uniform State Laws）が起草し、1928年に公表された統一事業会社法（Uniform Business Corporation Act）がある。統一事業会社法は20世紀初頭における各州制定法が内包していた欠陥の是正を目指していた[2]。

すなわち、1896年のニュージャージー州会社法に始まる会社規制の寛大化が会社の誘致に成功し州財政に大きく寄与したことから、1899年のデラウェア州を筆頭に各州間で州当局が会社に関する税収の増大を期待し、より多くの会社が自州で設立されるような立法をするようになった。その結果、会社の設

---

1) もっとも、20世紀初頭においては連邦会社法の制定運動があったとされている。その点を検討する論稿として、久保田安彦「20世紀初頭のアメリカにおける連邦会社法の制定運動の高まりとその背景」石山卓磨＝上村達男＝川島いづみ＝尾崎安央編『酒巻俊雄先生古稀記念 21世紀の企業法制』341頁（商事法務、2003年）、同「20世紀初頭のアメリカにおける連邦会社規制の展開と株主の法的位置づけ」名経法学14号47頁（2003年）を参照。

2) 久保田安彦「1928年のアメリカ統一事業会社法と株主の権利」早法75巻4号80頁（2000年）。

立や運営に関する会社法の規定を競って緩和ないし寛大にするという傾向がみられるようになり、こうした各州間の企業誘致を通じてアメリカ会社法の自由化の時代が招来することとなった。しかし、こうした立法は株主や債権者等の保護に重大な欠陥を有しており、会社法の規定の緩和ないし寛大という傾向が進むとともにその弊害も大きくなっていった[3]。

こうした州間競争が生まれた背景としては、次の2つが理由とされている。第1に、1890年代までに各州が自州内での事業活動要件を撤廃して、自州内で設立された会社が自州外で事業活動を認めたことである。第2に、伝統的アングロ・アメリカの抵触法理のもとでは会社内部関係は会社の設立州法によって規律されるという設立準拠法主義が採用されていたという事情があった[4]。

他方で、州の立法者等は妥当な商取引（legitimate business transaction）を促進し、恣意的又は厳格あるいは不合理な株主と取締役の責任の排除を目的とした会社法の改善が必要であると考えていた。それと同時に、投資者と会社債権者の保護に関する明確かつ簡明な規定を体系的に作り上げることが検討されていた[5]。

こうした状況の中で制定法の改革の必要性が強く認識されるようになったが、そうした改革は州間競争が存在する限り、各州が単独で果たしうるものではないと考えられた。そこで州間競争を排除する方策が求められ、その一つの試みが各州制定法の統一運動であり、その嚆矢となったのが統一事業会社法の起草であった[6]。

2. 統一州法委員会の役割

統一事業会社法を具体的に検討する前に、同法の公表主体となった統一州法

---

3) 酒巻俊雄「アメリカにおける会社立法の進展」企業法研究85輯8頁（1962年）。

4) 久保田・前掲（注2）80頁。なお、統一事業会社法の公表に至る詳細な経緯については、同・81頁以下を参照されたい。

5) HENRY WINTHROP BALLANTINE, BALLANTINE ON CORPORATIONS, 44（rev. ed. 1946）.

6) 久保田・前掲（注2）84頁。

委員会とはアメリカの会社法制に対してどういった役割を果たしているのであろうか。アメリカにおいて、統一州法委員会はアメリカ法律協会（American Law Institute. ALI）[7]と並んで法典編纂に関係している主要な機関として位置付けられている[8]。

統一州法委員会は、統一組合法（Uniform Partnership Act）、統一有限責任組合法（Uniform Limited Partnership Act）を編纂している。そうした組合に関する制定法は州によって採用されるに至っている。それに加えて、統一商事法典（Uniform Commercial Code）の制定が統一州法委員会の成果として挙げられている[9]。

3. 統一事業会社法の公表過程とその特徴

統一事業会社法は1909年の統一州法委員会全国委員会でその議論が始まったとされている。もっとも、その議論の対象の多くは1909年以前から継続して検討されてきたことでもあった。統一事業会社法はその制定にあたり、アメリカ国内における会社法の発展及び会社法制に関する判例法の研究やイギリス及びカナダの法制が参照され、それらを踏まえた種々の議論を経て編纂されたものである[10]。

統一事業会社法はその性質や特徴として次の5つが挙げられている[11]。第

---

7) アメリカ法律協会の成果として、「コーポレート・ガバナンスの原理：分析と勧告（Principles of Corporate Governance: Analysis and Recommendations）」がある。同原理の意義や模範事業会社法との関係等については、第8章第1節を参照されたい。

8) もっとも、Richard W. Jennings, *The Role of the States in Corporate Regulation and Investor Protection*, 23 LAW & CONTEMP. PROBS. 193, 193（1958）によれば、統一事業会社法はアメリカ下院（House of Delegates）及びアメリカ法曹協会理事会（Board of Governors of the American Bar Association）によっても容認されていたようである。

9) Robert W. Hamilton, *Reflections of a Reporter*, 63 TEX. L. REV. 1455, 1456（1985）.

10) 9 UNIFORM LAWS ANNOTATED, 115（1957）. 久保田・前掲（注2）84頁。

11) *Id.* 久保田・前掲（注2）85頁も参照。

1に、会社立法にあたって、州によって異なる会社に対する政策を理解することにあった。こうした州間での政策の離齬は統一事業会社法を全ての州での採用に大きな障害となった。そのため、多くの規定は各州の状況に応じて調整を可能とする配慮がなされた。

第2に、会社内部の問題については修正のできない規制を避け、会社による広範な自治を与える立法をしたことである。株主の会社情報の収集権についても、後述するように一定の定款自治が認められていた。ただ、一定の規定については普通定款又は附属定款がその規定に反する場合には統一事業会社法の規定を適用することとしている。たとえば、一株一議決権の原則（統一事業会社法20条）や株主総会の定足数（同法30条）がこれにあたる。

第3に、当時最も議論のあった判例等の重要事項につき、統一事業会社法で調和を図ろうと試みた。この最たる事項が能力外の法理（ultra vires）であり、この点は州会社法の統一を目的とする立法に際して欠くことができないと考えられた。能力外の法理は、統一事業会社法10条及び11条で規定され、弁護士等はそうした規定の解釈として条文に付されている注釈を参照することになる。その結果として、州間での統一が図れることを想定した。とはいえ、実際には判例法理を基とする規定はほぼすべての州が有していた。

第4に、会社の財務関係の規定に一定の配慮がなされたことである。すなわち、統一事業会社法は株式の払込時期やその方法、株券の発行に関する問題、配当に関する報告書の作成及びその提出、分配可能額を算出する方法等に関する規定の手当てをした。これら事項については会社の自由を一定程度許容し、それと同時に株主や債権者又はその会社への投資に対して高水準の保証を与えた。そうした保証を与える手段の一つとして、情報開示に関する規定が整備され、統一事業会社法では会社情報の収集権を補完するものともいわれる[12]。その一方で、会社の資金調達に関して公的に要求されている事項は無額面株式の使用の正当化に対応するために必要な事項であった。

---

12) 久保田・前掲（注2）98頁。

第2章　1928年の統一事業会社法と株主の会社情報の収集権

　第5に、議決権信託（voting trust）及び吸収又は新設合併（merger and consolidation）に関する規定の創設にあたって、それらに関する訴訟提起の困難の解消を企図したことである。さらに、会社の解散（dissolution）に係る規定を明確化すること等も試みた。

第2節　統一事業会社法における株主の会社情報の収集権の意義等

1．会社情報の収集権の規定とその意義等

　統一事業会社法では、会社情報の収集権について同法35条で規定していた[13]。同条は次のようになっていた。

　『統一事業会社法35条（1928年）

　会社の帳簿及び記録（Corporate Books and Records）、株主の調査する権利（Right of Shareholder to Inspect）、本条の違反に対する罰則。

　1項　すべての会社は、以下の会社の帳簿及び記録について、その登記された事務所に保存するものとする。

（a）株主総会及び取締役会の議事録。

（b）本条3項で規定する場合を除き、アルファベット順で株主の名前を記録し、株主のそれぞれの住所、保有する株式の数及び種類、その株式を購入した日時を証明する株式登録簿（share register）。

　2項　すべての会社は、適切で完全な（appropriate and complete）会計帳簿も前項と同様に保存するものとする。

　3項　会社は、国内のいずれの州においても株式登録簿を閲覧（open）に供することができる。会社は、株式登録簿の保存及び譲渡の記録をする代理人

---

13)　統一事業会社法における株主の会社情報の収集権につき、*See supra* note 10, at 188-189. 久保田・前掲（注2）96頁も参照。

を、会社の設立州又は他の州もしくはその両州で任用することができ、その代理人の行為は会社に拘束される。会社が設立州以外のいくつかの州で株式登録簿を保存する場合、又は譲渡代理人（transfer agent）を選任し、かつ譲渡に係る手続を行う場合、会社が登録された事務所において本条1項（b）号で規定する株式登録簿を保存することは不要とする。

　4項　すべての株主は、本人もしくはその代理人又は弁護士によって合理的な時間で、合理的な目的のために（at any reasonable time or times, for any reasonable purpose）、株式登録簿、会計帳簿、株主総会及び取締役会議事録を調査し、それを謄写（extracts）する権利を有する。

　5項　会社は、本条1項及び2項で要求されているすべての帳簿又は記録の保存を怠った日につき、（50ドルの）罰金（fine）を州に対して負う。』

　統一事業会社法35条では、1項で会社に対して登記された事務所で次の会社情報を保存する義務を課している。具体的に（a）号で株主総会及び取締役会議事録について、（b）号で一定の場合を除いて、株式登録簿についてその形式を含めて定めていた。次いで、2項では会計帳簿の保存を要求していた。統一事業会社法では35条1項の株主総会及び取締役会の議事録や株主登録簿と異なり、2項で保存を要求する会計帳簿にはその内容について、適切性と完全性を求めていた。こうした規定の置き方は統一事業会社法が会社情報の中でも会計帳簿を重要な会社情報として位置付けていたことが窺われる。

　さらに、同条3項では会社の保存する株式登録簿はアメリカ国内の全ての州で閲覧に供することができる旨を規定としていた。その一方で、会社は株式登録簿の保存や株式の譲渡に関する代理人の採用ができた。同項の規定に基づき、会社が設立州やそれ以外の州で株式原簿を保存する場合又は株式の譲渡代理人を採用し、その者が譲渡記録に関する行為をする場合には会社に課されていた登記された事務所での株式登録簿の保存義務を除外している。会社の設立州以外で株式登録簿を保存する場合として、たとえば会社の設立州はデラウェア州であるが、実質的にその事業はそれ以外の州で行っているといった状況が

第 2 章　1928 年の統一事業会社法と株主の会社情報の収集権

想定される。株式登録簿の保存につき、会社の裁量を認めていることは会社に対して広範な自治を与えた統一事業会社法の特色が現れている。

　そのうえで、同条 4 項はすべての株主が自己又は代理人等によって、合理的な時間に合理的な目的で、株式登録簿、会計帳簿、株主総会及び取締役会議事録を閲覧し、それらを謄写する権利を認めていた。そして、同条 5 項で株式登録簿、会計帳簿、株主総会及び取締役会議事録の保存を懈怠した場合の罰則を定めていた。そこでは保存を怠った日につき 50 ドルの罰金を課していた。会社情報の保存については会計帳簿とそれ以外では別で定めていたが、会社情報の収集の対象は区別していなかったことが注目される。さらに、会社情報の保存義務の懈怠に対する罰則を定めていたため、株主による会社情報の収集権を容易とするために会社情報の保存を重要視していたことも窺われる [14]。

　ただ、株主の会社情報の収集権については統一事業会社法の第 7 草案及び第 8 草案で次の 2 つが提案されていた。第 1 に、株主が会社情報の収集権を行使しうる目的の列挙である。第 2 に、会社情報の収集権を行使できる株主に一定の制限を設けることが検討された。

　こうした提案に対して、統一事業会社法は株主の会社情報の収集権とそれに対応する取締役の義務につき、コモン・ロー上の会社情報の収集権と同様に、会社情報を収集する動機又は目的の合理性でその行使の認否について判断することとした。会社情報を収集する目的で権利行使の認否を判断することとしたのは次のことが理由とされている。すなわち、当時の制定法が株主に会社情報の収集権を付与している場合、その多くは会社情報の収集の動機又は目的の正当性に関わらず、株主に職務執行令状の発行申請をする権利を与えていたからである [15]。しかし、株主による会社情報の収集権の行使目的に関わらず、職

---

14)　この罰則について、久保田・前掲（注 2）96 頁は会社情報の収集権を実質的に保障するためと述べている。

15)　このように、いわば絶対的な権利として株主の会社情報の収集権を認めていたことにつき、第 1 章第 3 節、コモン・ロー上における会社情報の収集権の救済手段については、第 1 章第 4 節を参照されたい。

務執行令状による救済を認めるのは妥当ではないとされた。その一方で、会社に対して会社情報の収集に対する抗弁を認めないとするのは公平性に欠くと考えられた。

2．情報開示との関係等

統一事業会社法は会社情報の収集権を法定し、それを補完するものとして一定事項に関する情報開示を強制した[16]。すなわち、同法36条はその1項で州務長官（Secretary of State）に株主、債権者又は一般投資者のための会社の年次報告書（annual reports）の形式、内容、及びその提出時期に関する規則を定めることを促した。そのうえで、その年次報告書の開示を求めた。さらに、2項では会社に対し1項に従って年次報告書の提出すべきとし、同条の規定に反して年次報告書の提出等を怠った場合、その期間につき1日50ドルの罰金を課していた[17]。

こうした情報開示に関する規定は、後述するように統一事業会社法における株主による会社情報の収集権を制限して採用していたルイジアナ州において重要な役割を担っていたと考えられる。ただ、同様に会社情報の収集権を行使できる株主を制限していたアイダホ州ではこの情報開示に関する規定を除外していた。そのため、株主による会社情報の収集権を法定した効果は限定的であったといえる[18]。

もとより、会社による情報開示は、第1章第3節でも述べたように19世紀初頭から株主の会社情報へ接近するための手段として会社情報の収集権とともに整備されていったが、各州法は20世紀初頭まで会社に対して定時報告書を

16）　久保田・前掲（注2）98頁。JAMES D. COX & THOMAS LEE HAZEN, 2 THE LAW OF CORPORATIONS, 462（3d ed. 2010）は、こうした年次報告書を通した情報開示は上場会社が発行する財務諸表及び年次報告書が不十分であるという不満への対応であると述べている。

17）　*See supra* note 10, at 190-191.

18）　*See id.* at 191.

課すことをしなかった。何らかの報告書を要求していた州であってもかなり簡素なものであり、子会社の情報は含まれていなかった等の不十分な点が多かった。そうした様々な問題を有していたため、統一事業会社法は会社の年次報告書の形式、内容及びその提出時期に関する規則を定め、その懈怠に対する罰則を設けることでその実効性を高めて会社による積極的な情報開示を充実させていたものと考えられる。

このように統一事業会社法では会社情報の収集権及び情報開示に関する規定の整備がなされたが、次のような指摘もあった。すなわち、会社情報の収集権は株主にとって当該権利行使に要する費用等が障害となって利用されづらいものであった[19]。さらに、定時報告書についても、それを株主又は一般に開示することを要求しない州が大半であったとされている。これは1933年証券法（Securities Act of 1933）及び1934年証券取引所法（Securities Exchange Act of 1934）が情報開示の理念のもと、財務情報等の情報開示を強化することになる[20]。そのため、少なくとも上場会社においては投資者が自身の投資価値を知るための詳細かつ包括的な情報が得ることができるようになり、会社情報の収集権及び情報開示に関する規定の効果はわずかであったといわれる[21]。

3. 統一事業会社法の採用状況

統一事業会社法は、ルイジアナ州、アイダホ州、ワシントン州及びケンタッキー州の4州に採用されていた。しかし、そうした州であっても同法が定めていた会社情報の収集権を修正して採用していたようである[22]。

---

19) 久保田・前掲（注2）97頁は、このような状況は当時の大規模公開会社の実態を反映するものであり、株主層の大半を占める大衆株主の実態が投資者にすぎなかったことから会社情報の収集権が行使されていた実態は投資判断資料の提供にあったとする。

20) 黒沼悦郎『アメリカ証券取引法（第2版）』4頁（弘文堂、2004年）参照。

21) *See* E. Merrick Dodd, Jr., *Statutory Developments in Business Corporation Law, 1886-1936*, 50 HARV. L. REV. 27, 49 (1936). そのため、久保田・前掲（注2）95頁は、終局的な救済手段として反対株主の株式買取請求権が重視されていたと指摘する。

まず、アイダホ州においては統一事業会社法 35 条 1 項に（c）号を追加し、そこでは会社情報を登記された事務所での保存を会社の定款に記載することを要求した。同条 1 項に（c）号を追加したことに伴い、3 項後段で規定していた株式登録簿の管理に関する代理人の規定を除外している。統一事業会社法では株式登録簿を登記された事務所での保存以外に譲渡代理人による保存も認めていた。それに対して、アイダホ州では登記された事務所に限定し、譲渡代理人の選任を認めなかった。

　そのうえで、同条 4 項の株主による会社情報の収集権についても修正を加えている。すなわち、総資本株式（total capital share）の 10%以下しか保有していない株主には、取締役会の承認がある場合を除いて、株主名簿の調査権を付与しなかった。統一事業会社法はすべての株主に会社情報の収集権を認めていたのに対して、アイダホ州では権利行使の要件を厳格にして会社情報の収集権を行使できる株主を制限していた。罰則を規定する 5 項についても 50 ドルを超えない罰金と改めていて、一律に 50 ドルの罰金としていた統一事業会社法とは対照的である。

　次いで、ケンタッキー州にあっては統一事業会社法 35 条 1 項（a）号で規定していた会社の登録された事務所での株主総会及び取締役会議事録の保存義務、3 項後段の株式登録簿に関する代理人に関する規定及び 5 項の罰金に関する規定を除外していた。すなわち、ケンタッキー州では株主による会社情報の収集権の対象が株式登録簿及び会計帳簿に限定され、株式登録簿については登記された事務所でしか保存ができなかった。その一方で、株主総会及び取締役会議事録の保存が要求されていなかったのは会社経営に関する意思決定の経緯や企業秘密の保護を目的としたと規定といえよう。

　さらに、ルイジアナ州では同法 35 条 2 項の会計帳簿の保存及び 5 項の罰金に関する規定を除外し、4 項が規定する会社情報の収集権を制限的な権利とした。会社情報の収集権が制限され、かつ、会社情報の保存に対する罰則を有し

---

22)　*See supra* note 10, at 189.

第 2 章　1928 年の統一事業会社法と株主の会社情報の収集権

ていないため、会社が会社情報の開示に積極的でなければ株主による会社情報
の収集権の行使が困難であったと思われる。そのうえ、株主による会社情報の
収集権の中心である会計帳簿の保存が要求されていないゆえに株主の監督機能
が十分に機能しないことが想定される。そのため、前述の年次報告書の開示が
株主による会社情報の収集について重要な役割を果たしていたと考えられる。

　そして、ワシントン州では 5 項の罰則について 50 ドル以下の罰金としてい
た。この規定は実質的にアイダホ州と同様であり、罰金が一律に 50 ドルとさ
れていた統一事業会社法とは異なる規定を置いていた。このように、統一事業
会社法を採用している州であっても株主による会社情報の収集権が制限されて
いた理由として次のことがいわれる。すなわち、株主に対して広範に会社情報
の収集権を認めることは会社経営を阻害するとともに、濫用の危険を著しく増
加されるものであり、結果として株主全体の利益に反すると考えられたためと
指摘される [23]。

第 3 節　統一事業会社法と 1920 年代以降の州会社法との関係

1.　統一事業会社法の州会社法への影響

　統一事業会社法は多くの州で制定法の改正作業にあたって参照 [24] されたこ
とに鑑みれば、その後の立法に与えた影響は少なくないと指摘がされているも
のの、ルイジアナ州、アイダホ州、ワシントン州及びケンタッキー州の 4 州に
採用されたにすぎなかった [25]。その理由としては、統一事業会社法は州会社

---

23)　久保田・前掲（注 2）96 頁。

24)　統一事業会社法を州会社法の改正に際して参照した州として、たとえば、わが国に
　　おける株主の会社情報の収集権の主要なモデルとなったと考えられているイリノイ
　　州 が あ る（Robert S. Stevens, *Uniform Corporation Laws through Interstate*
　　Compacts and Federal Legislation, 34 Mich. L. Rev. 1063, 1071（1936））。

25)　久保田・前掲（注 2）80 頁。

73

法の統一を目的としていたゆえに、先駆的な規定で構成されていたためといわれている。さらに州会社法に必要なのは、統一法よりも模範法の立法であったとも考えられた。ところが、統一事業会社法は州会社法に全く同じ法律の制定を求めたものであった[26]。

そうした影響もあり、1943 年に統一事業会社法は模範事業会社法（Model Business Corporation Act）と改称されることとなった。これは州間で会社立法が統一される必要がないと考えられたためである[27]。もっとも、州会社法を制定する場合には州間の立法が統一へ向かうための模範的な会社法が必要と考えられた[28]。他方で、1930 年代に制定された連邦証券諸法のもとでの株主保護が重要視されるとともに再度各州法の統一を試みるべく、アメリカ法曹協会（American Bar Association. ABA）によって 1950 年に模範事業会社法が公表される[29]。同法が模範的な会社法として広範に採用されることとなったのを受け、統一州法委員会全国委員会が主体となって公表されていた模範事業会社法は 1958 年に完全に撤回されることとなった[30]。

2．州会社法の現代化の流れ

上述のように、統一事業会社法は株主の会社情報の収集権について重要な規定を置いていたが、それ以外にも様々な重要な規定を設けていた。その一方で、統一事業会社法の公表前後から州会社法の現代化の動きも活発であった。これは各州相互間の影響と州法曹協会の活躍が顕著であったとされている[31]。

---

26) Hamilton, *supra* note 9, at 1457 n.16.

27) WILLIAM MEADE FLETCHER ET AL., 1 FLETCHER CYCLOPEDIA OF THE LAW OF PRIVATE CORPORATION, 11 （perm ed. 1990）. しかし、この点はアメリカ法曹協会にとって後述する模範事業会社法の公表に際して不測の事態であったともいわれている（*See* Hamilton, *supra* note 9, at 1457）.

28) *See supra* note 10, at 115.

29) 久保田・前掲（注 2）109 頁。*See* Kenneth K. Luce, *Trends in Modern Corporation Legislation*, 50 MICH. L. REV. 1291, 1299 （1952）.

30) Hamilton, *supra* note 9, at 1457. FLETCHER ET AL., *supra* note 27, at 11.

第 2 章　1928 年の統一事業会社法と株主の会社情報の収集権

こうした州会社法の現代化の動向は、模範事業会社法における株主の会社情報の収集権のみならず、その起草に影響を及ぼしていると考えられる。そこで以下では、1920 年代から模範事業会社法が公表されるまでの州会社法の動向をみていくこととする。

　アメリカでは 1920 年代後半より州会社法の現代化が始まったといわれている[32]。この現代化の流れは 1927 年オハイオ州一般会社法（Ohio General Corporation Act of 1927）の改正に端を発しているとされている。同法の半分は 1925 年のフロリダ州法から派生したものであり、それ以外に当時のニューヨーク州法、デラウェア州法及び改正前のオハイオ州法との調和をとって制定されたものである。

　オハイオ州会社法は改正に対して懸命に取り組んだ州法曹協会の指揮のもと起草がされ、多くの重要な提案がされた。そのため、1927 年オハイオ州一般会社法は他の州の模範となるような制定法であったが、それはオハイオ州法曹協会（Ohio Bar Association）が予期した結果ではなかった。とはいえ、1927 年オハイオ州一般会社法はアメリカの各州で進行中にあった会社法制の現代化に大きく寄与したといわれている[33]。

　1929 年にはアイダホ州とテネシー州が改正を行った。1929 年アイダホ州事業会社法（Idaho Business Corporation Act of 1929）は統一事業会社法の半分をそのまま採用した。残りの部分についても、その多くは株主による会社情報の収集権や情報開示のように、統一事業会社法の規定を修正させたものであった。1929 年テネシー州一般会社法（Tennessee General Corporation Act of

---

31)　酒巻・前掲（注 3）8 頁。

32)　1920 年代以降の州会社法の現代化の動向につき、*See* Ray Garrett, *Model Business Corporation Act*, 4 BAYLOR L. REV. 412, 418-419 (1952); BALLANTINE, *supra* note 5, at 44-45; 1 MODEL BUSINESS CORPORATION ACT ANNOTATED, 3-6 (1960).

33)　オハイオ州会社法は、統一事業会社法にも影響を与えている。すなわち、*supra* note 10, at 188 によれば、同法における会社情報の収集権を規定していた 35 条 3 項はオハイオ州会社法 32 条の規定を参考にしたとされている。

75

1929）はデラウェア州法を主として基礎とするものであったが、いくつかの規定についてはメリーランド州、フロリダ州、ヴァージニア州、ニュージャージー州及び統一事業会社法の規定を採用した。

3．カリフォルニア州一般会社法等の状況

(1) アーカンソー州事業会社法等の制定

1931年にアーカンソー州事業会社法（Arkansas Business Corporation Law of 1931）が主にニュージャージー州法に基づいて制定された。また、ミシガン州一般会社法（Michigan General Corporation Act of 1931）がオハイオ州法、デラウェア州法を基礎に改正したものの、それはオハイオ州法に拠っていたものであった。

さらに、ペンシルバニア州も1931年に州会社法を改正した。1931年ペンシルバニア州事業会社法（Pennsylvania Business Corporation Law of 1931）は後述の1933年イリノイ州事業会社法の1931年段階での草案を大幅に採用した。もっとも、1931年のイリノイ州法の草案はその後検討が重ねられ、1933年に制定される際にはその草案が改善されたものであった。

(2) カリフォルニア州一般会社法の制定と株主の会社情報の収集権

1931年にはカリフォルニア州法が改正されている。これはカリフォルニア州法曹委員会（California State Bar Committee）の3年以上に及ぶ努力の結果であった。この立法の主たる対象はカリフォルニア州で行える企業活動に一線を画することであった。すなわち、デラウェア州やネバダ州においては企業誘致に競争的な法制を置き、そこでは会社を優遇すること又は会社設立の容易さを正当なものとしていた。こうした状況に応じて、カリフォルニア州法曹委員会はカリフォルニア州での企業活動を促すために、他の州で会社を設立する方策を未然に防ごうとした[34]。その一方で、一定の会社情報の収集については絶対的な権利とした[35]。

もっとも、1931年に会社法の現代化が行われたカリフォルニア州であった

第 2 章　1928 年の統一事業会社法と株主の会社情報の収集権

が、その後 1933 年カリフォルニア州一般会社法（California General Corpora-tion Law of 1933）に改正される。この改正は州法書委員会が 1931 年の立法における いくつかの過誤の修正及び解釈上疑問が生じた規定の明確化を目的として、1931 年以後も継続して行われた検討を反映したものである。形式としては改正とされているが、1933 年法は 1931 年法の抜本的もしくは根本的な改正ではなかった[36]。

　そのカリフォルニア州における株主の会社情報の収集手段の特徴としては次の 3 つが挙げられる[37]。第 1 に、裁判所の命令（order）による検査役制度である[38]。すなわち、カリフォルニア州民法典（California Civil Code）が裁判所の命令（order）による検査役制度を有していた。これは、発行済株式の 10％を保有する株主の申立てで裁判所が州内で保存されている会社情報の監査のための 1 人以上の適任の検査役あるいは会計士を選任し、その者による検査制度である。それら検査役が、検査の対象となる会社の財産、資金やその業務、さらに州内外の会社を問わず州内で保存されている帳簿等の会社情報について検査し、それを踏まえて検査役は裁判所にその調査内容を報告するというものである。

　第 2 に、定款で別段の定めがない限り、株主に年次報告書（annual report）の送付を規定していた[39]。第 3 に、一定割合の株主の請求で会社の財務諸表

---

34)　Henry Winthrop Ballantine, *Questions of Policy in Drafting a Modern Corporation Law*, 19 CAL. L. REV. 465, 465（1931）.

35)　Graham L. Sterling, Jr., *Modernizing California's Corporation Laws*, 12 WIS. L. REV. 453, 461 n.27（1937）.

36)　*Id.* at 470.

37)　Henry Winthrop Ballantine, *A Critical Survey of the Illinois Business Corporation Act*, 1 U. CHI. L. REV. 357, 384（1934）.

38)　その内容につき、*See* BALLANTINE, *supra* note 5, at 389-390.

39)　当時、こうした規定を有していた州はわずかであったものの、カリフォルニア州の他に、マサチューセッツ州が公衆に対して定時報告書を開示することを要求していたようである（*See* Dodd, *supra* note 21, at 49）。

の開示を強制することを定めており、そこには子会社の情報も含まれていた。このように、カリフォルニア州においては株主による会社情報の収集権以外に、会社情報の収集手段が充実していたといえよう。

4．イリノイ州事業会社法等の状況

(1)　イリノイ州事業会社法と株主の会社情報の収集権

　1933 年にはイリノイ州事業会社法（Illinois Business Corporation Act of 1933）が制定された。同法は他の州会社法とは全く異なって独創的なものであったが、1929 年のインディアナ州法の強い影響を受けたものとされている。イリノイ州会社法はシカゴ法曹協会の代表する成果であると考えられている。ちなみに、同州法は昭和 25 年商法改正で導入された会計帳簿閲覧謄写請求権のモデルとなったとされている [40]。

　さらに、イリノイ州会社法は、アメリカの制定法において現代の会社情報の収集権の原点となる規定を設けたと考えられている。そのため、同州会社法はその後いくつかの州の立法に際しひな形として提供された [41]。ただ、そのイリノイ州会社法の改正に際しては統一事業会社法が参照されていることから、統一事業会社法がイリノイ州会社法に与えた影響は少なくない。

　ちなみに、イリノイ州会社法における株主の会社情報の収集権は次のように規定していた。すなわち、閲覧の請求をする際に株主は 6 か月以上又は発行済株式の 5 ％以上の株式を保有し、正当な目的を主張したうえでその証明をしなければならないとされていた。閲覧の対象となっていたのは、会計帳簿、各種議事録、株主名簿（record of shareholders）である。さらに、不当に拒絶した役員に対して通常の損害賠償のほか、請求した株主が保有する株式価格の 10 分の 1 の罰金を課す一方で一定の拒絶事由を定めていた [42]。

40）　中東正文編著『商法改正（昭和 25 年・26 年）GHQ/SCAP 文書』解 39 頁（信山社、2003 年）。

41）　Frank G. Newman, *Inspection of Stock Ledgers and Voting Lists*, 16 Sw. L. J. 439, 442 (1962).

第2章　1928年の統一事業会社法と株主の会社情報の収集権

(2)　1933年ワシントン州統一事業会社法の制定等

　さらに、1933年ワシントン州統一事業会社法（Washington Uniform Business Corporation Act of 1933）が制定された。ただ、ワシントン州法はその名称を統一事業会社法とすることを目的とした軽微な改正である。この改正はワシントン州が1928年に公表された統一事業会社法を採用したことによるものである。

　1939年にはカンザス州法が改正されている。カンザス州法はデラウェア州法及び1933年イリノイ州法を基礎とするものである。1941年にはネブラスカ州の一般会社法が制定された。ネブラスカ州法は、改正にあたって改正以前のネブラスカ州法が不十分であった点を主にデラウェア州法とニュージャージー州法を参考とした。もっとも、その多くはデラウェア州法から派生するものであった。

5．その他の州法の状況等

　1943年にはミズーリ州一般及び事業会社法（General and Business Corporation Act of Missouri）が制定される。ミズーリ州法は、改正前のミズーリ州法を考慮して、それをいくつか修正しながらかなりの程度までイリノイ州法に倣ったものである。その後、1946年にはケンタッキー州法が統一事業会社法の大半を採用した。オクラホマ州は1947年にオクラホマ州事業会社法（Oklahoma Business Corporation Act of 1947）を制定し、それはイリノイ州法とカリフォルニア州法を基礎としたが、いくつかの規定についてはイリノイ州法及びカリフォルニア州法以外の州法が多く使われていた。

　株主の会社情報の収集権との関係では、1941年のウィスコンシン州会社法

---

42)　BALLANTINE, *supra* note 5, at 380. イリノイ州における株主の会社情報の収集権の詳細につき、*See* T. Jay Sullivan, *The Right of a Shareholder to Inspect the Books of a Corporation in Illinois*, 2 J. MARSHALL L. Q. 260 （1936）. なお、同州会社法の沿革につき、拙稿「アメリカ会社法における株主の会社情報の収集権〜初期のコモン・ロー及び州法等の展開を中心に〜」専大院56号26頁以下（2015年）を参照。

79

は 10% 以上の株式を保有する株主であれば競業者であっても会社情報の収集権の行使を認めていた。そのうえで、その行使目的が悪意のものであっても職務執行令状の請求できる権限を付与しており、株主による会社情報の収集権を絶対的な権利としていた。しかし、1943 年の改正において会社情報の収集権の行使にあたり正当な目的を要求することとなった[43]。

6. 初期のデラウェア州会社法と会社情報の収集権

(1) デラウェア州法の意義と会社情報の収集権の発展

アメリカにおける会社設立許可書を巡る競争で最も支配的な地位にあるのがデラウェア州である。デラウェア州が会社の設立州であればデラウェア州法及び判例法が適用されるため、デラウェア州会社法はアメリカにおける会社法の発展において極めて重要な役割を果たしている[44]。

しかし、デラウェア州会社法は株主よりも経営者を優遇する法律といわれ、設立州としてのデラウェア州は「奈落への競争（race to the bottom）」が生ずると批判がされている[45]。すなわち、会社経営陣が自らにとって優位となり、株主の利益保護が弱い特定の法改正を行うよう立法府に促した場合、経済的なインセンティブを有する州は経営陣を迎合し、株主の利益を犠牲にして経営陣の経営判断の裁量を拡大する法改正が起こりうる。そのため株主利益が損なわれ、ひいては会社の価値の最大化につながらないという問題が生じる[46]。

もっとも、そのデラウェア州における会社情報の収集権の発展は他の法域と類似したものである[47]。その起源は 1899 年までさかのぼる[48]。すなわち、同

---

43) BALLANTINE, *supra* note 5, at 379 n.11.

44) カーティス・J・ミルハウプト編『米国会社法』9、12 頁（有斐閣、2009 年）。

45) ARTHUR R. PINTO & DOUGLAS M. BRANSON, UNDERSTANDING CORPORATE LAW, 17（4th ed. 2013）.

46) ミルハウプト編・前掲（注 44）12 頁。

47) Note, *"Proper Purpose" for Inspection of Corporate Stock Ledger*, 1970 DUKE L. J. 393, 395（1970）.

年にデラウェア州立法者が現在のデラウェア州一般会社法（Delaware General Corporation Law）の前身であるデラウェア州会社法 17 条を採択し、会社の有する株主名簿を調査する権利を株主に認めた。デラウェア州会社法はその後 50 年の間で数度の改正がされているが、会社情報の収集権については、同法の 1967 年改正まで実質的な改正がされることはなかった[49]。

ただ、形式的な修正は加えられている。まず、1901 年のデラウェア州会社法により 17 条から 29 条に改められたが、その内容は改正前のままであった[50]。その後、1953 年にデラウェア州の立法者は新たなデラウェア州法典を制定し、それを州知事が承認した。これにより株主名簿の閲覧権が 220 条に規定されることとなったが、その内容は変わらなかった。

(2)　1953 年改正前の会社情報の収集権

1953 年改正以前の会社情報の収集権の規定につき、裁判所は制限ない条文の文言が株主による絶対的な会社情報の収集権を行使される効果をもつという立場を示した。ただ、制定法の規定は絶対的な権利とされていたが、それは職務執行令状の発行に関する裁判所の裁量の廃止を意味するものではなく、正当な目的による場合にのみに職務執行令状を発行した[51]。これは救済を求める

---

48)　デラウェア州会社法における株主の会社情報の収集権の沿革につき、*See* Randall S. Thomas, *Improving Shareholder Monitoring of Corporate Management by Expanding Statutory Access to Information*, 38 ARIZ. L. REV. 331, 341 n.62（1996）.

49)　1967 年改正後のデラウェア州会社法の会社情報の収集権につき、さしあたり、*See* EDWARD P. WELCH ET AL., FOLK ON THE DELAWARE GENERAL CORPORATION LAW, 737-762（2016 ed. 2016）. 邦語文献として、釜田薫子「デラウェア州における株主の閲覧権と正当目的の立証—『信頼できる根拠』基準の適用—」同法 67 巻 6 号 147 頁以下（2015 年）、同「米国の株主代表訴訟と株主の情報収集—閲覧可能な文書の範囲と『不可欠性』の要件—」北村雅史＝高橋英治編『藤田勝利先生古稀記念論文集 グローバル化の中の会社法改正』197 頁以下（法律文化社、2014 年）等を参照。

50)　株主の会社情報の収集権を規定していた 1929 年デラウェア州会社法 29 条につき、*See* Note, *supra* note 47, at 395 n.14.

51)　*Id.* at 395.

法的権利を立証を、申立てにおいては関係人と呼ばれる株主に要求していたことを意味する[52]。もっとも、会社情報の収集権を行使できた株主は株式原簿に記録された株主のみであった[53]。

これに対して、相手方である会社は職務執行令状に従うか、救済の権利がないことを株主に示して、申立ての主張を拒絶するといういずれかを示さなければならない。この拒絶が不明確、不完全、あるいは不十分であれば申立ての主張は有効なものとされ、職務執行令状によって株主の権利執行を認めた[54]。

コモン・ローのもとでは職務執行令状は正当な目的につき積極的な主張の後にのみ発行されたが、デラウェア州会社法が会社情報の収集権を絶対的なものとしていた。そのため、会社情報の収集権の行使を求める株主が職務執行令状を求める際に正当な目的の主張をする必要はなくなった。その代わりに不当な目的又は動機という主張の証明は会社側に転換された[55]。

その結果、株主の会社情報の収集に関する絶対的な制定法上の権利は、単に不当な目的であるという会社の主張によって阻止されることになった。このような状況に対応して、州の立法者は職務執行令状に係る手続を 1953 年に改正した。これは関係者又はその相手方によって職務執行令状の発行を求める申立てにつき、その事実に疑義があるときはデラウェア州最高裁判所（superior court）が聴聞及び発行の判断をすることとなった[56]。

(3) 1953 年改正後の会社情報の収集権

1953 年のデラウェア州会社法 220 条で会社情報の収集権を有していたのは

---

52) Thomas, *supra* note 48, at 342.

53) C. Thomas Attix, Jr., *Rights of Equitable Owners of Corporate Shares*, 99 U. PA. L. REV. 999, 1001 (1951).

54) Thomas, *supra* note 48, at 342.

55) Note, *supra* note 47, at 396. ただ、Newman, *supra* note 41, at 455 は、正当な目的の立証責任はその事案次第であったと述べている。

56) Note, *supra* note 47, at 396.

株主それぞれの名前、住所及び保有株式数を記録した株式原簿（stock ledger）に記載のある株主に限られていた[57]。これは 1940 年の *State ex rel. Healy v. Superior Oil Corp.*事件[58]において、単に名義人にすぎなかったとしても会社情報の収集権が付与されているのは株式原簿に記載された株主であると判示されていたためである[59]。

デラウェア州においても、制定法による会社情報の収集権とコモン・ローによる会社情報の収集権が併存した。さらに、コモン・ロー上の会社情報の収集権と同様に会社情報の収集権の行使に際し、正当な目的を示すことが要求されていた。

もっとも、デラウェア州では株式原簿とそれ以外の帳簿等で正当な目的の判断が異なっていたとされている[60]。株式原簿についてはその閲覧を求める理由として正当で理解しやすい目的の一つが委任状勧誘である。ただ、会社は請求した株主が株式原簿から得られた情報を株主としての利益と無関係な利用を証明したとき、その請求に対する会社の拒絶は認められた[61]。

他方で、デラウェア州において株式原簿以外の会社情報については制定法ではなく、コモン・ロー上の会社情報の収集権に起因するものであった。コモン・ローの法理によれば会社の帳簿等の提供を求める前に会社に対し閲覧の目的を示すことを要求していた。さらに提供が拒絶された場合、株主は職務執行令状が認められる前に閲覧目的が正当であると裁判所が確信するに至る証明をしなければならなかった。これは裁判所が株主のコモン・ロー上の権利を保護する義務がある一方で、不当な目的でかつ会社の業務を妨げる請求から会社を保護しなければならなかったためである[62]。

---

57) Note, *Inspection of Corporate Books and Records in Delaware*, 41 VA. L. REV. 237, 237, 241 (1955).

58) 13 A.2d 453 (Super. Ct. 1940).

59) Note, *supra* note 57, at 241.

60) *Id.* at 237, 242.

61) *Id.* at 243-244.

62) *Id.* at 245.

第3章 1950年の模範事業会社法の公表と 株主の会社情報の収集権

第1節 模範事業会社法の公表とその影響

1. 模範事業会社法の公表

統一事業会社法としての模範事業会社法は、前述のように撤回されることになったが、その代わりに新しくアメリカ法曹協会（American Bar Association. ABA）が1950年に模範事業会社法を公表することとなった。その模範事業会社法にはどういった特色があり、株主による会社情報の収集権をどのように規定していたのであろうか。

そもそも、模範事業会社法はアメリカ法曹協会の会社法委員会（Committee on Corporate Laws of the American Bar Association）が独自の立場から連邦会社法制定の要望に応えるため、1940年より作成を始めた草案を基礎とする[1]。模範事業会社法は、州会社法立法者によって実質的に制定されうる一般的な会社法として予定されており[2]、そのアプローチは各州会社法の統一を目指すものではなく、州間の差異を認めるものである[3]。模範事業会社法それ自体は法規範としての拘束力を持たないが、各州で異なるアメリカ会社法の共通

---

1) 酒巻俊雄「アメリカにおける会社立法の進展」企業法研究85輯8頁（1962年）。

2) CORPORATE LAWS COMMITTEE, MODEL BUSINESS CORPORATION ACT (2016 REVISION): OFFICIAL TEXT WITH OFFICIAL COMMENTS AND STATUTORY CROSS-REFERENCES, v (2016).

項を理解するにあたり有益な資料を提供する[4]。模範事業会社法は現在でも改正がありながら重要な意味を持っている。

模範事業会社法の起草当時における主な目的は州委員会やその州における法曹協会へ州会社法の改正ないし現代化の模範の提供にあった[5]。模範事業会社法の起草は1940年に始まった。これはアメリカ法曹協会の会社法委員会が独自の立場から連邦会社法制定の要望に応えるためであった[6]。同委員会は1943年に報告書の形式で連邦会社法草案（Preliminary Draft of Federal Corporation Act）をアメリカ法曹協会の事業法部門（Business Law Section）へ提出した。これと同時に、会社法委員会は各州での会社法改正の手引きとしての模範事業会社法の研究を開始し、1946年に「州事業会社法の模範（Model for State Business Corporation Acts）」という題目で最初の草案が公表された[7]。

この草案は1933年イリノイ州事業会社法（Illinois Business Corporation Act of 1933）を基礎とするものであった。これは同州会社法がその制定から13年以上経過したものであり、実務の影響や法を運用する経験が浸透していたためとされている。ただ、委員会の委員長ならびに委員の多くがイリノイ州の法曹で占めていたためとの指摘がある[8]。

もとより、1946年に公表された州事業会社法の模範の草案はイリノイ州における州憲法上の制約を除いたものであったことに加えて、会社設立費用（incorporation fees）及び事業税（franchise taxes）の査定や徴収について複

---

3) ARTHUR R. PINTO & DOUGLAS M. BRANSON, UNDERSTANDING CORPORATE LAW, 4 (4th ed. 2013).

4) カーティス・J・ミルハウプト編『米国会社法』12頁（有斐閣、2009年）。

5) COMMITTEE ON CORPORATE LAWS OF THE AMERICAN BAR ASSOCIATION, MODEL BUSINESS CORPORATION ACT (Revised 1953), iv (1957).

6) 酒巻・前掲（注1）8頁。

7) Ray Garrett, *Model Business Corporation Act*, 4 BAYLOR L. REV. 412, 424 (1952). 酒巻・前掲（注1）8頁。

8) 酒巻・前掲（注1）9頁。

雑な規定となっていた。この草案は広く公表されたが、州の模範法としては不十分なものであり、前述のように州会社法の現代化が進んでいたためわずかな州で用いられたにすぎなかった。そこで委員会は委員の構成を変更し、模範法の草案を改めるために3年以上の検討を重ねた[9]。

そうした検討を経て、1950年に「模範事業会社法（改正版）（Model Business Corporation act（Revised））」が公表された。新たに公表された模範事業会社法では1946年の草案で除外されていた多くの規定が盛り込まれた。それにより、配当に関する取扱いや株主権の改善等が図られた[10]。

模範事業会社法は、次の4つを考慮して公表されたと考えられている[11]。第1に、当時の会社法制には構成の簡素化とその調整及び矛盾や不要な重複の解消が必要であった。第2に、公益会社（public corporation）や非営利会社（non-profit corporation）と比べて、事業会社（business corporation）に関係する法の検討や改正は優先すべきであると考えられた。これと関連して、第3に、事業会社に関する法の改正に係る検討は部分的な修正としてではなく、法律全体の改正という観点で取り組まれるべきとされた。第4に、事業会社に関する全ての規定をまとめた新たな事業会社法は、可能な限り、企業、法曹、州の行政機関、裁判所、労働者等の多様な観点から望ましい法であることを求めて起草したとされている。

そうした見解のもとで、会社法委員会での種々の検討を経て、アメリカ法曹協会は1950年に模範事業会社法を公表した[12]。同法は1953年にいくつかの修正が加えられたものが再公表されている[13]。その後、模範事業会社法は、1955年、1957年及び1959年に同法の改正に伴う累積的補遺（cumulative ad-

---

9) Garrett, *supra* note 7, at 424.

10) *Id.* at 424-425.

11) *See* HOWARD L. OLECK, 1 MODERN CORPORATION LAW, 100 (1958). 酒巻・前掲（注1）9頁も参照。

12) Garrett, *supra* note 7, at 420. 酒巻・前掲（注1）9頁。

13) 1 MODEL BUSINESS CORPORATION ACT ANNOTATED, 4 (1960).

dendum）及び選択的又は任意的規定（alternative and optional provision）によって増補されている[14]。

2．模範事業会社法の公表と州法への影響

模範事業会社法の公表は州法の現代化にも影響を与えた[15]。まず、1951 年にウィスコンシン州が模範事業会社法会社法を基礎としたウィスコンシン州事業会社法（Wisconsin Business Corporation Act）を制定した。ウィスコンシン州会社法はほぼ模範事業会社法を基礎としながらも、イリノイ州会社法を選択している部分もあった。さらに、メリーランド州会社法も改正がされている。同法は改正前のメリーランド州会社法と多くの州法を参照しつつ、模範事業会社法の多くの規定を組み入れていた。

1953 年にはオレゴン州事業会社法（Oregon Business Corporation Act）が起草された。これはオレゴン州法曹協会の会社法委員会によって立案がされたものである。もっとも、同州法は一定の州での手続と州への手数料の計算規定を除いて、模範事業会社法をそのまま採用した。

その後、1954 年にコロンビア特別区（District of Columbia）が模範事業会社法をほぼ採用して州会社法の現代化を行い、コロンビア特別区事業会社法（District of Columbia Business Corporation Act）を制定した。それに続いて、1955 年にテキサス州法曹協会会社法改正特別委員会（Special Committee of Revision of Corporation Laws of the Texas State Bar）がテキサス州事業会社法（Texas Business Corporation Act）を起草した。同州法はその大半が模範

---

14)　*Id.* たとえば、1955 年の改正では、累積投票に関する規定が、強行規定から任意規定に変更されている（酒巻・前掲（注 1）13 頁）。なお、アメリカにおける累積投票制度の歴史的展開については、柿崎環「アメリカ会社法における累積投票制度の変容（一）・（二・完）」早研 69 号 59 頁（1994 年）、71 号 61 頁（1994 年）を参照。

15)　模範事業会社法が州法に与えた影響につき、*See supra* note 13, at 3-6; Garrett, *supra* note 7, at 420; WILLIAM MEADE FLETCHER ET AL., 1 FLETCHER CYCLOPEDIA OF THE LAW OF PRIVATE CORPORATION, 10-12（perm. ed., 1990）.

第 3 章　1950 年の模範事業会社法の公表と株主の会社情報の収集権

事業会社法を基礎とするものであった[16]。

　これらの州では株主の会社情報の収集権について、基本的には模範事業会社法と同様の規定を有していた[17]。しかし、その詳細については模範事業会社法と異なっていた。たとえば、テキサス州では株主に合理的な目的又は正当な目的の立証を要求していたが、会社が株主による会社情報の収集権の行使に対して主張できる正当な拒絶事由を規定していなかった。さらにオレゴン州、テキサス州、ウィスコンシン州では会社情報の収集権を行使できる株主が名義株主（shareholder of record）に限定され、かつ一定の期間（for at specified length of time）又は発行済株式総数の一定割合（specified percentage of the outstanding shares）の保有を要求した。コロンビア特別区では会社情報の収集権の行使要件として、株主に対して株式の保有割合（percentage of owner-ship）のみをその要件とした[18]。

　そのうえで、オレゴン州及びウィスコンシン州では株主による会社情報の収集権の行使に対する拒絶事由を具体的に列挙していた。コロンビア特別区は過去に会社情報の収集権の行使によって得られた情報の売却もしくは不当な目的による権利行使の場合を会社の拒絶事由として認めていた。罰則についても、オレゴン州は模範事業会社法と同様に会社の不当拒絶に対して法によって付与されている損害賠償又は救済に加えて、請求した株主にその保有する株式価格の 10% の損害賠償を認めていた。ウィスコンシン州でも同じく、請求した株主にその保有する株式価格の 10% の損害賠償を認めていた。ただ、総額で法により付与されている損害賠償又は救済と合わせて 500 ドルという上限を設けていた[19]。

---

16)　テキサス州事業会社法における会社情報の収集権の条文につき、*See* William T. Blackburn, *Shareholder Inspection Rights*, 12 Sw. L. J. 61, 63 n.11（1958）.

17)　*See supra* note 13, at 114.

18)　*Id.* at 115, 116.

3. 模範事業会社法の特徴と構成

アメリカ法曹協会の会社法委員会は、模範事業会社法に、第1に現代的な法、第2に完全な法、第3に柔軟な法、第4に簡明な法であることを求めて起草したとされている。こうした起草目的は、模範事業会社法がこうした性格を有していなければ、州会社法の模範として提供されるという本来の目的を果たせないと考えられたためである。

ちなみに、模範事業会社法は授権法（enabling act）[20]であり、取締法（policing act）ではないといわれている。これは証券詐欺（fraud）の定義や支配株主の少数株主に対する義務（obligation of majorities to minorities）を課すことについて、判例法に委ねているブルー・スカイ・ローや取締法の性質を有する他の制定法とは異なり、模範事業会社法は従来の考えを引き継ぐものではなく、厳しい義務を課すものではないと考えられている。そのうえで、模範事業会社法は特定の規模の会社に適用するために起草されたものではないとされている。会社法委員会は一貫して会社法は会社規模に問わず、会社に対して同じ要求や株主の公平な取扱いを要請すべきという観点で起草に取り組んだ[21]。

ところで、1950年の模範事業会社法は145の条文から構成されていた。初めの46か条は定義や目的等の理解すべき事柄である実質的な規定が置かれた。それに次ぐ52か条の規定は会社設立の手続や合併等が扱われていた。その後の19条の規定は外国会社について、続く10か条の規定が年次報告書（annual

---

19) *Id.* at 118, 117. ちなみに、1950年以降の州法の動向において、株主の会社情報の収集権について重要な改正を行っている州として、1953年に改正されたデラウェア州がある。その経緯につき、Randall S. Thomas, *Improving Shareholder Monitoring of Corporate Management by Expanding Statutory Access to Information*, 38 ARIZ. L. REV. 331, 341 n.62 (1996). なお、1953年改正までのデラウェア州法における株主の会社情報の収集権につき、第2章第3節を参照。

20) アメリカ会社法における授権法の理論とは会社法制の在り方についての基本的立場（philosophy）の一つとされている。その詳細については、久保田安彦「初期アメリカ会社法上の株主の権利（2・完）」早法74巻4号454頁以下（1999年）を参照。

第 3 章　1950 年の模範事業会社法の公表と株主の会社情報の収集権

report）や州に支払う様々な手数料や各種税金について定めていた。残りの
18 か条で罰則や行政機関等の事項について規定していた[22]。

　こうした模範事業会社法の編纂には慎重な対応がなされた。すなわち、委員
会は表現の平易さと明確さ、用語の簡潔さや一貫した用い方、手続の標準化等
を模範事業会社法に求めた[23]。模範事業会社法は制定技術の面からみた場合、
その条文の配列は一般の州法が慣習的に処理されているのに比べて極めて論理
的な構成をとっているともいわれる[24]。

　1950 年に公表された模範事業会社法の前文において、起草者は次のように
述べている。すなわち、起草にあたっては株主に権利を与えることに十分に配
慮したとする。株主の権利は会社に関する制定法においてしばしば漫然と扱わ
れており、いくつかの州では株主の権利を廃止する州もあった。そこで会社法
委員会は株主の権利を強化するとともに明確な定義を置くべきであると考え
た。その一つとして、たとえば、模範事業会社法は吸収合併等の重要な会社の
行為に対して基本定款でその問題に関して議決権を付与されているかどうかに
関わらず、全ての種類の株式に議決権を付与した[25]。

21）　Whitney Campbell, *The Model Business Corporation Act*, 11 Bus. Law. 98, 99-100
　　　(1956). ちなみに、1928 年に公表された統一事業会社法も本質的には授権法である
　　　と考えられている。ただ、強行法規として株主の会社情報の収集権等を強化して株
　　　主の監督機関としての機能の整備が図られているため、授権法理論を修正する立場
　　　を採っていると考えられている（久保田安彦「1928 年のアメリカ統一事業会社法と
　　　株主の権利」早法 75 巻 4 号 102 頁（2000 年））。

22）　Committee on Corporate Laws of the American Bar Association, *supra* note 5, at
　　　v.

23）　*Id.*

24）　酒巻・前掲（注 1）10 頁。

25）　Committee on Corporate Laws of the American Bar Association, *supra* note 5, at
　　　vi.

第2節　模範事業会社法における株主の会社情報の収集権

1．会社情報の収集権の意義

　そうした株主権の強化と定義の一つとして、模範事業会社法は株主の会社情報の収集権を明文化した。模範事業会社法における会社情報の収集権は、明文化に際して一定の法定の要件を充たしながらも不当に会社情報の収集を拒絶された株主のためにコモン・ローでは利用できない救済手段も規定していた[26]。

　この立法の特徴として、コモン・ローや統一事業会社法の会社情報の取集権とそのアプローチを大きく変えたことが挙げられる。詳細については後述するが、会社情報の収集権の行使に一定の要件を課すとともに権利行使に対する拒絶事由を設けたことが注目される。ちなみに、法定の要件を充たさない株主についても、コモン・ローによる会社情報の収集権と救済手段は会社情報を収集するための手段として規定されていた[27]。

2．模範事業会社法 46 条の概要

　1950 年に公表された模範事業会社法は、46 条で会社情報の収集権について規定していた。その条文は次のとおりである[28]。

『模範事業会社法 46 条（1950 年）
　帳簿及び記録（Books and Records）。
　各会社は、正確で完全な（correct and complete）会計に関する帳簿及び記録（books and records of account）、株主総会議事録並びに取締役会議事録

---

26) Browning Jeffries, *Shareholder Access to Corporate Books and Records: The Abrogation Debate*, 59 DRAKE L. REV. 1087, 1105 (2011).

27) *Id.*

28) Model Business Corporation Act, 6 BUS. LAW. 1, 35-37 (1950).

（minutes of the proceedings of its shareholders and board of directors）を保存
（keep）するものとする。それらは登記された事務所又は事業の主たる場所で
保存し、すべての株主の名前、住所及びそれぞれが保有する株式の数並びに種
類を記録した株主名簿（record of its shareholders）は譲渡代理人又は登記さ
れた事務所で保存するものとする。

　請求に先立って、少なくとも会社の株式を6か月以上継続的に保有するか
（at least six months immediately）、又はその発行済株式総数の5％以上の株式
を保有する（at least five per cent of all the outstanding shares of a
corporation）名義株主は、請求の目的を示す書面の請求で、本人又は代理人
もしくは弁護士によって、合理的な時間で正当な目的のために、会計に関する
帳簿及び記録、各種議事録、株主名簿を調査し、それらを謄写する権利を有す
る。

　正当な目的のために株主又は代理人もしくは弁護士の会計に関する帳簿及び
記録、各種議事録、株主名簿を調査及び謄写を認めることを拒絶した役員
（officer）又はその代理人は、他の法律で与えられている損害賠償又は救済に
加えて、請求した株主が保有する株式価値の10％の罰金を支払う責任を有す
る。役員又はその代理人は、請求した者が2年以内に株主名簿を売却又は提供
を目的とする場合、そのような目的のために株主名簿を獲得することで第三者
を幇助又は教唆する場合、過去に会計に関する帳簿及び記録、各種議事録ある
いは株主名簿の調査を通して得た情報を不適切に利用した場合、もしくはその
請求が善意（good faith）又は正当な目的ではない場合は、本条の罰則を理由
とする責任追及において抗弁として主張することができる。

　本条で構成されていることは、株主による正当な目的の証明、あるいは名義
株主としての保有期間もしくは保有する株式の数に関わらず、株主による会計
に関する帳簿又は記録、各種議事録、株主名簿の調査を強制することについて
管轄権のある法域の裁判所の権限を減じるものではない。』

　模範事業会社法46条が規定する株主による会社情報の収集権の特徴等は、

次に掲げるようなものと考えられている。すなわち、同法における会社情報の収集権を行使できる株主は、その行使に先立ち、6か月以上株式を継続的に保有するか、又は発行済株式総数の5％以上の株式を保有する者に限定していた。その要件に加えて、会社情報の取集権は合理的な時間に正当な目的のために行使されなければならなかった。統一事業会社法では「合理的な目的」であったが、模範事業会社法では「正当な目的」に改められている。もっとも、その内容に差異はないと考えられる。

そのうえで、収集の対象となる会社情報は会計の帳簿及び記録、各種議事録及び株主名簿であった[29]。株主による会社情報の収集権の対象は、統一事業会社法を同じである。ただ、コモン・ロー上の株主による会社情報の収集権は会社のあらゆる会社情報であったことに比べると収集の対象が限定されている。

3．統一事業会社法との比較等

この模範事業会社法の規定と統一事業会社法との違いとして、次のことが挙げられる。まず、会計帳簿につき、統一事業会社法では「適切で完全な」ことを要求していた。その一方で、模範事業会社法においては「正確で完全な」会計帳簿を要求した。会計帳簿の作成方法につき、模範事業会社法は統一事業会社法の「適切」という文言を「正確」に改め、作成の基準を高くしていることが注目される。

次いで、統一事業会社法では権利行使の目的で濫用的行使か否かを判断していた。その一方で、模範事業会社法は拒絶事由を明文化した。模範事業会社法46条は拒絶事由を4つ列挙し、そこでは具体的な事由を挙げるとともに拒絶事由のいわば包括規定を置いている。拒絶事由を定めた理由としては権利行使の目的でそれが濫用的なものであるか否かの判断が難しく、そうした濫用的権利行使から会社を保護する必要性があったためと考えられる。

---

29) Jeffries, *supra* note 26, at 1105.

第 3 章　1950 年の模範事業会社法の公表と株主の会社情報の収集権

　もっとも、模範事業会社法で会社情報の収集権を規定した主たる目的は正当な調査請求を拒絶する会社への罰則を規定することにあったと指摘されている[30]。すなわち、コモン・ロー上の会社情報の収集権は当該権利行使の遅滞やそれに伴う費用によって阻害されていた。罰則が課されていなかったことも相俟って、会社又はその経営陣は株主による会社情報の調査の拒絶によって、株主が十分な情報を得る前に、株主に権利行使の遅滞とそれに伴う費用を生じさせた[31]。これを防止するために、模範事業会社法 46 条に基づく請求を拒絶した役員らは、他の法律で与えられている救済に加えて個人責任を定め、そこでは請求した株主が保有する株式価値の 10％の罰金を課した[32]。

4．会社情報の収集権の権利行使の要件等

　模範事業会社法は正当な目的という要件を維持する一方で、会社情報の収集権の包括的な保護を与えたとされている。すなわち、株主が株式の保有期間又は保有割合の要件を充たし、書面をもって正当な目的を示した場合、その株主は示された目的が不当でないかぎりにおいて、会社に保存が義務付けられている会社情報を収集する権限が付与された[33]。

　ただ、会社情報の収集権の行使に係る正当な目的を具体的に定めることはしなかった。もっとも、模範事業会社法ではコモン・ロー上の会社情報の収集権で要求する正当な目的を基礎とし、そのうえで株主と会社の利害の調和を裁判所に委ねた。なお、当時の州会社法では会社情報の収集権の行使が不当な目的であるとの立証責任を会社に負わせる傾向にあったようである[34]。

　このように会社情報の収集権の行使に際して一定の要件が定められていたが、株主が保有期間又は保有割合の要件を欠いたとしても、正当な目的で会社

---

30)　*Supra* note 13, at 127.

31)　*Id.*

32)　Jeffries, *supra* note 26, at 1105.

33)　*Supra* note 13, at 127.

34)　*Id.*

情報の収集権を行使した場合に会社情報を収集させることは裁判所の権限として可能であった[35]。これは「留保規定（saving clause）」といわれている。ここにいう留保（saving）とはコモン・ロー上の会社情報の収集権を留保し、制定法と併存してコモン・ロー上の会社情報の収集権を認めるということを意味する。ただ、その内容については条文で明確に示されていなかった[36]。

　他方で、株主が請求の2年以内に株主名簿を売却又は提供した場合、会社情報に含まれる情報につき不適切な利用があった場合や、善意（good faith）で請求していないとき又は不当な目的であるときは会社情報の収集を拒絶できると定めていた[37]。統一事業会社法では会社情報の収集権の行使目的でその認否を判断しており、模範事業会社法と重要な違いである。

　さらに、役員らの個人責任の可能性という一定の罰則は会社情報の収集権の行使要件を充たした株主しか利用できなかった。それに対して、コモン・ロー上の会社情報の収集権行使とその救済についてはすべての株主が利用できた。すなわち、正当な目的を有する株主が会社情報の収集を請求した場合、コモン・ロー上の権利に基づいて会社情報の調査が可能であった。しかし、制定法に基づく権利ではなければ、役員らに要求が拒絶されたとしても模範事業会社法に基づく損害賠償請求の権限は与えられなかった[38]。

　もとより、不当拒絶に対する個人責任という罰則規定は会社情報の収集権の行使目的が正当なものであるかの判断が分かれるような場合に、会社に対し当該権利行使を認めることの圧力として機能したといわれている。こうした罰則規定により、結果として会社情報の収集権の行使が一層利用しやすくなったといわれている。もっとも、会社情報の収集権を請求した者が一定の拒絶事由に該当して拒絶された場合には、たとえその請求が合理的な時間で正当な目的を有していたとしても罰則の適用はされなかった[39]。

35）　*Id.* at 128.

36）　Jeffries, *supra* note 26, at 1106.

37）　*Id.* at 1106.

38）　*Id.*

第3章　1950年の模範事業会社法の公表と株主の会社情報の収集権

第3節　株主への財務諸表の送付

　アメリカ会社法においては、株主の会社情報の収集権を補完するものとして、株主に対する財務諸表等の送付という手段があった。すなわち、模範事業会社法における株主による会社情報の収集権は当該権利行使に先立ち、6か月以上株式を継続的に保有するか、又は発行済株式総数の5％以上の株式を保有する者に限定されていた。ただ、すべての株主はコモン・ロー上の会社情報の収集権を有していると考えられていたが、それが会社に拒絶された場合には株主の負担が大きかったとされている。

　そのため、模範事業会社法のように会社情報の収集権に権利行使要件を設けていた場合、それを充たしていなかった株主にとっては重要な会社情報の収集手段であったと思われる。さらに、こうした財務諸表の送付については会社情報の収集権に関する条文に盛り込まれており、会社情報の入手手段として重要視していたことが窺われる[40]。

　ただ、1950年の模範事業会社法の公表当時はこうした規定を有していなかった[41]。当時の州会社法の多くも定期的な財務諸表（periodic financial statement）を株主に提供するといった規定を設けていなかったといわれている。そうした情報は株主がコモン・ロー上の会社情報の収集権又は制定法上の会社情報の収集権の行使や、いくつかの州では会社が州務長官（secretary of state）もしくは州の税務機関（state taxing authority）に提出が要求されていた年次報告書（annual report）の調査によって入手ができた[42]。

---

39)　*Supra* note 13, at 128.

40)　コモン・ロー上の株主による会社情報の収集権の救済手段の問題点につき、第1章第2節を参照されたい。

41)　模範事業会社法の基礎とされるイリノイ州会社法においても、株主の財務諸表の送付に関する規定はなかった（*See* Frank G. Newman, *Inspection of Stock Ledgers and Voting Lists*, 16 Sw. L. J. 439, 442 n.13（1962））。

そのうえ、1934 年証券取引所法（Securities Exchange Act of 1934）は、証券取引所で株式が取引されている会社につき、株主に対して年次報告書の提供を要求していたため、そうした規定を会社法に設けてこなかったと考えられている[43]。しかし、その後、株主の会社情報の収集権を規定していた 46 条に次の規定が追加された[44]。

『模範事業会社法（1960 年）46 条　帳簿及び記録（Books and Records）
　株主から書面での請求があった場合、会社は合理的に詳細な会社の資産、負債及び会社運営の成果を示す最新の財務諸表（recent financial statements）をその株主に送付するものとする。』

こうした会社の事業及び財務状況について株主に直接報告することを要求する規定は、株主の会社情報の収集権を代替するものではなく、補完することを意図したものとされている。模範事業会社法でもこのような規定を設けたのは、会社情報の収集権行使の拒絶に対する救済に係る手続が煩雑であったため、株主に余計な時間と費用を生じさせることなく、単純かつ直接的な方法での会社情報の提供が目的であったと思われる[45]。

---

42)　4 MODEL BUSINESS CORPORATION ACT ANNOTATED, 16-91（4th ed. 2008 & Supp.）.

43)　*Id.*

44)　*Id.* 同書では、株主の書面の請求による財務諸表の送付を求める規定は 1960 年の改正で導入されたとされているが、COMMITTEE ON CORPORATE LAWS OF THE AMERICAN BAR ASSOCIATION, *supra* note 5, at 41-42 では、当該規定がすでに存在していることから、少なくとも 1960 年以前の改正において規定されたものと思われる。なお、追加された規定につき、*See supra* note 13, at 135.

45)　第 1 章第 3 節も参照されたい。

第4節　模範事業会社法の全体的な各州の採用に関する状況

1．模範事業会社法の各州の採用状況

(1)　イリノイ州の状況

　模範事業会社法における会社情報の収集権は、各州会社法でのどの程度採用されていたのであろうか。この点につき、模範事業会社法の公表当時、株主の会社情報の収集権がどの程度普及し、もしくは採用されなかったのかを確認しておきたい[46]。

　模範事業会社法における会社情報の収集権を検討するうえで重要な意義を有している州としてイリノイ州がある。同州法は、模範事業会社法のみならず、州会社法の現代化において重要な役割を果たしていただけではなく[47]、現代の株主による会社情報の収集権の原点となる規定を設けたと考えられている。そのため、イリノイ州法における株主の会社情報の収集権に関する規定は、模範事業会社法と同様に各州会社法の立法にあたって模範として扱われた[48]。そこでは、会社情報を収集できる株主は株式の6か月以上又は発行済株式の5％以上を保有し、正当な目的を有する者に限定されていた。

(2)　模範事業会社法と類似する州

　模範事業会社法における株主による会社情報の収集権と同様の規定を有していたのは次の州である。1950年公表当時は、アラバマ州、アラスカ州、コロ

---

46)　模範事業会社法における株主による会社情報の収集権に関する各州の採用状況等につき、*See supra* note 13, at 114-119; Newman, *supra* note 41, at 442-446.

47)　この点については、第2章3節を参照。

48)　Newman, *supra* note 41, at 442-443. 当時、イリノイ州法と同様の規定を採用していたのは31州とされているが、そのまま採用することはせずに様々な違いがあったとされている。

ラド州、アイオワ州、ノースカロライナ州、ノースダコタ州、オレゴン州、テ
キサス州、ヴァージニア州、ウィスコンシン州、コロンビア特別区が模範事業
会社法と同様の規定を有していた。

　模範事業会社法のように、株主による会社情報の収集権の行使に関し、次の
州が権利行使要件を定めていた。まず、テキサス州において、株式の 6 か月以
上又は発行済株式の 5 ％以上を保有し、正当な目的を有する者に認められ
た [49]。次いで、フロリダ州が 1 ％、メリーランド州が 5 ％、ミシガン州が発
行済資本株式（outstanding capital share）の 2 ％、ミシシッピー州が持分保
有（equity ownership）の 1 ％、ウィスコンシン州が発行済株式の 5 ％の持株
要件を課していた [50]。一方で、保有期間の制限していた州としては、ミシ
シッピー州及びウィスコンシン州が 6 か月の保有要件を課していた [51]。

　模範事業会社法と同様又は類似の規定を有する州（テキサス州及びヴァージ
ニア州を除く）では合理的又は正当な目的の立証を要求していた。そのうえで
会社情報の収集権の行使に対する拒絶事由を明示する規定を置いていた。

(3)　模範事業会社法と異なる州

　これに対して、模範事業会社法と異なる規定を有していた州として、アリゾ
ナ州、デラウェア州、ハワイ州、メイン州、メリーランド州、ミズーリ州、モ
ンタナ州、ニュージャージー州、サウスカロライナ州、サウスダコタ州、バー
モント州、ウエストヴァージニア州が挙げられている。これらの州では、模範
事業会社法の規定と異なる特色として正当な目的の立証及び会社情報の収集権
の行使を拒絶する正当な抗弁が明示されていなかった。

　また、模範事業会社法とは異なり、カリフォルニア州、アイダホ州、イン
ディアナ州、カンザス州、ケンタッキー州、ルイジアナ州、ミシガン州、ミネ

---

49)　*See* Blackburn, *supra* note 16, at 62 n.11.

50)　Susan B. Hoffnagle & Jolyan A. Butler, *Shareholders' Right to Inspection of Corporate Stock Ledger*, 4 CONN. L. REV. 707, 716 n.46 （1972）.

51)　*Id.* at 716 n.47.

第 3 章　1950 年の模範事業会社法の公表と株主の会社情報の収集権

ソタ州、ニューハンプシャー州、オハイオ州、ペンシルバニア州、テキサス州、ユタ州、ヴァージニア州、ワシントン州でも合理的又は正当な目的の立証を要求しているが、会社情報の収集権の行使に対する会社の正当な拒絶事由を規定していなかった。そのなかでも、ユタ州では会社に不当な目的の立証責任の課すことを明確に規定していた。

　他方で、アーカンソー州、フロリダ州、マサチューセッツ州、ネバタ州、ニューメキシコ州、テネシー州は正当な目的の立証は不要であった。ただ、会社による会社情報の収集の不当拒絶に対してその後の株主により提起される訴訟で主張できる抗弁を列挙していた。ちなみに、デラウェア州では制定法ではそのような規定を置いていなかったが、裁判所にその裁量が付与されていると考えられていた。

2．会社情報の収集権の対象等に関する状況

(1)　会社情報の収集権の対象と保存場所

　ほとんどの州では会社に一定の会社情報の保存を課している。そうした法的要求は次の 2 つに分類できる。第 1 に、帳簿（books）、記録（records）、書類（papers）といった漫然とした規定の仕方である。第 2 に、より詳しく会計帳簿（books of account）、株主総会及び取締役会議事録（minutes of shareholder and director proceedings）、株式原簿（stock ledger）等のように個別具体的に規定する州会社法もあった。そのうえで、一般にそうした会社情報は会社の登記された事務所又は事業を行っている主要な場所で保存されなければならなかった。

　会社情報を具体的に規定していた州としてはイリノイ州がある[52]。同州法では会社に正確で完全な（correct and complete）会計帳簿、株主総会及び取締役会議事録、株主名簿の保存を要求していた。それらの保存場所は登記された事務所又は州内の事業を行っている主要な場所であった。テキサス州もイリ

---

52)　1954 年のイリノイ州法の条文につき、*See* Newman, *supra* note 41, at 442 n.13.

ノイ州とは規定の文言に違いはあるが、会計に関する帳簿及び記録（books and records of account）、各種議事録、株主名簿の閲覧及び謄写する権限を与えており、その対象はイリノイ州と同様のものと考えられる[53]。

ただ、保存が要求されている会社情報のすべてが常に会社情報の収集権の対象となるわけではなかった[54]。たとえば、アーカンソー州、デラウェア州、フロリダ州、ハワイ州、ニュージャージー州、テネシー州、ユタ州では株式原簿についてのみ規定していた。ちなみに、株式原簿には株主の名前や住所に加えて、当該株主の所有している株式の数及び種類が記載されなければならなかった。

(2) デラウェア州等の規定

こうした会社情報の収集権の対象を制限している州のなかで、1953年のデラウェア州会社法は株式原簿（stock ledger）にしか言及していなかった。そのため、株式原簿以外の会社情報については制定法ではなく、コモン・ロー上の会社情報の収集権に起因するものであった[55]。すなわち、コモン・ロー上の株主による会社情報の収集権にあっては、株主は会社に会社情報の提供を求める前に会社に対し閲覧の目的を示すことを要求されていた。さらに、会社情報の提供を会社に拒絶された場合、株主は職務執行令状が認められる前に閲覧目的が正当であると裁判所が確信するに至る証明をしなければならなかった。これは裁判所が株主のコモン・ロー上の権利を保護する義務がある一方で、不当な目的でかつ会社の業務を妨げる請求から会社を保護しなければならないと考えたためである[56]。

一方で、ニューヨーク州では独自の規定を有していた。まず、保存の対象と

---

53) Blackburn, *supra* note 16, at 63.

54) GEORGE D. HORNSTEIN, 2 CORPORATION LAW AND PRACTICE, 124 (1959).

55) デラウェア州会社法がこのような規定となったのは1910年の *State ex rel. Brumley v. Jessup & Moore Paper Co.*事件（77 A. 16 (1910)）の影響であるとされている。その詳細につき、*See* Blackburn, *supra* note 16, at 63-64.

なる会社情報は会計帳簿と株式帳簿（share book）のみであった。次いで、保存場所についても会計帳簿は会社の事務所で保存されなければならなかったが、株式帳簿については会社にその事務所又は株式の譲渡に係る代理人の事務所のいずれかで保存する選択を認めていた。さらに、株式帳簿には所有者が株主になった時及び株式の払込が完了した時の記載も要求していた。株式の譲受人が株式帳簿に記載されるまでは、制定法によって規定されている範囲で会社債務に責任が明示されている場合を除いて、責任を追及する目的で会社、株主又は債権者に対して株式の譲渡に係る有効性を訴えることはできないと規定していた。そして、会社、役員、取締役もしくは株主に対する訴訟において、株式原簿又は会計帳簿に原告に有利なことが記載されている場合、それは証拠として推定された。

(3) 株主による会社情報の収集権の制限

カリフォルニア州、コネチカット州、メリーランド州（同州に関しては会計帳簿と株主名簿に限る）、オハイオ州及び模範事業会社法の会社情報の収集権と同様の規定を有する州は株主による書面での閲覧請求を要求する。バーモント州を除いて、会社情報の収集権を規定する制定法を有するすべての州で閲覧しうる時間を規制している。そのほとんどの州では合理的又は正当な時間であることを要求している。

わずかな州では会社の事業日における通常の事業時間内又は特定の時間にのみ閲覧を制限している。ミズーリ州では定款で閲覧が可能な時間を制限することができた。一方で、サウスカロライナ州及びウエストヴァージニア州はあらゆる時間での閲覧を認めていた。

---

56) Note, *Inspection of Corporate Books and Records in Delaware*, 41 VA. L. REV. 237, 245 (1955).

(4) 会社情報の収集権が付与されている株主

　会社情報の収集権の対象と同様に、州会社法によっては会社情報の収集権をすべての株主に対して認めているわけではなかった[57]。たとえば、アラバマ州、アラスカ州、アーカンソー州、フロリダ州、コロラド州、イリノイ州、アイオワ州、ニューヨーク州、ノースカロライナ州、ノースダコタ州、ヴァージニア州では会社情報の収集した株主が名義株主（shareholder of record）で、かつ一定の期間又は発行済株式総数の一定割合の保有が要求されている。ルイジアナ州、メリーランド州、ミシガン州は保有期間及び保有割合の両者を要求する。アイダホ州（株主名簿に限る）、ウエストヴァージニア州では保有割合のみ要求している。

　こうした州のなかで、たとえば、ニューヨーク州法では次のように規定していた。すなわち、株式帳簿につき、株式の6か月以上又は発行済株式の5％以上の保有を株主に要求していた[58]。ニューヨーク州法において、こうした制限は同法の1916年及び1918年改正で設けられた。その目的は株式を1株だけ購入して会社情報の収集権を行使して売却目的のために株主名簿の情報を得ようとする相場師（speculators）による利用を防ぐためとされている[59]。

　また、会社情報の収集権の行使権者に制限を設けているその他の州でもその内容は異なったものであった。すなわち、アリゾナ州においては会社情報の収集権を行使しうる株主は将来の発行する株式について利益を有する株主等にも認めていた。そのうえ、競業会社の株式を保有していることは重要ではないと考えられていた。ユタ州では閲覧請求権者を善意（bona fide）の名義株主に限定していた。

　他方で、ルイジアナ州ではその場合に6か月以上かつ発行済株式総数の

---

57)　HORNSTEIN, *supra* note 54, at 124.

58)　John R. Bartels & Eugene J. T. Flanagan, *Inspection of Corporate Books and Records in New York by Shareholders and Directors*, 38 CORNELL L. Q. 289, 293 (1953).

59)　WILLIAM W. COOK, 2 A TREATISE ON THE LAW OF CORPORATIONS HAVING A CAPITAL STOCK, 1788 (8th ed. 1923).

第 3 章　1950 年の模範事業会社法の公表と株主の会社情報の収集権

25％以上の株式を保有していない限り、会社情報の収集権を行使できなかっ
た。ルイジアナ州、メリーランド州、ノースカロライナ州、ウエストヴァージ
ニア州については複数の株主で株式保有の要件が充たされる場合、会社情報の
収集権の行使を認めていた。

(5)　株主以外による会社情報の収集権

　アーカンソー州、フロリダ州、ネバタ州、ニューハンプシャー州、ニューメ
キシコ州、ニューヨーク州では判決を得た債権者（judgment creditor）も会
社情報の収集権の行使ができる。ルイジアナ州、オクラホマ州は債権者による
会社情報の収集権の認否を定款で定めることで認めており、それを選択する権
限を会社に与えている。マイアミ州はあらゆる当事者に関係のある会社情報に
ついては開示すべきとする。

　カリフォルニア州、コネチカット州、アイダホ州、インディアナ州、カンザ
ス州、ケンタッキー州、ルイジアナ州、メリーランド州、オハイオ州、オクラ
ホマ州、ペンシルバニア州、ワシントン州及び模範事業会社法と同様の規定を
有する州は、株主の代理人又は弁護士、ノースカロライナ州では株主の依頼し
た会計士も会社情報の収集権を行使できるとしていた。ニューヨーク州では発
行済株式総数の 5 ％以上を保有する株主から書面によって権限を与えられた者
に会社情報の収集権の行使を認めていた。

　株主以外による会社情報の収集権の行使について、ニューヨーク州では次の
ように規定されていた。まず、前述のように債権者にも会社情報の収集権を認
めていたことである [60]。さらに、ニューヨーク州においては会社情報の収集
権は株式の正当な所有というより法的所有によっていた。閲覧の請求は名簿上
の株主でなければならないと一般に考えられていた。たとえば、死亡した株主
の相続人又は財産の管理人、株式の自身の名前で記録されている質入者
（pledgor）による調査は可能とされていた。他方で、質入者の名前で記録され

---

60)　Bartels & Flanagan, *supra* note 58, at 293.

た株式の質権者（pledgee）もしくは一時的な財産の管理人又はその代理人は
閲覧の申請をすることはできなかった[61]。

3．会社情報の収集権の不当拒絶の抑止策と拒絶事由に関する状況

（1）　罰則

　模範事業会社法では、株主による会社情報の収集権に対する不当拒絶につい
て、まず罰則を規定していた。そのうえで、罰則に対する抗弁として拒絶事由
を列挙していた。この点、わが国においては拒絶事由を規定して不当拒絶に対
する罰則を定めている[62]。こうした規定の置き方は、わが国とは対照的であ
り興味深い点である。

　模範事業会社法と同様に、いくつかの州では会社情報の収集権をより効果的
なものとするために会社に対して特定の法定責任を課していた。すなわち、一
定の会社情報の保存の懈怠又は会社情報の収集権を付与されている者の当該権
利行使を拒絶した場合がその罰則の対象となる。アラバマ州、アラスカ州、コ
ロラド州、イリノイ州、ノースカロライナ州、ノースダコタ州は模範事業会社
法と同様に会社の不当拒絶に対して法により付与されている損害賠償又は救済
に加えて、請求した株主にその保有する株式価格の10％の損害賠償を認めて
いた。アイオワ州及びウィスコンシン州でも請求した株主にその保有する株式
価格の10％の損害賠償を認めていたが、総額で法により付与されている損害
賠償又は救済と合わせて500ドルという制限を設けていた。

　その他に、ニューヨーク州では通常は50ドルとされている金銭賠償もしく
は実際に生じた損害賠償責任又はその両者を課していた。実際に生じた損害賠
償責任という規定について、ネバダ州、ニューメキシコ州においては州に対し
て不当拒絶の期間1日につき、25ドルの罰金を課すという補完がされていた。

61）　*Id.* at 294.

62）　たとえば、会計帳簿につき、拒絶事由については会社法433条2項で定め、閲覧謄
　　　写請求の不当拒絶に対する罰則は同法976条4号に規定が置かれている。

これら３つの州において、課された金銭的罰則は株主及び州に対して支払うものとしていた。

いくつかの州では不当拒絶をより厳格に考えていた。すなわち、アリゾナ州、モンタナ州、ニューヨーク州、ユタ州では株主による会社情報の収集権の行使に対し、会社の代理人又は役員が不当拒絶をした場合、それらの者は軽罪（misdemeanor）とされた。

ノースカロライナ州では株主が会社情報の収集権の行使により得られた情報を不適切な利用をした場合も軽罪とされた。そのうえで、会社情報を作成させる裁判所の命令に従わなかった会社については行政機関からの証明書（certificate of authority）の取消し（revocation）又は会社の取消し（dissolution）の可能性もあった。アーカンソー州、フロリダ州、アイダホ州、ミネソタ州、ネバダ州、ニューメキシコ州、ニューヨーク州、オクラホマ州、テネシー州は法が要求している又は閲覧が認められている会社情報の保存を懈怠した場合、会社に対し罰金を課していた。

(2)　会社の拒絶事由

一部の州では、株主による会社情報の収集権の行使に対して、正当な拒絶事由を具体的に列挙していた。そうした州として、アラバマ州、アラスカ州、コロラド州、アイオワ州、ノースダコタ州がある。具体的に列挙されていた拒絶事由は次の３つの類型に分類される。第１に、２年以内に株主名簿の閲覧によって得られた情報を売却又は提供した場合もしくはそうした目的の第三者を幇助した場合である。第２に、会社情報の収集権の行使によって得られた情報の不適切な利用である。第３に、善意又は正当な目的ではない会社情報の収集権の行使である。模範事業会社法においてもこうした拒絶事由に関する規定を置いていた。

さらに、マサチューセッツ州における会社による拒絶事由は、第１に、株主名簿に記載されている情報を売却する目的（その謄写物も含む）、第２に、会社の業務とは無関係の目的での株主名簿の利用であった。ニューヨーク州では

5年以内に情報を売却したこと及び不当な目的であった場合、イリノイ州、ノースダコタ州、オクラホマ州は過去に情報を売却したことと不当な目的による権利行使の場合、アーカンソー州、フロリダ州、ネバタ州、ニューメキシコ州では過去に情報を売却したことを拒絶事由として明示していた。なお、テネシー州は当該権利行使に係る善意で正当な目的という基準のみであった。

これらに加えて、アーカンソー州、コネチカット州、フロリダ州では株主が有する会社の利益を保護する以外の株主名簿の利用も拒絶事由として規定されていた。コネチカット州にあってはそうした拒絶事由に該当するという推定も含まれていた。すなわち、1961年コネチカット州法33-333条は「投機的な又は取引をする目的（speculative or trading purpose）」による会社情報の利用を拒絶事由として認めていた。さらに、1957年ウィスコンシン州法180.43条では「その他の価値のある拒絶事由（any other meritorious defense）」と規定されており[63]、正当な理由として有益なものであれば抗弁になりえた。

---

63) *See* Newman, *supra* note 41, at 444-445.

第4章 1969年改正模範事業会社法と株主の会社情報の収集権

第1節 模範事業会社法の1969年改正の経緯

1. 連邦証券諸法の展開

　模範事業会社法の1969年改正の経緯を検討する前に、当時のアメリカの企業法制の状況を確認しておきたい。まず、アメリカにおいて1960年代は上場会社の株式取引の大きな転換点となった。1960年代の株式取引にあっては株券を物理的に取引に用いていたが、1965年に発生した株式ブームにより、株式取引が活発となった。

　その影響で1日の株式取引量が1200万件に及ぶこともあり、証券会社はその事務量が過多となったため株式取引に係る過誤の危険が増加していた。このことはペーパー・クランチと呼ばれ、取引システムが停止する事態も生じた。アメリカ政府はその対応策として預託方式による株券の不動化（immobiliza-tion）を採用した[1]。

　次いで、連邦証券規制においては1968年には公開買付けを規制するウィリアムズ法（Williams Act）が制定された[2]。1968年以前には公開買付けを正面から規制する法律がなかった。そこで買付者は株式の提供を数日間に限定し、短期間にかつ先着順に買付けを行う方策を採っていた。その場合、対象会社の株主は買付者や買付後の計画に関する情報が不足している状態で対象会社に留まるか、買付けに応じるかあるいは市場で株式を売却するかの判断をしなけれ

ばならかった。

　しかし、こうした慣行は投資者保護にとって問題があると考えられた。そこで議会は 1968 年にウィリアムズ法を制定して 1934 年証券取引所法（Securities Exchange Act of 1934）を改正し、企業買収に直面した投資者に対して開示規制を通じて判断資料を提供することとした。それとともに、公開買付けの行為規制を行う権限を連邦証券取引委員会（Securities and Exchange Commission）[3]に付与した。

　アメリカにおいては公開買付けも会社情報の収集権との関係が言及されている[4]。すなわち、ウィリアムズ法は公開買付けの対象会社の株主に対する開示規制がレギュレーション 14D により行われる。それによれば、買付者は、第 1 に一般紙における詳細な広告、第 2 に資料請求先の記載を伴う簡易な新聞公告、第 3 に株主名簿を用いた直接の勧誘、第 4 にその他の媒体ないし手段によ

---

1) この点については、拙稿「株券の電子化・ペーパレス化と株式取引を巡る問題点の検討～公開・上場会社を中心に～」専大院 55 号 79 頁以下（2014 年）も参照されたい。これに関連して 1960 年代後半に発生した 1929 年の世界大恐慌の契機となった暴落以来の大暴落といわれる証券恐慌が、1970 年証券投資者保護法（Securities Investor Protection Act of 1970）のきっかけになったとされている。その経緯については、松岡啓祐『証券会社の経営破綻と資本市場法制―投資者保護基金制度を中心に―』20 頁以下（中央経済社、2013 年）も参照されたい。

2) 黒沼悦郎『アメリカ証券取引法（第 2 版）』6 頁、179-180 頁（弘文堂、2004 年）参照。

3) 連邦証券取引委員会の意義や組織体制、近時の活動状況については、松岡啓祐「証券市場・公開会社規制と米国 SEC（連邦証券取引委員会）の活動状況～組織改革の動向を中心として～」専修ロー 8 号 31 頁（2013 年）、同「近時のアメリカの金融・資本市場の規制改革の動向について―2013 年における連邦証券取引委員会（SEC）による活動状況の検討を中心に―」専修大学今村法律研究室報 62 号 1 頁（2015 年）を参照されたい。

4) *See* JESSE H. CHOPER & JOHN C. COFFEE, JR. & RONALD J. GILSON, CASES AND MATERIALS ON CORPORATIONS, 631 (8th ed. 2013). 木村真生子「公開買付けにおける敵対的買収による株主名簿閲覧謄写請求権の行使」筑波ロー 17 号 48-50 頁（2014 年）、戸田暁「米国法を中心とした公開買付規制の検討」商事 1732 号 15 頁（2005 年）も参照。

る勧誘のいずれかの開示方法を選択できる[5]。これらのうち、対象会社が株主の開示方法として第3の株主名簿の開示を選択した場合、買収者には SEC 規則 14d-5 に基づき、株主と同様の株主名簿を調査する権利が付与される。この権利の特徴としては、買収者が対象会社の株主でなかったとしても株主名簿の調査ができることにある。ただ、対象会社が会社経営に異議を唱える者に対して株主名簿を開示するのは稀であるとされている。

その一方で、この規則は州会社法に基づく会社情報の収集権を無効にしていないと考えられている。したがって、買収者は当該権利を行使して株主名簿の閲覧請求をする場合があり、公開買付けの勧誘を目的とする請求が会社情報の収集権の行使に際して要求されている正当な目的となるかどうかを巡る訴訟も散見される。

2. 州会社法の動向

他方で、当時の州会社法は主に小規模閉鎖会社を規制対象にするものにすぎなかったとされている[6]。1960 年代の州会社法の動向として重要なのは 1967 年のデラウェア州会社法の改正が挙げられる。この改正はデラウェア州会社法の実質的な現代化と考えられた[7]。

現代において、デラウェア州はアメリカで会社設立許可書を巡る競争で最も支配的な地位にあるとされている。デラウェア州以外の州に本社が置かれている会社であっても、会社の設立州がデラウェア州であれば同州法及び判例法が適用されるため、デラウェア州会社法はアメリカ会社法の発展において極めて

---

5) 黒沼・前掲（注 2）184 頁。

6) 並木俊守＝並木和夫『現代アメリカ会社法〔改訂版〕』208 頁（中央経済社、1989 年）。

7) 1967 年のデラウェア州会社法の改正に係る経緯につき、*See* S. Samuel Arsht & Walter K. Stapleton, *Delaware's New General Corporation Law: Substantive Changes*, 23 Bus. Law. 75 (1967). 改正法における株主による会社情報の収集権については、*See* Randall S. Thomas, *Improving Shareholder Monitoring of Corporate Management by Expanding Statutory Access to Information*, 38 Ariz. L. Rev. 331, 344 (1996).

重要な役割を果たしている[8]。株主の会社情報の収集権についても模範事業会社法と並んで重要性が大きいと考えられている[9]。

3．模範事業会社法の問題点

　模範事業会社法は州会社法の模範的な会社法として起草された目的を達成するために、州会社法や会社の資金調達実務の欠点や弊害を修正する改正を示すべきであると考えられた。しかし、模範事業会社法の発展は株主及び投資者を保護する規定が欠けていると批判もあった[10]。すなわち、模範事業会社法は、株主の犠牲において従来よりも一層広範な権限が会社経営陣に与えていると指摘されていた。そのため、会社経営陣と株主間を規制する模範事業会社法の規定は会社関係者全ての適切な利害の調和という要請に充分応えているかという点について疑問が提起されていた[11]。

　このように、模範事業会社法は株主及び投資者を保護する規定が欠けているとの批判があった。株主の会社情報の収集権も種々の修正を加える州があったほか、独自の規定を有する州も多かった。そうした状況を踏まえて、アメリカ法曹協会の会社法委員会は模範事業会社法の公表後も綿密な調査を行い、改正について統一見解を得るに至った。同委員会はこの改正により当時の企業社会における最善の実務に利用されるものとして、それに一層適応する（flexible）

---

8) カーティス・J・ミルハウプト編『米国会社法』9頁、12頁（有斐閣、2009年）。詳細については、第2章第3節を参照されたい。

9) そうした指摘をする論稿として、Fred S. McChesney, *"Proper Purpose," Fiduciary Duties, and Shareholder-Raider Access to Corporate Information*, 68 U. CIN. L. REV. 1199, 1202（2000）. なお、デラウェア州における株主の会社情報の収集権につき、*See* EDWARD P. WELCH ET AL., FOLK ON THE DELAWARE GENERAL CORPORATION LAW, 737-762（2016 ed. 2016）.

10) *See* Richard W. Jennings, *The Role of the States in Corporate Regulation and Investor Protection*, 23 LAW & CONTEMP. PROBS. 193, 198（1958）; Benjamin Harris, Jr., *The Model Business Corporation Act -Invitation to Irresponsibility?*, 50 NW. U. REV. 1, 2（1955）.

11) 酒巻俊雄「アメリカにおける会社立法の進展」企業法研究85輯13頁（1962年）。

第4章　1969年改正模範事業会社法と株主の会社情報の収集権

模範事業会社法となることを企図した[12]。

第2節　1969年改正模範事業会社法の意義と株主権等との関係

1.1969年改正の全体的な意義

1969年改正模範事業会社法は会社法の一定の分野について一層経済社会に適応した規定を置くこととした。同年の改正は、設立人の人数、取締役会の最低人数や決議に係る定足数、取締役の利益相反取引、取締役や従業員への貸付、株主の新株引受権、株式の譲渡制限等に関するものがあり、その内容は広範に及んでいる[13]。

たとえば、その一つとして、設立人（incorporator）に関する規定の改正がある。設立人の人数につき、1950年模範事業会社法は3名以上の自然人を要求していた（同法47条）。しかし、個人で会社の設立を望む場合がしばしばあり、そうした場合にこの要件を充たせず、会社設立に対して利益を有しない者を設立人とすることが余儀なくされていた。さらに、設立人の役割は重要なものであっても、その影響が継続するわけでもなかった。そこで設立人に関する規定を検討し、1962年の改正で会社設立において設立人を1人とすることを認めた。1969年の改正では47条で規定されていた設立人に関する規定を53条に置くこととした[14]。

こうした改正法の柔軟性については株主の会社情報の収集権にも及んでいる。そこで以下では、改正点をいくつか取り上げたうえで、改正後における株主の会社情報の収集権を検討することとする。

---

12)　*See* Willard P. Scott, *Changes in the Model Business Corporation Act*, 24 BUS. LAW. 291, 291（1968）.

13)　*See* WILLIAM MEADE FLETCHER ET AL., 1 FLETCHER CYCLOPEDIA OF THE LAW OF PRIVATE CORPORATION, 17（perm. ed. 1990）.

14)　*See* 2 MODEL BUSINESS CORPORATION ACT ANNOTATED, 161-162（2d ed. 1971）.

2. 株主による株式買取請求権に関する改正

模範事業会社法の 1969 年改正における具体的な内容の一つとして、株式買取請求権の改正がある。アメリカにおいて、株式買取請求権は少数株主保護のための重要な機能を営むとともに、会社情報の収集権と同様に、経営監督機能を果たすものであったと考えられている [15]。1928 年に公表された統一事業会社法においても、株主の終局的な救済手段として株式買取請求権が重視されていた [16]。

そうした重要な機能を担っていた株式買取請求権は、模範事業会社法の 1969 年改正において修正が加えられている [17]。すなわち、合併や会社の重要な資産の売却における反対権（right of dissent）は伝統的に支配株主から少数株主を保護するための権利として考えられていた。しかし、発行する株式が証券市場で全国的又は世界的に取引され、株主が分散している大規模公開会社の場合、限られた市場で存在する小規模の株主を想定していた反対権が弱体化する傾向にあった。他方で、市場価格は当該株式の客観的評価を立証することができた。

そこで、模範事業会社法は株式会社の部分的所有者として、株主以外に発行されている株式が証券市場で取引されている上場会社の株式を保有する投資者という現実を認めることにした。すなわち、投資者の目的は会社の収益の促進や会社資産を増加させることではなく、分配された持分もしくは自身の証券の価値の向上にあった。そういった目的は自由市場が確立している場合には売買によって達成されると考えられた。

そうした理解のもと、会社法委員会はそういった投資者に株式買取請求権が

---

15) 久保田安彦「初期アメリカ会社法上の株主の権利（2・完）」早法 74 巻 4 号 472 頁（1999 年）

16) 久保田安彦「1928 年のアメリカ統一事業会社法と株主の権利」早法 75 巻 4 号 95 頁（2000 年）。

17) *See* Scott, *supra* note 12, at 302-303.

第 4 章　1969 年改正模範事業会社法と株主の会社情報の収集権

必要ではないと判断して次のように改正した。すなわち、株主がその有する株式を発行する会社の合併計画又は会社財産あるいは資産の売却もしくは取引の承認に係る株主総会で議決権を付与されていても当該会社が証券市場に登録されている場合、普通定款で特段の定めがない限り、株式買取請求権を有しないとした（1969 年改正模範事業会社法 80 条）[18]。

3.　議決権信託の意義と改正の内容

(1)　議決権信託の意義

　模範事業会社法の 1969 年改正において議決権信託に関する改正もされている。この改正は株主の会社情報の収集権と重要な関連がある。そもそも、議決権信託とは次のように説明されている[19]。すなわち、株主の集団と受託者間の合意又は個々の株主と受託者の間における同一の合意の集まりによって組成されるものとして概括的に定義されている[20]。

　具体的には、委託者たる株主と受託者の間において、委託者の所有する株式に関する契約である議決権信託契約（voting trust agreement）によって行われる。当該契約は書面によって行われ、一定期間委託者たる株主が所有する株

---

18)　*See supra* note 14, at 435. その一方で、アメリカにおいて代表的な会社法として考えられている制定法として、模範事業会社法の他に、前述のデラウェア州会社法がある。両法では株式買取請求権の規定について主に 4 つの重要な違いがあり、対照的なものとなっている。その違いの一つに、株式買取請求権を行使しうる場合に当該権利を行使せずに市場での売却という例外が認められている範囲が挙げられている。詳細については、*See* Mary Siegel, *An Appraisal of Model Business Corporation Act's Appraisal Rights Provision,* 74 LAW & CONTEMP. PROBS. 231（2011）. なお、株式買取請求権の違いの概要については、拙稿「振替制度における個別株主通知の意義と問題点～近時の判例の動向を中心に～」専大院 54 号 48 頁（2014 年）を参照されたい。

19)　議決権信託の内容につき、砂田太士「アメリカにおける議決権信託」福法 37 巻 1 号 3 頁以下（1992 年）を参照。

20)　WILLIAM MEADE FLETCHER ET AL., 5 FLETCHER CYCLOPEDIA OF THE LAW OF PRIVATE CORPORATIONS, 409（rev. vol. 2011）.

式を受託者に譲渡し、受託者はその譲渡された株式を管理するとともに当該株式の議決権その他の権利を行使することを内容とする。この契約により、委託者である株主は自身が保有する株式を受託者に譲渡し、その代わりに受託者から議決権信託証書（voting trust certificate）を受け取る。

議決権信託証書は議決権信託に係る受益関係を表章するものであり、株券と同様に譲渡ができる。株式を受託者に譲渡するため当該譲渡関係を会社の株主名簿に記載しなければならない。それゆえに株主名簿上の株主は受託者となる。もとより、議決権信託は会社の支配権又は経営権の確保や会社の再編において委託者による支配の維持あるいは少数株主に影響を与える等といった目的で用いられている。

(2) 1969 年改正の内容

このような目的で用いられていた議決権信託に関する規定は 1969 年に次の 2 点が改正されている（1969 年改正模範事業会社法 34 条）[21]。第 1 に、議決権信託に対して実質的利益を有することを証明する議決権信託証書（voting trust certificates）の保有者に関する記録の作成をその受託者に課した。そのうえで、受託者にその記録の保存及び会社に対して記録の謄写物の預託を要求した。そこには、発行された議決権信託証書に関するすべての株主の名前、住所及びそれぞれが保有する株式の数並びに種類が記録されていた。

会社に預託された議決権信託証書の保有者に関する記録の謄写物は、会社に保存が要求されている他の会社情報と同様に、株主及び議決権信託証書の保有者による会社情報の収集権の対象とした。すなわち、本人又は代理人もしくは弁護士によって、合理的な時間で正当な目的のためにその謄写物を調査する権利を有するとされた。この改正はそれまでの実務を条文化したものとされている。これに伴い、後述するように会社情報の収集権についても一定の手当てがなされている。

---

21) *See* 1 MODEL BUSINESS CORPORATION ACT ANNOTATED, 730-732 (2d ed. 1971).

第4章　1969年改正模範事業会社法と株主の会社情報の収集権

　第2に、アメリカ法曹協会の会社法委員会は議決権信託と議決権合意（voting agreement）の根本的な区別を認めている。すなわち、前者は株式の法的権限の移転を伴うため会社が当事者となる。その一方で、後者は主に取締役会の意思決定に対し、議決権の行使を通して影響を与える手段として考えられたものである。議決権合意の場合、議決権信託で発展した保護手段は必要ないと判断した。そのため、1969年改正において、議決権に関する株主間の合意はその合意の範囲で有効でかつ法的に執行できるとした。そのうえで、そのような合意は議決権信託に関する規定の対象から除かれた。

第3節　1969年改正模範事業会社法における株主の会社情報の収集権

1．模範事業会社法における会社情報の収集権の位置付け

　模範事業会社法で会社情報の収集権は実体的規定（Substantive Provision）の最後の条文として規定されていた。これは州会社法の模範として欠くことができない重要な株主の権利として考えていたことが窺われる。

　ちなみにその前の条文では会社役員の解任について規定し、会社情報の収集権以降は会社の設立に関する規定が置かれていた。一方で、その他の株主権につき、たとえば、株主総会での議決権については33条、新株引受権（pre-emptive rights）は26条で規定されていた。

2．1969年改正後の株主による会社情報の収集権

　その模範事業会社法では、前述のように議決権信託や株式買取請求権以外にも種々の改正がなされている。そうした改正は会社情報の収集権にも及んでいる。1969年改正後の株主による会社情報の収集権の規定は、次のとおりである[22]。

『模範事業会社法 52 条（1969 年）

帳簿及び記録（Books and Records）

各会社は、正確で完全な（correct and complete）会会計に関する帳簿及び記録（books and records of account）、株主総会議事録並びに取締役会議事録（minutes of the proceedings of its shareholders and board of directors）を保存（keep）するものとする。それらは登記された事務所又は事業の主たる場所で保存し、すべての株主の名前、住所及びそれぞれが保有する株式の数並びに種類を記録した株主名簿（record of its shareholders）は譲渡代理人又は登記された事務所で保存するものとする。これらの帳簿及び記録並びに議事録は書面の形式、又は合理的な時期に書面の形式に変換することができる他の形式で保存することができる。

請求に先立って、少なくとも会社の株式又は議決権信託証書を 6 か月以上保有するか（at least six months immediately）、又はその発行済株式総数の 5 ％以上を保有する（at least five per cent of all the outstanding shares of a corporation）名義株主又は議決権信託証書の保有者名簿に記録されている者は、請求の目的を示す書面の請求で、本人又は代理人もしくは弁護士によって、合理的な時間で正当な目的のために、その目的に関連する（its relevant）会計に関する帳簿及び記録、各種議事録、株主名簿を調査し、それらを謄写する権利を有する。

正当な目的のために株主、議決権信託証書の保有者又は代理人もしくは弁護士の会計に関する帳簿及び記録、各種議事録、株主名簿を調査及び謄写を認めることを拒絶した役員（officer）又はその代理人は、他の法律で与えられている損害賠償又は救済に加えて、請求した株主が保有する株式価値又は議決権信託証書に関してはその発行価値の 10％の罰金の責任を有する。役員又はその

---

22) *Supra* note 14, at 127. 1969 年改正前の模範事業会社法における株主の会社情報の収集権に係る条文については、第 3 章第 2 節を参照されたい。なお、改正箇所については下線を付している。

第4章　1969年改正模範事業会社法と株主の会社情報の収集権

代理人は、請求した者が2年以内に株主名簿又は議決権信託証書の保有者の名簿を売却又は提供を目的する場合、そのような目的のために株主名簿又は議決権信託証書の保有者の名簿を獲得することで第三者を幇助又は教唆する場合、過去に会計に関する帳簿及び記録、各種議事録あるいは株主名簿又は議決権信託証書の保有者の名簿の調査を通して得た情報を不適切に利用した場合、もしくはその請求が善意（good faith）又は正当な目的ではない場合は、本条の罰則の責任に対する抗弁として主張することができる。

　本条で構成されていることは、株主又は議決権信託証書の保有者による正当な目的の証明、あるいは名義株主又は議決権信託証書の保有者としての保有期間もしくは保有する株式の数又は議決権信託証書による表示に関わらず、株主又は議決権信託証書の保有者による会計に関する帳簿又は記録、各種議事録、株主名簿の調査を強制することについて管轄権のある法域の裁判所の権限を減じるものではない。

　株主又は議決権信託証書の保有者から書面での請求があった場合、会社は合理的に詳細な会社の資産、負債及び会社の運営の結果を示す最新の財務諸表（recent financial statements）をその株主又は議決権信託証書の保有者に送付するものとする。』

　1969年改正模範事業会社法における株主の会社情報の収集権に関する改正として、次のことが挙げられる[23]。まず、形式的な改正点として、1969年の模範事業会社法改正では会社情報の収集権を52条で規定されることとなった。

　実質的な内容についても、次の3点が改正された。第1に、会社情報の収集権の行使目的に関連のある（its relevant）会社情報に限定した。これにより、費用のかかる濫用的な情報収集の可能性から保護することとした。

　第2に、会社情報の収集権が行使できる者及び財務諸表の送付を請求できる

---

23)　模範事業会社法の1969年改正における株主の会社情報の収集権に係る改正点につき、*See id.* at 130.

者の範囲を拡大した。株式の保有者のみならず議決権信託証書の保有者にも会社情報の収集権を認めることとした。すなわち、議決権信託証書を6か月以上保有するか又は5％以上の株式と等しい議決権信託証書の保有する者にも会社情報の収集権を付与した[24]。

　第3に、会社記録の保存形式について、書面以外の形式で会社情報の保存を認めるというものであり、これは当時の実務を追認したものとされている[25]。この改正は会社に対して会社情報の保存形式に柔軟性を認めるものであった。もっとも、書面以外の形式で会社情報が保存されている場合、会社情報の収集権が行使された時に提供する形式は書面でなければならず、書面以外の形式で保存していたとしても書面に変換できることが条件とされていた[26]。書面以外の形式としては、たとえばマイクロフィルム等が想定されており、それに対応するための改正である[27]。

3．改正法の州法の採用に関する状況

　前述のように、模範事業会社法の1969年改正で株主の会社情報の収集権について、種々の改正があった。この改正法を各州法はどの程度採用されていたのであろうか。

　まず、模範事業会社法と実質的に同様の規定を有していた州はなかったが、類似の規定を有していたのは次の州がある。アラバマ州、アラスカ州、アーカンソー州、コロラド州、コネチカット州、デラウェア州、ジョージア州、イリノイ州、インディアナ州、アイオワ州、ルイジアナ州、メリーランド州、ミズーリ州、モンタナ州、ネブラスカ州、ネバタ州、ニュージャージー州、ニューメキシコ州、ニューヨーク州、ノースカロライナ州、ノースダコタ州、

---

24)　WILLIAM MEADE FLETCHER ET AL., 5A FLETCHER CYCLOPEDIA OF THE LAW OF PRIVATE CORPORATION, 333（perm. ed. 1987）.

25)　*Supra* note 14, at 131.

26)　Scott, *supra* note 12, at 300.

27)　*Supra* note 14, at 127.

第4章　1969年改正模範事業会社法と株主の会社情報の収集権

オクラホマ州、オレゴン州、ペンシルバニア州、サウスカロライナ州、サウス
ダコタ州、テネシー州、テキサス州、ユタ州、ヴァージニア州、ワシントン
州、ウィスコンシン州、ワイオミング州、コロンビア特別区が挙げられてい
る[28]。

　これは、1969年改正前模範事業会社法の各州の採用状況でも触れたが、各
州は同法を基礎として様々な修正を加えて採用していた。こうした動きが改正
後に顕著になったことを示しているものと考えられる。たとえば、アラバマ
州、アラスカ州、アイオワ州、ミシシッピー州、モンタナ州、ニューメキシコ
州、ノースダコタ州、オレゴン州、サウスダコタ州、ワシントン州では改正前
の規定を採用していた[29]。

第4節　改正法上の会社情報の収集権に係る諸問題

1．議決権信託証書に関する問題

　模範事業会社法の1969年改正は議決権信託証書の保有者に株主と同様の会
社情報の収集権に認めることとした。しかし、この点については各州によって
見解が分かれていた。デラウェア州会社法やニューヨーク州会社法において
は、会社情報の収集権を行使できる者は名義株主（record holder）に限定さ
れていた。これは不合理又は不当な権利行使を防ぐことを意図した合理的な制
限であるとの考えによる[30]。さらに、ニューヨーク州においては会社情報の
収集権が株式の法的所有に起因すると考えられていた。そうした見解から、議
決権信託証書の保有者は議決権信託の合意のもとで法的権限が付与されている
範囲次第で会社情報の収集権を有しているかどうかが異なった[31]。

28）　*Id.* at 130.

29）　*Id.*

30）　C. Thomas Attix, Jr., *Rights of Equitable Owners of Corporate Shares*, 99 U. PA. L. REV.
　　999, 1001（1951）.

この点に関する判例として、1940年の*State et rel. Croeder v. Sperry Corp.*事件[32]がある。この事件で裁判所は、議決権信託証書の保有者は会社情報の収集権の救済手段である職務執行令状の発行を求める権限は有さないと判示した。そのうえで、議決権信託証書の保有者もエクイティ上の救済（remedy in equity）を有するとしたものの、その場合は株主が他の訴訟で利用するために会社情報の調査を求めない限り、会社情報の収集権の行使は拒絶されるとした[33]。もっとも、この事件以前に*State ex rel. Healy v. Superior Oil Co.*事件が会社情報の収集権の行使できる者についての判断を示していた。すなわち、当該権利の権限が付与されているのは、株式の実質的な所有（beneficial ownership）に関わらず、専ら株式原簿から判断されるとした[34]。

　こうした見解に基づき、多くの裁判所では単に名目上の所有者（nominal owner）であったとしても名義株主として受託者が会社情報の収集権を主張しうるものとした。そのため、利害関係のある実質的な株主は、自己の名で会社情報の収集権の行使を主張できる受託者への請求を通して、間接的に株主名簿の情報を得ていた[35]。

　一方で、わずかな州では当事者の利害関係に着目し、実質的な所有者に会社情報の収集権を認めた。その他にも、コモン・ロー上の権利を基礎にエクイティ上の権利（equitable rights）をエクイティ裁判所で主張できると示唆されていた[36]。ちなみに、模範事業会社法の1969年改正以前に議決権信託証書の保有者に会社情報の収集権を認めていた州としては、カリフォルニア州、イリノイ州、メリーランド州、ミネソタ州、ノースカロライナ州、オクラホマ州、

31）　John R. Bartels & Eugene J. T. Flanagan, *Inspection of Corporate Books and Records in New York by Shareholders and Directors*, 38 CORNELL L. Q. 289, 294（1953）.

32）　15 A.2d 661（Super. Ct. 1940）.

33）　Attix, *supra* note 30, at 1001.

34）　13 A.2d 453（Super. Ct. 1940）.

35）　Susan B. Hoffnagle & Jolyan A. Butler, *Shareholders' Right to Inspection of Corporate Stock Ledger*, 4 CONN. L. REV. 707, 717（1972）.

36）　*Id.* at 717-718.

ウィスコンシン州、コロンビア特別区がある [37]。これら州の他に議決権信託証書の保有者に会社情報の収集権を認めていた州としてはテキサス州がある。テキサス州においては、会社となした議決権合意（voting agreement）に対応する権利として議決権信託証書の保有者による会社情報の収集権が付与されていた [38]。

2. 会社情報の保存形式に関する問題

(1) 会社情報の保存形式に係るデラウェア州会社法の規定とその特徴等

　模範事業会社法の 1969 年改正における実質的な改正点の一つとして、書面以外の形式で会社情報の保存を認めた。この点につき、デラウェア州では、会社情報の保存形式につき、上述の 1967 年改正でいち早く導入されていた [39]。

　もとより、模範事業会社法は 1969 年の改正に際して会社情報の保存形式について多様性を認めていたデラウェア州会社法の規定を参考にしたものと思われる。そのデラウェア州会社法の規定は次のとおりである。

『224 条　記録の形式（Form of Records）

　株式原簿（stock ledger）、会計帳簿及び議事録を含む事業の通常の過程（regular course of business）で会社によって保存されるすべての記録は、パンチカード（punch card）、磁気テープ（magnetic tape）、写真（photograph）、マイクロ写真（micro photograph）もしくはその他の情報記憶機器で保存することができる。そうした記録は、合理的な時間内に明確に読める形式に変換することできるように備えなければならない。すべての会社は同様に、調査の権限が付与されている者の請求で、保存されている記録をそのよう

---

37)　*Supra* note 14, at 117.

38)　William T. Blackburn, *Shareholder Inspection Rights*, 12 Sw. L. J. 61, 63（1958).

39)　*See* Roy N. Freed, *Providing by Statute for Inspection of Corporate Computer and Other Records Not Legible Visually -A Case Study on Legislating for Computer Technology*, 23 Bus. Law. 457, 457（1968).

に変換するものとする。記録がパンチカード、磁気テープ、写真、マイクロ写真もしくはその他の情報記憶機器の方法で保存されている場合、証拠として認められ、同様の情報を有する原文の書面による記録と同程度であらゆる他の目的のために容認されるものとする。』

(2)　規定の目的

　デラウェア州会社法224条は次のような規定をしていた。まず、事業の通常の過程で会社によって保存される会社情報は、書面以外にパンチカード、磁気テープ、写真、マイクロ写真もしくはその他の情報記憶機器での保存を認める。次いで、会社情報が掲げられている情報記憶機器で保存されている場合は、書面のように明確に読める形式に変換できることが要求され、その形式の会社情報が会社情報の収集権が行使された際に提供される。ただ、情報記憶機器で保存されている会社情報は、書面によって保存されている会社情報と同等の取扱いを認めている。

　デラウェア州においては、会社情報について書面形式によらない記録技術が発展していた。そのため州の立法者は次のことを意図して規定を設けた。第1に、書面以外で記録されている会社情報がある場合、それを書面に変換できることの保証である。第2に、書面による会社情報と対応させるために書面以外に記録された会社情報を証拠として認めることを企図したものであった[40]。もっとも、会社情報の保存形式の多様化についてはそうした技術の発展のみならず、書面以外の形式で会社情報の保存をしていた会社による扇動も立法した理由であるとも指摘されている。こうした会社の主導による会社法の改正はデラウェア州会社法の特色を表しているといえよう[41]。

　ただ、当時のデラウェア州会社法においてこうした立法をする必要があったのかは疑問が提起されている。すなわち、特定の記録方法の使用を会社に認め

---

40)　*Id.*

41)　デラウェア州会社法の特色については、第2章第3節を参照。

第4章　1969年改正模範事業会社法と株主の会社情報の収集権

ること又は電子的方法により記録された会社情報について紙媒体への変換の要
求は不要であるとの指摘があった。この指摘は会社に書面又は電子的方法での
記録について選択権を与える必要性が乏しいとの考えによるものである。さら
に、デラウェア州会社法では会社情報の保存方法としてコンピュータの利用に
ついて言及していなかった。しかし、実務において、ほとんどの会社又は弁護
士は1967年改正会社法施行以前から新たな記録の方法が認められていなかっ
たわけではないと解釈していた[42]。

(3)　実際の運用と株主の会社情報の収集権との関係

実際に、会社は会社情報の記録システムを使用する黙示の義務が課されてい
たといわれる。そうした黙示的な義務が課されていたシステムとしては、効果
的な監査を実施するために認められた納税システム、株主情報の管理又は訴訟
時において利用できる証拠を記録するシステムがある。もっとも、会社情報の
収集権を有する者又は会社が書面形式での会社情報を必要とする場合、電子的
に記録されていたとしてもそれに対応しなければならなかった[43]。

このように、デラウェア州会社法ではいち早く会社情報の保存形式について
多様化を認めていたが、その問題点も多く存在した。すなわち、会社情報の書
面以外による保存形式は条文で列挙されたものしか認められていなかった。さ
らに、会社情報の収集権が行使された際に提供される会社情報は書面でなけれ
ばならなかった[44]。

こうした要求は当時の情報技術の信用性は低かったことが窺われる。電磁的
方法による会社情報の記録が制定法で手当てされる場合又はそれが訴訟におい

---

42)　Freed, *supra* note 39, at 464. さらに、デラウェア州法ではコンピュータで記録された
　　　会社情報について、証拠として認めるかについて明確にしていなかった。ただ、こ
　　　の点については裁判所による証拠に関する規則の解釈によって解決されたと考えら
　　　れていた。

43)　*Id.*

44)　*Id.*

て用いられる場合には、情報技術の発展やその信用性を十分に理解したうえで手当てする必要があったが、そうした点の理解不足を明らかにしたとも考えられた[45]。

3．模範事業会社法の対応

模範事業会作法は 1969 年改正で州間で見解の相違があった議決権信託証書の保有者の会社情報の収集権と会社情報の保存形式について一定の手当てをした。すなわち、議決権信託証書の保有者についても株主と同様に会社情報の収集権を認め、会社情報の保存形式について会社の選択権を与えた。

議決権信託証書について、模範事業会社法は議決権信託の受託者に議決権信託証書の保有者の記録を作成させた。そのうえで、受託者はその謄写物を会社に預託し、他の株主又は議決権信託証書の保有者による会社情報の収集権に供されることを要求した[46]。その一方で、議決権信託証書の保有者による会社情報の収集権についても株主と同じ要件でその行使を認めていた。さらに、議決権信託証書の保有者の名簿の不正利用についても拒絶事由の対象となっていたため、株主名簿と同様の取扱いをしていたことが窺える。

また、会社情報の保存形式について、模範事業会社法はデラウェア州会社法とは異なり、保存する媒体を磁気テープやマイクロ写真等のように具体的に列挙するものではなかったが、その保存媒体に差異はないであろう。ちなみに、デラウェア州と同様に会社情報を保存する媒体を具体的に列挙していた州としてノースカロライナ州がある。その一方で、模範事業会社法のモデルとされたイリノイ州においては 1969 年改正模範事業会社法における会社情報の保存形

---

45)　*Id.* at 465.

46)　1969 年模範事業会社法では、こうした会社情報の収集として議決権信託証書の保有者に関する名簿以外に、株主総会において取締役の選任について議決権を有する株主について記載された会社情報である議決権者名簿（voting list）がある（同法 31 条参照）。議決権者名簿については、記載されている情報の性質等から、委任状勧誘との関係で論じられることが多い。

第 4 章　1969 年改正模範事業会社法と株主の会社情報の収集権

式に関する規定を除外していた[47]。

　ただ留意すべきは会社情報の保存は書面による形式が基準とされていたことである。そのため、書面以外で会社情報を保存していた場合は、デラウェア州と同様に書面に変換できることを前提としていた。このように、会社情報の収集権の行使に際して、当該請求をした者が書面形式による会社情報を要求した場合にそれに応える必要があったことに鑑みるならば、むしろその手続は煩雑となって利便性を害していたといえよう。

---

47)　*See supra* note 14, at 131.

第5章 1970年代における株主の会社情報の収集権に関する諸問題

第1節 模範事業会社法の1969年改正の意義と問題点

1. 1969年改正模範事業会社法と株主の会社情報の収集権

模範事業会社法は、アメリカ法曹協会の会社法委員会（Committee on Corporate Laws of the American Bar Association）が公表している、実質的に制定されうる独立した一般的な会社法となることを意図としたものである。もっとも、同法は各州に同法を採用する選択権や州法の慣例もしくは多様性を認めるものであり、これは各州会社法の模範として機能することが適切であると考えられたためである [1]。

その起草にあたっては株主権の強化が目的とされ、その一つとして株主の会社情報の収集権が挙げられる [2]。1950年の模範事業会社法は46条で株主の会社情報の収集権を規定していた。その特徴として次の2つがある。第1に、会社情報の収集権に権利行使要件が設けられていた。すなわち、模範事業会社法における株主の会社情報の収集権は、その行使に先立ち、6か月以上株式を継続的に保有するか、又は発行済株式総数の5％以上の株式を保有する者に限定

---

1) 模範事業会社法の意義や公表経緯、州会社法への影響等については、第3章第1節を参照。

2) 模範事業会社法の公表当時における株主による会社情報の収集権につき、第3章第2節を参照。

するという一定の要件を課していた。そのうえで、コモン・ロー上の権利と同様に合理的な時間で正当な目的のために行使されなければならなかった。

第2に、わが国における株主の会社情報の収集権とも対照的であるのが、株主による会社情報の収集権の行使に対する役員の不当拒絶に対して罰則を課し、請求した株主の保有する株式価値の10%の損害賠償を負わせていた。その目的は会社又はその経営陣が株主による会社情報の調査の拒絶によって、株主が十分な情報を得る前に株主に権利行使の遅滞とそれに伴う費用を生じさせたことを防止するためと説明されている。

その後、模範事業会社法の1969年改正において、株主による会社情報の収集権は次の3点が改正されている[3]。第1に、会社情報の収集の対象が会社情報の収集権の行使目的に関連のある（its relevant）会社情報に限定された。第2に、当該権利行使権者の範囲が議決権信託証書の保有者に拡大された。第3に、会社記録の保存形式についてマイクロフィルム等の書面以外の形式で会社情報の保存を認めた。

こうした改正点は、会社の利益を保護する手当てがなされているものとして注目される。すなわち、株主の会社情報の収集権の行使によって、あらゆる会社情報の調査が認められる場合、会社に対する阻害行為への誘因となりうる。そのため、収集の対象が請求理由に関連するものに限定されたことで、濫用的行使の抑止になるものと考えられる。さらに、会社情報の保存形式の多様化を認めたことは、会社の利便性も考慮された改正であるといえる。会社情報の収集権を規定するにあたっては、会社の利益を保護するという観点は重要であり、そうした観点は株主全体の利益の保護にもなろう。

2．各州会社法における不当拒絶の抑止策

1970年代において、会社情報の収集権の不当拒絶に対する罰則規定は多く

---

3) 1969年改正模範事業会社法における株主の会社情報の収集権については、第4章第2節を参照。

の州会社法で採用されていた。模範事業会社法においても、前述のように、株主による会社情報の収集権の行使に対する不当拒絶の防止を主たる目的として罰則規定を置いていた。州会社法の罰則規定は具体的に次の3つに分類される[4]。

　第1に、アイオワ州、ケンタッキー州、ノースカロライナ州、ウィスコンシン州が不当拒絶に対する罰則を設けていたが、その責任に対する上限も定めていた。そうした州会社法では模範事業会社法のように会社情報の収集を請求した株主の保有する株式価値の10%という責任を規定しつつ、その上限額を500ドルとしていた。それにより、大株主によって会社情報の収集権の行使請求がされた場合、不当拒絶に対して課されうる多額の賠償額という過度な影響を避けることを目的とした。ただ、このように賠償額の上限を定めたとしても、経営過誤を隠蔽したい会社役員又は現経営陣の交代を企図した株主による委任状勧誘を妨害したい会社役員に対する抑止力にはならなかったとされている。

　第2に、会社情報の収集権の行使の拒絶に過失のある役員を対象として州に対して罰金を支払うことを規定し、それにより不当拒絶の防止に重点を置いていた州もある。もっとも、こうした規定は権利を侵害された株主から不当拒絶した役員への法的執行を求めるため批判もあった。さらに、株主の会社情報の収集権という私権（private right）が直接に害され、その権利が縮減しているにも拘わらず、こうした罰則規定は疑問が提起されていた。すなわち、株主による会社情報の収集権の理論的根拠[5]は会社の所有者としての地位から直接に派生するものであると考えられている。それを前提に、制定法上の株主による会社情報の収集権はコモン・ロー上の権利を成文化してそれを強化することにあった。それにも関わらず、そうした罰則規定による罰金という利益を州にだ

4）　*See* Kenneth Winston Starr & Terrance E. Schmidt, *Inspection Rights of Corporate Stockholders: Toward a More Effective Statutory Model*, 26 U. Fla. L. Rev. 173, 183 (1974).

5）　アメリカ会社法における株主権及び株主による会社情報の収集権の意義や理論的根拠については、第1章第1節を参照。

け与えることは妥当ではないと考えられた。

　第3に、模範事業会社法のような罰則規定の代わりに、会社情報の収集権の行使に対する不当拒絶について一定金額の罰則を課す州もあった。これは、保有する株式価値の10％の罰則では少数株主が救済を求めた場合にその効果が弱かったという欠点を克服するものである。しかし、制定法で設定された罰金では、不当拒絶の抑止的効果はわずかであった。そのため制定法で不当拒絶に対する罰金を設定することは、結果として不当拒絶の防止という目的に対する実効性が不十分であった。

3．不当拒絶に対する抑止策の問題点

　このように罰則規定が定められていたが、その適用に関しては株主による会社情報の収集権に関する訴訟において主要な争点となっていなかった[6]。もとより、このような不当拒絶に対する罰則を設けて株主の会社情報の収集権を保護するという手法は古くから考えられていたが、そうした規定は厳格に解釈されていた[7]。そのため、その規定は実際の訴訟において株主によって利用されていなかったとされている[8]。

　さらに、こうした罰則規定は会社役員が会社情報の収集権の行使目的が不当であることを訴訟で立証できる場合を除き、その行使が明らかに不当である場合であっても、会社役員等に対して会社情報の収集権を認めさせるとも指摘されていた。すなわち、会社役員はそれを訴訟で立証が出来なかった場合、罰金

---

6)　実際に、2 MODEL BUSINESS CORPORATION ACT ANNOTATED, 145（2d ed. 1971）で列挙されている不当拒絶に対する罰則の適用を争点とする重要判例は4件にとどまり、会社情報の収集権の行使に係る正当な目的が争われた判例と比べると、その数は著しく少ない。

7)　SEYMOUR D. THOMPSON, 4 COMMENTARIES ON THE LAW OF PRIVATE CORPORATIONS, 1002（2d ed. 1909）.

8)　Starr & Schmidt, *supra* note 4, at 178. なお、損害賠償と抑止効果の関係については、田中英夫＝竹内昭夫『法の実現における私人の役割』156頁（東京大学出版会、1987年）も参照。

第 5 章　1970 年代における株主の会社情報の収集権に関する諸問題

を支払わなければならないという脅威から不当な目的による会社情報の収集権
の行使の原因となる可能性があった[9]。そもそも、株主による会社情報の収集
権の行使に係る罰則規定は当該権利の救済としては妥当ではないとの批判が
あった。その理由としては罰則規定により課される罰金が株主の被った実際の
金銭的損害を証明せずに賠償がされていたためである[10]。

　そうしたなかで、この罰則規定の有効性等についていくつかの重要な課題を
提起した判例として、1972 年の *Wood, Walker & Co. v. Evans* 事件[11]があ
る[12]。この事件の原告である株主は原審で会社情報の収集権の行使に関する
作為命令的差止め命令（mandatory injunction）を請求し、当該請求が認めら
れている[13]。さらに、その控訴審において罰則規定の在り方について判示し
ていることが注目される。

　原審における作為命令的差止め命令の請求に関する判示において、裁判所は
株主の会社情報の収集権に関する州会社法と連邦証券諸法の関係にも言及して
おり、その点でも重要な意義を有する。そこで以下ではこの事件を詳しくみて
いくこととする[14]。

---

9)　William T. Blackburn, *Shareholder Inspection Rights*, 12 Sw. L. J. 61, 83（1958）. 実際
　　に、20 世紀初頭には恐喝目的や不当な目的による会社情報の収集権の誘因となった
　　ことにつき、第 1 章第 3 節参照。他方で、会社経営陣の会社情報の開示に対するわ
　　ずかなインセンティブにつき、*See* Starr & Schmidt, *supra* note 4, at 176.

10)　HENRY WINTHROP BALLANTINE, BALLANTINE ON CORPORATIONS, 387（rev. ed. 1946）

11)　461 F.2d 852（10th Cir. 1972）.

12)　Starr & Schmidt, *supra* note 4, at 178.

13)　300 F. Supp. 171（D. Colo. 1969）.

14)　*Wood, Walker & Co. v. Evans* 事件については、*See* Starr & Schmidt, *supra* note 4, at
　　178. 久保田光昭「帳簿・書類閲覧権に関する立法論的考察—その実効性確保のため
　　に—」吉川栄一＝出口正義編『石田満先生還暦記念論文集 商法・保険法の現代的課
　　題』178 頁以下（文眞堂、1992 年）も参照。

第2節　1972年の *Wood, Walker & Co. v. Evans* 事件の検討

1．事実の概要

　この事件の事実の内容をまとめると次のようになる。Equity Oil Company（以下、「Equity 社」という）において、同社の経営を改善するための株主委員会（Stockholder's Committee for Better Management of Equity Oil Company. 以下、「株主委員会」という）の代表が、株主総会において取締役の選任に係る委任状勧誘を目的として 1963 年コロラド州法 31-5-17 条（Colo. Rev. Stat. Ann. § 31-5-17（1963））に基づいて株主名簿の調査を求めた。しかし、当該請求は会社に拒絶されたため、株主委員会の代表が作為命令的差止め命令（mandatory injunction）及びコロラド州法が規定していた会社役員等の不当拒絶に対する請求した株主が保有する株式価値の 10% の罰則の適用並びに損害の回復を連邦地方裁判所（federal district court）を求めた事案である[15]。

　株主委員会は、具体的に次のような理由により、株主名簿の閲覧を求めた[16]。まず、株主名簿に自身の情報が記録されているかの確認である。そのうえで、Equity 社の他の株主と連絡を取って取締役の選任に関して協議するとともに役員らによる現在までの会社の運営について株主として意見を確かめることと述べた。

　他方で、株主委員会は Equity 社に委任状勧誘について規制する SEC 規則 14a-7 に基づき、株主委員会の委任状勧誘資料を送付するか、株主名簿の提供を求めていた。この請求に対し、Equity 社は株主委員会の委任状勧誘資料の送付に応じていた。

---

15)　Starr & Schmidt, *supra* note 4, at 178.

16)　*See* 300 F. Supp. 171, at 172-173.

第5章　1970年代における株主の会社情報の収集権に関する諸問題

　Equity 社は、州会社法に基づく株主名簿の閲覧を拒絶した理由として、次のように主張した。すなわち、株主委員会の株主名簿の閲覧は 1963 年コロラド州法 31-5-17 条にのみ基づくものである場合、すべての請求は適切であって救済を求める権限も与えられるとする。しかし、株主委員会は、実質的にSEC 規則 14a-7 に基づく委任状勧誘を行うことを目的として、州会社法に基づく会社情報の収集権の行使はできないと述べた。

2．裁判所の判断

(1)　原審の判断

　こうした Equity 社の主張は、具体的に以下の 2 つを内容とする。それぞれの主張に対する裁判所の判断は次のとおりである。

　第 1 に、Equity 社は連邦証券諸法を前提とする会社かどうかであるかに関わらず、州会社法と SEC 規則 14a-7 による株主名簿の閲覧謄写請求権が併存する場合、同規則に従うことを選択した株主委員会はその選択に対する義務がある。したがって、州会社法上の株主名簿の閲覧謄写請求権の行使はできないとする。この主張に対して、裁判所は「この主張に根拠はなく、それを支持する前例もない」とした。そのうえで、「原告の株主名簿の閲覧に対する選択は、義務的（imposition）な性質ではないと考えられている」と述べた。さらに、SEC 規則に従うことを選択した株主委員会はその選択に対する義務があるとする Equity 社の主張については「原告の州会社法を基礎にした株主名簿の閲覧謄写請求権の行使請求は、同規則に先立ってされていることから、その主張は不適切である」とした。

　第 2 に、Equity 社は連邦証券諸法は株主名簿の閲覧に関する州会社法の規定を無効としており、州会社法は株主委員会のためには機能しないとする。そのうえで、委任状勧誘を目的に株主名簿を閲覧謄写するという目的がある場合、その目的を達成するために依拠するのは SEC 規則 14a-7 であると主張した。すなわち、当該規則によれば実質的に会社経営陣が委任状勧誘を行うこと又は委任状勧誘をすることを意図している場合、会社経営陣は対抗する証券保

有者の委任状勧誘資料を会社が送付するか、対抗する証券保有者に株主名簿を提供するか選択しなければならない。これは同規則が会社経営陣に委任状勧誘資料を送付するか、株主名簿の閲覧謄写に関する州会社法の規定を無効にして株主名簿を提供するかの選択を認めていると Equity 社は主張する。

これに対して、裁判所は Equity 社の主張は検討に値するものとしながらも「連邦証券諸法及び SEC 規則 14a-7 は、株主名簿の閲覧謄写に係る特定の規定を無効にしておらず、したがって、原告は、株主名簿の閲覧謄写を認める 1963 年コロラド州法 31-5-17 条を適切に利用することができる。…この点に関する連邦最高裁判例がないと思われるが…連邦証券諸法は州会社法を無効にしていない」と述べた。

このように、原審においては株主委員会の会社情報の収集権の行使が認められた。しかし、株主委員会が求めた会社の不当拒絶による損害の回復と会社情報の収集権の不当拒絶に対する罰則の適用は、善意（good faith）による請求であることを立証できなかったため、裁判所には認められなかった。

(2)　控訴審の判断

原審において、不当拒絶に対する罰則の適用及び損害の回復が認められなかったため、株主委員会はその適用を求めて第 10 巡回区連邦控訴裁判所に控訴した。この申立てに対する裁判所の判断は次のようなものであった[17]。

第 1 に、裁判所は会社役員の責任について「制定法は会社及び（又は）その役員（corporation and/or its officer）は、罰則の責任を負わなければならない（shall be liable for the penalty）と明言しているというのは確かである。しかし…この文脈にいう『shall』という言葉は総額（amount）が絶対的（mandatory）であるという意味ではなく、むしろ会社及びその役員のそれ（不当拒絶）による責任を負うことが不可欠であることを前提としている（mandatori-

---

17)　第 10 区巡回控訴裁判所の判断につき、*See* 461 F.2d 852, at 855-856; Starr & Schmidt, *supra* note 4, at 179.

ly *subjected* to liability）ということを意味する」と述べる[18]。

第2に、裁判所はそうした罰則規定の解釈として「裁判所は、被った損害を問わず損害が弁済される程度で損害賠償の総額が固定されている場合、制定法で課されている義務の遵守しなかったことを基礎に責任を課すことを常に抑制（guarded）していた」とし、「そのような規定は厳格に解釈される」と判示した。第10巡回区連邦控訴裁判所は罰則規定をそのように解釈し、「この事案の事実のもとで、満額（full amount）の罰則を課すことに対する原審のためらい（reluctance）は十分に理解する」と述べ、「そのような状況で満額の罰則を課すことは正当化されず、原告が株主名簿よりも訴訟することを切望していたことを見出したことについて、原審は誤っていなかった」とした。

第3に、罰則の適用について「制定法の主な目的は、結局、株主名簿の閲覧謄写請求権が明確で曖昧ではないことを重要視すること」であり、「制定法の執行を促進するものとしての罰則が認められているが、副次的な側面もしくは目的であって主たるものでない」とする。さらに、「原審は、有効な裁量権の行使（exercise of discretion）で原告の有する株式価値の10％の範囲の金額で罰則を課すことができるとする」が、「他方で、あらゆる状況の観点からそのような損害賠償が正義の目的（ends of justice）を適わないならば、裁判所は罰則を適用しないのも自由である」と判示した。

3．同事件の検討

(1)　罰則規定の有効性

本件において、第10巡回区連邦控訴裁判所は、罰則規定の適用を求める当事者に対して当該規定は厳格に解釈されるという確立した法理を強調したとされている。すなわち、コロラド州法が規定する会社情報の収集権を不当拒絶した役員が10％の罰金の責任を有する（shall be liable）との文言は最大で原告

---

18)　久保田・前掲（注14）は、「mandatorily *subjected* to liability」を「命令的に責任を『負わなければならない（subjected)』」と訳出している。

の保有する株式価値の10％の責任が課されるとする。ただ、裁判所は会社に対して課される実際の賠償額は第一審裁判所の裁量で決定されるという見解を示した。そのうえで、第10巡回区連邦控訴裁判所は、原審の罰則条項に基づく損害の回復を認めなかったのは有効な裁量権の行使と解釈されると判断し、原審の判断を支持した[19]。

　これに対しては、学説上も株主の保有する株式価値の10％の罰金を課すにあたって、裁判所に合理的な裁量を認めるという解釈は適切であると考えられた。ただ、こうした運用は疑問の余地があるとも指摘されていた。すなわち、裁判所に裁量を認めるということは大株主からの会社情報の収集権の行使請求を会社役員が拒絶したとしても多額の損害賠償責任が課される可能性が減少する一方で、厳しい責任を課される可能性も有していた。さらに、*Wood, Walker & Co. v. Evans* 事件において、第10巡回区連邦控訴裁判所が罰金を課すにあたって裁判所が裁量を有すると判示したことは、会社役員が会社情報の収集目的が正当なものでないが、会社情報の収集権の行使の拒絶が正当であったと裁判所が判断することに確信をもてないような場合に会社役員に対して不当で強圧的な影響を及ぼしうるとも考えられた[20]。

　そもそも、株主の保有する株式価値の10％の罰金が義務的なものであるのか自由裁量的なものであるかにせよ、株式の保有数に関わらず、自身の投資の保護に強い利益を有する少数株主に対して罰則規定は十分な救済手段とはならなかった。さらに、会社情報の収集権の行使請求が会社に拒絶された時に、株主はそれを法的に執行するために費用が生じるという現実に直面する。請求した会社情報の収集が最終的に派生訴訟（derivative suit）に結びついた場合、その支出は填補される。しかし、多くの場合は会社情報の収集が派生訴訟と無関係な理由で請求される。そうした状況において、制定法で規定がある場合を除き、株主は弁護士費用の補償がされない。そのため、株主の会社情報を収集

---

19)　Starr & Schmidt, *supra* note 4, at 179.

20)　*Id.* at 180.

第 5 章　1970 年代における株主の会社情報の収集権に関する諸問題

する目的に関わらず、権利行使の遅滞及び少数株主による権利行使の妨害を目
的とした会社経営陣による不当拒絶を助長させた[21]。

(2)　他の判例との関係

このように、株主と会社の競合する利益の調和を図れなかった罰則規定は賠
償される金額が株主の投資価値に帰するという結果となる。ただ、株主による
会社情報の収集権の行使を不当に拒絶した会社役員についての罰則規定の本質
的機能を損害賠償規定として位置付けることも可能である。もっとも、こうし
た考え方は模範事業会社法の注釈等では言及されていなかった。そのうえ、模
範事業会社法において会社情報の収集権の行使に対する不当拒絶の罰則規定を
設けた目的は、株主の合理的な請求を会社が不当に拒絶しないための圧力を働
かせることにあった。それに鑑みるならば、補償ではなく、不当拒絶の抑止と
いう点に現れていると考えられた[22]。

これに関して、コロラド州法と実質的に同一の規定を有しているイリノイ州
法で罰則規定の適用が問題となった 1964 年の *McCormick v. Statler Hotels
Delaware Corp.*事件[23]がある。同事件は *Wood, Walker & Co. v. Evans* 事件の
控訴審においても言及されている。*McCormick v. Statler Hotels Delaware
Corp.*事件は、株主の会社情報の収集権についてコロラド州法と実質的に同一
の規定を置いているイリノイ州において、株主による会社情報の収集権の行使
を拒絶した会社に対して株主が裁判所に職務執行令状の発行及びその株主の有
する株式価値の 10%の罰則の適用を求めた事案である。

この事案において、イリノイ州上訴裁判所は「第一審裁判官（trial judge）
が、適切な事案において最大 10%の罰金を減じる権限を有し」ているとして、
罰金を 2000 ドルとした第一審裁判所の判断を支持した[24]。*Wood, Walker &*

21）　*Id.* at 181.

22）　*Id.* at 182.

23）　203 N.E.2d 697（1964）.

24）　*Id.* at 702.

Co. v. Evans 事件の控訴審はこの判断を引用し、「この理由は、制定法における『責任を有する（liable）』という表現は、被告が最大で保有する株式の10%の額が課されるという前提に立っていることを示している」と述べている[25]。

(3)　会社情報の収集権に係る州会社法と連邦証券諸法の関係

Wood, Walker & Co. v. Evans 事件の第一審において、州会社法上の会社情報の収集権と連邦証券諸法において委任状勧誘を規制する SEC 規則 14a-7 による会社情報の入手手段との関係が争点となった。同規則は株主名簿の閲覧等に対してどういった機能を有しているのであろうか。

SEC 規則 14a-7 は会社に株主名簿の開示を要求するものではない。同規則は、委任状勧誘において、会社役員と対抗して委任状勧誘をする者の委任状勧誘資料を他の株主に送付するか、その者に株主名簿を閲覧させるという選択権を会社に与えることで州会社法における会社情報の収集権の行使に際して要求される正当な目的の判断という問題の克服を意図したものである[26]。同規則は具体的に次のようなことを内容とする[27]。

まず、会社が1934年証券取引所法（Securities Exchange Act of 1934）12 条に基づいて登録を要求される場合[28]、同法 14 条 (a) 項に基づき連邦証券取引委員会（Securities Exchange Commission）[29]によって制定された SEC 規則

---

25)　461 F.2d 852, at 855.

26)　Louis Loss & Joel Seligman & Troy Paredes, 4 Securities Regulation, 482（4th ed. 2009）.

27)　SEC 規則 14a-7 の目的と機能につき、*See* James B. Watson, *Protecting the Shareholder's Right to Inspect the Share register in Corporate Proxy Contests for the Election of Directors*, 50 S. Cal. Rev. 1273, 1289（1977）. 黒沼悦郎『アメリカ証券取引法（第 2 版）』208 頁（弘文堂、2004 年）も参照。

28)　同条の対象となる会社は、資産が 100 万ドル以上で、株主が 500 人以上いる上場会社である（Watson, *supra* note 27, at 1273 n.1）。その会社が発行する特定の種類の持分証券は SEC に登録しなければならない（黒沼・前掲（注 27）100 頁）。

第 5 章　1970 年代における株主の会社情報の収集権に関する諸問題

14a-7 の対象となる。同規則は、委任状勧誘において会社役員と対抗して委任
状を勧誘する者の請求があった場合に、会社役員はその対抗者の委任状勧誘資
料を他のすべての株主に送付するか、当該対抗者に株主名簿を提供するかのい
ずれかの選択をしなければならないと規定する。

　SEC 規則 14a-7 は拒むことのできない絶対的な規定であると考えられてい
る。すなわち、会社役員は州会社法の規定する会社情報の収集権では主張でき
る会社情報の収集の目的が不当であるという抗弁を同規則に基づく株主名簿の
開示では主張できない。

　さらに、同規則は株主名簿の閲覧に係る州会社法上の権利を縮減するもので
はないと考えられていた[30]。この点につき、*Wood, Walker & Co. v. Evans* 事
件と同様の事案として、1957 年の *Alabama Gas Corp. v. Morrow* 事件[31]があ
る。同事件ではアラバマ州会社法と連邦証券諸法における委任状勧誘規則との
関係が問題となった事案である。

　この事案においてアラバマ州最高裁判所は次のように述べている。すなわ
ち、連邦証券諸法はアラバマ州会社法によって「与えられた株主の権利を奪う
ものとして構成されるべきではない」との見解を示していた[32]。それゆえに、
Wood, Walker & Co. v. Evans 事件の原審が述べているように、連邦証券諸法
は州会社法を無効にしていないという結論に至ったものと思われる[33]。

　他方で、会社が会社役員と対抗して委任状を勧誘する者の委任状勧誘資料を
他のすべての株主に送付した場合であっても、その対抗者は州会社法に基づく

---

29)　連邦証券取引委員会の組織と近時の活動状況については、松岡啓祐「証券市場・公
　　開会社規制と米国 SEC（連邦証券取引委員会）の活動状況～組織改革の動向を中心
　　として～」専修ロー 8 号 31 頁（2013 年）、同「近時のアメリカの金融・資本市場の
　　規制改革の動向について—2013 年における連邦証券取引委員会（SEC）による活動
　　状況の検討を中心に—」専修大学今村法律研究室報 62 号 1 頁（2015 年）を参照さ
　　れたい。

30)　LOSS & SELIGMAN & PAREDES, *supra* note 26, at 483.

31)　93 So.2d 515（Ala. 1957）.

32)　*Id.* at 518.

会社情報の収集権に関する救済手段の利用が妨げられないと考えられている。その点を言及する判例として 1969 年の *Kerkorian v. Western Air Lines, Inc* 事件 [34] がある。同事件において裁判所は次のように述べている。すなわち、会社が委任状勧誘資料をすでに送付されているということは、株式原簿の不当拒絶に対する救済を認めないとする十分な理由ではないとする [35]。

第 3 節　模範事業会社法上の会社情報の収集権に関する問題点

1. 会社情報の収集に関する法的執行手段を巡る問題

　会社法上の罰則規定では不当拒絶に対する抑止効果が不十分であったため、模範事業会社法を採用していても罰則規定を除外する州法もあった。そうした州での法的執行手段は次の 4 つに分類される [36]。

　第 1 に、会社経営陣が会社情報の収集権の認否を検討する合理的な期間の設定である。第 2 に、会社経営陣による会社情報の収集権の行使の拒絶について、裁判所による聴聞（hearing）を迅速に行うことを要求する規定の整備である。第 3 に、正当な目的を有する株主の弁護士費用を会社が補償し、会社情報の収集権の執行は法的手続によることを強制する規定である。第 4 に、善意（good faith）で正当な会社情報の収集権の行使を拒絶した役員の補償を規定す

---

33)　もっとも、連邦証券諸法における株主の会社情報の収集権も検討すべき課題は多い。たとえば、委任状勧誘規制における株主の会社情報の収集手段も十分なものではなく（*See* Watson, *supra* note 27, at 1295-1296）、議決権者名簿（voting list）との関係も問題となる。さらに、株式公開買付け（tender offer）においても、株主の会社情報の収集権が言及されている。公開買付けとの関係については、第 4 章第 1 節、木村真生子「公開買付けにおける敵対的買収による株主名簿閲覧謄写請求権の行使」筑波ロー 17 号 46 頁以下（2014 年）等を参照されたい。

34)　253 A.2d 221（1969）.

35)　*See id.* at 25.

36)　Starr & Schmidt, *supra* note 4, at 184.

第 5 章　1970 年代における株主の会社情報の収集権に関する諸問題

る一方で、会社情報の収集権の認否に関する訴訟の被告として、会社を除外することである。以下では、これらの内容を具体的にみていくこととする[37]。

2．会社情報の収集請求の認否に係る期日の問題

　株主による会社情報の収集権の行使に対して会社がどういった対応をするのかという観点から、会社がその請求の認否を検討しうる合理的な期間を規定しなかったのは異例であり、立法者の怠慢とも指摘されていた。もっとも、1969年改正模範事業会社法 52 条のもとでも、株主が迅速な会社情報の収集について、会社役員に対して同条が定めている書面の請求で会社がすぐに対応する可能性もあった。

　ただ、そのような迅速な会社情報の収集は次のような問題を提起する。すなわち、制定法の文言解釈で会社情報の収集権の行使につき善意ではない株主であっても、書面の通知のみに基づいて当該権利行使の拒絶した場合にはその後の不当拒絶に対する訴訟の根拠として十分であった。

　そのため、こうした会社情報の収集権の行使請求に対応する以前に、株主の動機を検討する合理的な機会を会社経営陣に与える法定の期限を定めることは適切であるといわれていた。実際に、1960 年代にいくつかの州会社法ではそうした検討する期間を 5 日と法定していた。この 5 日という期間は株主の請求を十分に検討する期間としては適切であると考えられていた。こうした規定を有する州としては、デラウェア州、ルイジアナ州、メイン州、ネバダ州、ニュージャージー州、ニューヨーク州、ペンシルバニア州があった。

3．迅速な会社情報の収集に関する問題

　各州会社法が模範事業会社法を採用しないのは罰則規定を設けることを避けるためであり、その代わりに株主と会社間の紛争の迅速な法的手続を規定して

---

37)　以下でみる株主の会社情報の収集権に係る法的執行手段の検討については、*See id.* at 185-189.

いた。たとえば、ニューヨーク州会社法においては、会社情報の収集を拒絶された株主は会社情報の収集を認めるべきではなかったと会社が判断した理由の開示を裁判所に申立てることができた。裁判所は、その申立てに対する略式聴聞（summary hearing）のあと、株主の会社情報の収集権を法的に執行する命令を発するかの認否を判断したうえで法により付与された救済を株主に与える権限を有していた。

　こうした迅速な手続は株主による会社情報の収集の引き延ばしを目的とした会社経営陣による不当拒絶の意図に対して効果的であった。さらに、紛争の迅速な法的解決を提供するこの手続は会社経営陣に異議を主張する合理的な機会を与える一方で、株主の会社情報の収集権の確保に有益であった。

　しかし、この迅速な手続を規定する州法に対して考えられる反論は、会社情報の収集を請求する前に、株主による会社情報の収集を必要とする理由を主張する機会が設けられるため株主を不当に優遇しすぎる結果となる救済手段になるということである。それによって会社情報の収集権の行使が迅速に請求できるようになり、株主は訴訟において会社に比べて有利な立場になるとの批判が考えられる。

　もっとも、こうした主張は会社情報の収集は請求数が少ないことを理由とした論拠の乏しいものであり、会社情報の収集に関する訴訟は株主と会社間での事前交渉の決裂に起因すると指摘された。さらに、この主張への根本的な疑問は株主の会社情報の収集権に関する訴訟は株主が善意であるか、正当な目的を有しているかもしくは過去2年以内に当該権利行使によって得られた情報の不当な利用がないという争点に限られる。こうした争点は事実の検討あるいは法的検討が必要になる。しかし、そもそも法定の要求を充たさない株主は、会社が会社情報の収集権の行使を拒絶する前に、会社によって株主にそうした拒絶事由がないことが確かめられるべきであるとされていた。

4．弁護士費用の問題

　迅速な法的執行手続は、株主による会社情報の収集権の行使の認否を会社が

第 5 章　1970 年代における株主の会社情報の収集権に関する諸問題

判断するにあたって、合理的な期間の法定と併せて規定したときに 2 つの効果的な法的執行手段を実現すると考えられた。第 1 に、会社情報の収集を実質的な引き延ばしを目的とする会社の不当拒絶の防止である。第 2 に、不当な目的による会社情報の収集権の行使を拒絶する会社の権利の保護である。しかし、そうした規定を有していたとしても、株主は裁判所の命令を得ない限り会社情報の収集権を法的に執行できなかったため会社としては会社情報の収集権の行使を認めない方針を採用する誘因となった。実際に多くの会社では株主による会社情報の収集権の行使を最初は拒絶するといわれている。こうした実務は会社が株主の当該権利行使目的を確かめるためとされている[38]。

　そこで、制定法が株主の要した合理的な弁護士費用を会社に負担させることによって、法的執行の側面から一層充実した解決手段になると考えられた。弁護士費用を会社に負担させる規定は、株主に与えられる弁護士費用の総額が会社情報の収集権の行使に対する不当拒絶の結果として原告の実際に支出した費用を確認して判断されるため適切であると考えられた。こういった規定は株式の保有数に関わらず、株主に填補される金額が実際に要した弁護士費用の枠内という一律の基準を定めるものであった。

　それに加えて、弁護士費用の補償は迅速な法的執行手続と組み合わせた場合に一層効果的であると考えられた。すなわち、弁護士費用が填補される可能性は、会社に対して疑義のある会社情報の収集権の行使を認めることに対して会社経営陣に過度な個人責任という厳しい責任を課さずに、会社情報の収集権の行使の不当に引き延ばしを抑止する十分な圧力として機能した。

　さらに、株主が実際に要した弁護士費用を会社が補償するということは、請求した株主の保有する株式価値の 10% の損害賠償という不当拒絶に対する懲罰的機能ではなく、実際に要した費用を補償するのみであるから救済手段としての利用可能性が株主の請求が正当かつ適法なものであるすべての場合に拡大

---

38)　*See* WILLIAM F. MAHONEY, THE ACTIVE SHAREHOLDER—EXERCISING YOUR RIGHTS, INCREASING YOUR PROFITS, AND MINIMIZING YOUR RISKS, 207（1993).

されるといわれていた。なお、こうした会社情報の収集権の行使に関する訴訟に要した弁護士費用を補償する規定を有していた州としては、ジョージア州、ルイジアナ州、メイン州、モンタナ州、テネシー州がある。

5. 不当拒絶に対する訴訟における被告の問題

　法定の罰則の代わるもの又は付加するものとして、株主の要した訴訟費用を会社が負担するということについてはその妥当性が問題となる。ちなみに、模範事業会社法は正当な目的を有する株主の会社情報の収集権の不当拒絶に対する責任を会社役員、その代理人及び会社に課していた。

　この点につき、模範事業会社法と同様の規定を有しているイリノイ州法の解釈では次のように考えられていた。すなわち、株主による会社情報の収集権の行使の不当拒絶につき、会社も会社役員と同様に、請求した株主の保有する株式価値の10%の罰則規定に基づいて株主に損害を賠償することとされていた。

　会社が合理的な弁護士費用を株主に填補するという手当ては、少なくとも原告である株主が罰則を通じた損害賠償という利益を得ようとしていない場合、会社の責任の問題として解決される。しかしながら、模範事業会社法の条文を利用している州会社法では会社の責任と会社役員又は取締役の行為に対する責任を同列に位置付けていた。

　しかし、さらなる有用な解決策としては不当拒絶に対する訴訟における被告として会社を除外することで得られると考えられた。すなわち、会社経営陣による会社情報の収集権の不当拒絶が悪意であった場合に、会社を当該訴訟の対象とするのには適切な理由がなかった。そこで、会社を会社情報の収集権の行使に関する訴訟の被告から除外することが妥当であるとされた。その代わりに、会社経営陣が株主による会社情報の収集権の行使を悪意で拒絶することを避けるために、株主が会社情報の収集権の行使に関する訴訟において要した費用の一部を会社に負担させることが考えられた。それにより、少なくても理論上は会社に対しても責任を課すという目的の達成が期待された。

　その一方で、模範事業会社法は会社情報の収集権が不当な目的であると合理

第5章　1970年代における株主の会社情報の収集権に関する諸問題

的に信じられるときに会社を保護するために善意で拒絶した会社役員に十分な保護を与えていた。すなわち、1969年模範事業会社法5条は会社役員又は従業員が善意でかつ会社の最善の利益にかなう行為をした場合、訴訟で生じた費用又は罰金に対して会社が補償することを認めていた。さらに、その行為が利害関係のない取締役の決議や株主の承認もしくは独立した弁護士によって正当なものであったとする決定がされた場合も同様に補償された[39]。

　こうした補償は、潜在的被告として会社を除外したとしても、株主による会社情報の収集権の行使を正当な目的で拒絶した会社役員を保護するものであった。それとともに、会社役員による不当拒絶の抑止力という効果を発揮する可能性を有していた。そのうえで、会社情報の収集権の行使の認否は当該行使理由の正当性によって判断されるべきだと考えられた。

第4節　模範事業会社法の1970年代後半の動向

1．当時の企業法制の展開

　1984年に模範事業会社法は抜本的に改正されることになるが、その検討の前提として、当時の企業法制の動向を確認しておきたい。1970年代のアメリカの企業法制は株式の取引に関する制度が整備されたことに特徴がある。まず、1970年に1960年代後半に発生した証券恐慌による証券業者の経営破綻を契機とする問題の対応として、1970年証券投資者保護法（Securities Investor Protection Act of 1970）が制定された[40]。

　次いで、1975年に複数の取引所の市場と店頭で行われているディーラー・マーケットを接続する全国市場システム（National Market System）の創設が

---

39)　*See* 1 MODEL BUSINESS CORPORATION ACT ANNOTATED, 214-216（2d ed. 1971）.

40)　1970年証券投資者保護法の制定経緯については、松岡啓祐『証券会社の経営破綻と資本市場法制—投資者保護基金制度を中心に』20頁以下（中央経済社、2013年）を参照。

勧告された。それとともに、売買委託手数料の自由化が図られた[41]。さらに、1977 年にはロッキード事件を契機に発覚したアメリカの上場企業に蔓延する簿外債務を受けて、世界で初めて内部統制構築義務を義務付けたとされている海外不正支払防止法（Foreign Corrupt Practices Act）が制定された[42]。

その一方で、各州会社法は新たな問題を抱えていた。すなわち、1960 年代後半から企業買収が行われるようになった。その後、1970 年代には流動性資金が急増し、これが敵対的買収者等に提供されて企業買収が活発となっていった。そのため、企業買収に関する会社法上の問題が数多く発生していた[43]。そこでは企業買収における経営判断原則の適用の有無、交付金合併（cash-out merger）や締出し（squeeze-out）に対する少数株主の保護等が重要な課題となっていた[44]。

2．1977 年の模範事業会社法の改正

模範事業会社法は 1984 年に全面的な改正がされることになるが、同年以前にも様々な改正がされている。その一つとして、会社情報の収集権と同様に経営監督機能を果たし、少数株主保護のための重要な機能を有していたと考えられている株式買取請求権が 1977 年に改正されている[45]。

---

41) 黒沼・前掲（注 27）7 頁。

42) 柿﨑環「会社法・金商法の新視点（第 6 回）FCPA の展開と資本市場規制としての意義」ビジネス法務 15 巻 9 号 95 頁（2015 年）。海外不正支払防止法の詳細については、柿﨑環『内部統制の法的研究』30 頁以下（日本評論社、2005 年）を参照。

43) 並木俊守＝並木和夫『現代アメリカ会社法〔改訂版〕』211 頁（中央経済社、1989 年）。企業買収に関する立法の動向として、連邦証券規制において、1968 年にウィリアムズ法（Williams Act）が制定されている。この点につき、第 4 章 1 節を参照されたい。

44) 並木俊守＝並木和夫・前掲（注 43）209 頁。

45) アメリカ会社法における株式買取請求権の意義については、久保田安彦「初期アメリカ会社法上の株主の権利（2・完）」早法 74 巻 4 号 472 頁（1999 年）参照。1978 年の株式買取請求権の改正につき、*See* Elliott Goldstein & Robert W. Hamilton, *The Revised Model Business Corporation Act*, 38 Bus. Law. 1019, 1023 (1983).

第 5 章　1970 年代における株主の会社情報の収集権に関する諸問題

　株式買取請求権については、模範事業会社法の公表主体であるアメリカ法曹協会の会社法委員会（Committee on Corporate Laws of the American Bar Association）が長年にわたって検討を重ねてきた事項であった。すなわち、株式買取請求権の行使には時間を必要とし、その手続に高額な費用も要するため実質的には株主保護という機能を果たしていなかった。会社としても、その手続に時間を要するゆえに株式買取請求権を行使した株主に対してどれだけの金銭的義務を負うのかが事前に把握できないという問題もあった。

　そこで会社法委員会は 1977 年にその問題について独自の解決策を提案した。同年改正後の模範事業会社法は議決権を行使する以前に反対株主の特定を要求し、株式買取請求の対象となる取引が履行された後に反対株主に対して概算の公正な価格（fair value）を支払うこととした。これにより、訴訟において株式の公正な価格を決定することよりも公正な価格について株主と会社との交渉を促進する手続を定めたとされている[46]。

3．1978 年の株主による会社情報の収集に関する改正

(1)　株主に対する財務諸表の送付の創設

　株主の会社情報の収集権についても 1978 年に改正がされている。それは会社が株主へ財務報告書（financial reports）の送付を求める規定である。この点についても、アメリカ法曹協会の会社法委員会が数年間検討していた事項であった。1978 年改正で追加された条文は以下のようになっている[47]。

---

46)　わが国においても、会社法の平成 26 年改正で株式買取請求に係る株式等について、価格決定前の支払制度（いわゆる仮払制度）が導入された（会社法 786 条 5 項等）。しかし、わが国における導入の経緯は、濫用的な株式買取請求の抑止が目的であり、模範事業会社法における導入経緯である株主保護機能の強化という観点とは異なっている。なお、改正経緯等については、坂本三郎編著『一問一答 平成 26 年改正会社法（第 2 版）』331 頁（商事法務、2015 年）等を参照されたい。

47)　*See* Committee on Corporate Laws, *Changes in the Model Business Corporation Act-Amendment to Require Sending financial Statements to Shareholders*, 33 BUS. LAW. 931, 931（1978）.

『模範事業会社法52条（1978年）

　帳簿及び記録：株主への財務報告書の送付；記録の調査

　すべての会社は、会社が何かしらの目的のために、一般に公正妥当と認められた会計原則（generally accepted accounting principle）に基づいて会計年度（fiscal year）の財務諸表（financial statements）を作成する場合、少なくとも、会計年度末の貸借対照表（balance sheet）及び会計年度の損益計算書（statement oh income）を含む、年次財務諸表（annual financial statements）を株主に提供しなければならず、その財務諸表は当該会社及びその子会社のものと統合することができる。財務諸表は、会計年度の終了後120日以内に会社によってその株主に対して送付されなければならず、その送付後は株主（その株式の議決権信託証書の保有者）の書面の請求があった場合、会社から過去に送付されていない最も直近の年次財務諸表を当該株主（その株式の議決権信託証書の保有者）に対して送付されなければならない。公認会計士（public accountant）によって財務諸表が監査されている場合、その謄写物に当該公認会計士の表明された意見も添付するものとする。それ以外の場合、謄写物には会社の最高責任者（president）又は会社の財務会計記録（financial accounting records）に責任を有する者の（1）一般に公正妥当と認められた会計原則に従って作成されたかどうかについての合理的な信頼を表明する声明書（statement）、作成されていない場合には提示された財務諸表の作成の基準を記載する声明書か、又は（2）財務諸表が直近の会計年度で作成された財務諸表と継続して作成されていないことに関する声明書を添付するものとする。

　株主又は議決権信託証書の保有者の書面での請求があった場合、会社は合理的に詳細な会社の資産、負債及び会社の運営の成果を示す最新の財務諸表をその株主又は議決権信託証書の保有者に送付するものとする。』

　この改正内容は以下のようになっている。まず、模範事業会社法は、会社が何かしらの目的のために一般に公正妥当と認められた会計原則（generally accepted accounting principle. 以下「GAAP」という）に基づいて会計年度の財

第5章　1970年代における株主の会社情報の収集権に関する諸問題

務諸表を作成した場合、株主に会計年度末の貸借対照表等の年次財務諸表の送付を求めた。その財務諸表は会計年度の終了後120日以内に株主に対して送付されなければならなかった。その一方で、送付されていない財務諸表についても株主又は議決権信託証書の保有者の書面による請求があった場合には提供されうるものとした。

さらに、送付される財務諸表が公認会計士によって監査されている場合は公認会計士の表明された意見の添付を義務付けた。公認会計士の意見が添付されない場合については、会社の最高責任者又は会社の財務会計記録に責任を有する者の一定の事項を記載した声明書の添付を要求した。

会社に対して財務諸表を請求できる権利は制限のない権利であるともいわれた[48]。こうした理解は1980年の *O'Brien v. O'Brien* 事件[49]の影響を受けているものと考えられる。同事件は23年間財務諸表を送付していなかったという事案である。ただ、当時のニューヨーク州会社法においては当該権利行使に際して事前に書面による請求が前提条件となっていた。しかし、裁判所は23年間送付されなかったことを会社は説明すべきであるとして、書面による通知のない会社情報の収集権の行使を認めた[50]。アメリカにおいては株主の財務諸表の定期的な入手という会社情報の収集手段を重視していることが窺われる。

(2)　改正の背景

当時、わずかな州会社法しか株主に年次財務諸表の提供を要求していなかった[51]。株主に年次財務諸表の提供を規定していた州としてはミシガン州があった。1972年のミシガン州会社法901条は、州内会社（domestic corporation）に、少なくとも年に一度は株主へ貸借対照表や損益計算書等を内容とす

---

48) ALFRED F. CONARD & ROBOERT L. KNAUSS & STANLEY SIEGEL, CORPORATIONS‐CASES, STATUTES AND ANALYSIS, 295（2d ed. 1982）.

49) 427 N.Y.S 2d 287（App. Div. 1980）.

50) *Id.* at 289.

51) Committee on Corporate Laws, *supra* note 48, at 932.

る財務報告書（financial report）を会計年度終了後 120 日以内に送付すること
を要求していた。さらに、同法 487 条（1）項は株主による書面の請求があっ
た場合に会社は直近の会計年度末の貸借対照表や損益計算書等を送付すること
を規定していた[52]。

　模範事業会社法の 1978 年改正では株主に対して年次財務諸表を送付する義
務を会社に課した。この義務が課される前提となる「GAAP」とは、大会社を
念頭に置いた会計原則であり、上場会社においては同原則に従った財務諸表を
作成しなければならない[53]。すなわち、1934 年証券取引所法 12 条に基づいて
その発行する証券を登録している大規模公開会社では、株主に対して監査され
た財務諸表の交付が要求されていた[54]。

　その一方で、小規模閉鎖会社にはそういった義務が課されていなかった。そ
のうえ、アメリカ法曹協会の会社法委員会は、アメリカにおいて大多数の会社
は 100 万ドル以下の資産で株主が 10 名以下であるという現実への対応が課題
となっていた[55]。

(3)　改正の意義

　この改正は小規模閉鎖会社に大きな影響があると考えられた。すなわち、多
くの小規模閉鎖会社では、GAAP に基づいて財務諸表が作成されていなかっ
た。それのみならず、納税申告書（tax return）の作成に用いられた現金主義
（cash basis）の財務諸表でさえも GAAP に従うものではなかった。小規模閉
鎖会社においても帳簿を保存する義務を負い、それに基づいて連邦所得税納税
申告書（federal income tax return）を作成及び提出していたが、それも
GAAP に基づいた財務諸表とは異なる点があった[56]。

---

52)　CONARD & KNAUSS & SIEGEL, *supra* note 48, at 293.

53)　黒沼・前掲（注 27）104 頁参照。

54)　Committee on Corporate Laws, *supra* note 47, at 932.

55)　*Id.*

56)　*Id.*

第 5 章　1970 年代における株主の会社情報の収集権に関する諸問題

　こうした状況に鑑み、会社法委員会で GAAP に基づいて財務諸表を作成さ
せることが検討された。しかし、それにより、小規模閉鎖会社にとって過度な
負担を強いることになると懸念された。そこで、会社が何かしらの目的で特定
の会計年度に限って GAAP に基づいて財務諸表を作成した場合には株主に当
該財務諸表を送付しなければならないとする。その一方で、当該原則に基づか
ないで財務諸表が作成された場合には送付しないことを認めて小規模閉鎖会社
の負担軽減を図った[57]。

---

57)　*Id.* もっとも、1969 年改正模範事業会社法 52 条では、会計帳簿の作成基準として
　　「正確で完全な（correct and complete）」であることを要求していたが、この作成基
　　準との関係については言及されていない。

第6章 1984年改正模範事業会社法と株主の会社情報の収集権

第1節 1984年改正模範事業会社法の意義と内容

1. 模範事業会社法の意義

アメリカは、周知の通り、連邦会社法を有していない[1]。そうした状況にあって、模範事業会社法（Model Business Corporation Act）は次のことを目的とした会社法であるとされている。すなわち、アメリカ法曹協会の会社法委員会（Committee on Corporate Laws of the American Bar Association）が独自の立場から連邦会社法制定の要望に応えるため、1940年より作成を始めた草案を基礎とした実質的に制定されうる独立した一般的な会社法と考えられている[2]。

---

[1] アメリカにおいては、1933年証券法（Securities Act of 1933）及び1934年証券取引所法（Securities Exchange Act of 1934）を中心とする連邦証券諸法が実質的な連邦会社法として機能している。ただ、20世紀初頭においては連邦会社法の制定運動があったとされている。その点を検討する論稿として、久保田安彦「20世紀初頭のアメリカにおける連邦会社法の制定運動の高まりとその背景」石山卓磨＝上村達男＝川島いづみ＝尾崎安央編『酒巻俊雄先生古稀記念21世紀の企業法制』341頁（商事法務、2003年）、同「20世紀初頭のアメリカにおける連邦会社規制の展開と株主の法的位置づけ」名経14号47頁（2003年）を参照。

[2] 模範事業会社法の意義や公表経緯あるいは州会社法への影響等については、第3章参照。

もっとも、模範事業会社法は、各州に同法を採用する選択権や州法の慣例あるいは多様性を認めている。これは各州会社法の模範として機能することが適切であると考えられたためである。ちなみに、模範事業会社法の起草当時における主な目的は当時その動向が活発であった州会社法の改正又は現代化の模範の提供にあったともされている。

　しかし、模範事業会社法は株主及び投資者を保護する規定が十分ではないという批判もあった。そこで、そうした指摘も踏まえて、アメリカ法曹協会の会社法委員会は模範事業会社法の公表後も綿密な検討を行い、1969 年に模範事業会社法を改正した。会社法委員会はこの改正により当時の企業法務に一層適応する（flexible）模範事業会社法になることを目指した[3]。

2．模範事業会社法の 1984 年改正の経緯等

（1）　改正の意義

　模範事業会社法は、1984 年に公表後 30 年以上経過してから初めて全面改正がされることになる。1984 年改正模範事業会社法は、事業会社と関連する様々な商業的関係又は社会的関係を適切に調和させるとともに、州会社法の模範となることに適した会社法となるべく起草された。さらに、同法は各州の利益のみならず、会社の規模による株主、投資者、取締役及び会社運営に関する権利並びに義務にも配慮して、公開会社及び閉鎖会社（publicly held and closely held corporations）の両者[4]が利用できるように改められた[5]。

　それには次のような背景があった[6]。公開会社については、1933 年証券法

---

3)　模範事業会社法の公表当時の問題点及び 1969 年改正の経緯とその意義については、第 4 章第 1 節参照。

4)　ここでいう「公開会社」とは証券市場に株式を公開している会社であり、これに対して、「閉鎖会社」は株主が数人あるいは少人数の会社を意味する。*See* ROBERT W. HAMILTON, THE LAW OF CORPORATION IN A NUTSHELL, 12-13（3d ed. 1991）.

5)　Elliott Goldstein & Robert W. Hamilton, *The Revised Model Business Corporation Act*, 38 BUS. LAW. 1019, 1019（1983）.

6)　*See* HAMILTON, *supra* note 4, at 12-14.

（Securities Act of 1933）及び 1934 年証券取引所法（Securities Exchange Act of 1934）を中心とする連邦証券諸法が情報開示の理念のもと、会社に対して財務情報等の情報開示（disclosure）を求め、その正確性を担保するために種々の義務や責任を課している[7]。他方で、閉鎖会社についてはいくつかの州で州会社法の適用を緩和する立法を行っていた。そうした状況に鑑み、アメリカ法曹協会の会社法委員会も 1983 年に閉鎖会社補遺（close corporation supplement）を承認した。この補遺は模範事業会社法とは独立したものであり、同法の採用が任意であったのとは別に、補遺も採用が任意であった[8]。

そこで、1984 年改正模範事業会社法は公開会社あるいは閉鎖会社のいずれかを念頭に置いたものではなく、いわば模範となる会社を対象とした規定が置かれた。それにより、同法は公開会社あるいは閉鎖会社に広く適用されることになった[9]。

(2) 改正の経緯

そもそも、模範事業会社法の全面改正の理由としては、次のことが挙げられている。アメリカ法曹協会の会社法委員会が独自の立場から連邦会社法制定の要望に応えるため 1950 年に公表された模範事業会社法は、1933 年イリノイ州事業会社法（Illinois Business Corporation Act of 1933）を基礎とするものであった。その理由は同州会社法がその制定から 13 年以上経過したものであり、実務の影響や法を運用する経験が浸透していたためとされている[10]。

しかし、会社法委員会の分科会は 1933 年イリノイ州事業会社法を基礎とす

---

7) 黒沼悦郎『アメリカ証券取引法（第 2 版）』4 頁（弘文堂、2004 年）参照。
8) 模範事業会社法における閉鎖会社に対する規制及び閉鎖会社補遺については、青竹正一『続 小規模閉鎖会社の法規整』53 頁以下（文眞堂、1988 年）も参照。アメリカ会社法における閉鎖会社に関する研究としては、酒巻俊雄『閉鎖的会社の法理と立法—会社法制論序説—』33 頁以下（日本評論社、1973 年）等がある。
9) HAMILTON, *supra* note 4, at 14.
10) 第 4 章第 1 節参照。

る模範事業会社法の構成は論理的ではなく、いくつかの州では模範事業会社法を利用しやすく改めたものを採用していることが指摘された。そのため、会社法委員会は模範事業会社法を改正することが望ましいとする結論に至った[11]。

　1984年改正模範事業会社法は、関連する条文をまとめて規定することで容易に模範事業会社法を参照できるように工夫したとされている。さらに、条文の番号についても改正前後の模範事業会社法での混同を避けたものとなっていた。ところが、改正内容が多岐広範に亘ったために緻密な内容での規定が困難となった。そのうえ、改正の結果として模範事業会社法の条文の形式や体裁が多様なものとなったため、規定されていた全ての条文を見直した[12]。

　それに際して、会社法委員会は統一州法委員会全国会議（National Conference of Commissioners on Uniform State Laws）[13]によって策定されていた「統一法又は模範法の起草規則（Drafting Rules for Writing Uniform or Model Act）」という起草原則を採用した。それに基づき再起草された模範事業会社法は当時広く普及していた他の統一州法と一貫した形式や体裁となり、1984年改正模範事業会社法は改正前のものとは大きく異なるものになった[14]。模範事業会社法は、その公表当時、統一州法委員会全国会議が1928年に公表した統一事業会社法（Uniform Business Corporation Act）と関係がないと考えられていたが、1984年改正で統一州法全国会議の起草原則を採用しているため統一事業会社法との共通点が見受けられる点が注目される。

11）　Goldstein & Hamilton, *supra* note 5, at 1020. この理由の他に、模範事業会社法の注釈書（Model Business Corporation Act Annotated）の改定も喫緊の課題であったことも改正の理由として挙げられている。ちなみに、Model Business Corporation Act Annotated の意義と役割につき、*See* Melvin Aron Eisenberg, *The Model Business Corporation Act and the Model Business Corporation Act Annotated*, 29 Bus. Law. 1407, 1414（1974）.

12）　Goldstein & Hamilton, *supra* note 5, at 1020.

13）　統一州法委員会の意義や役割については、第2章第1節参照。

14）　Goldstein & Hamilton, *supra* note 5, at 1020.

(3) 1984年改正と株主権の関係

　会社法委員会は、模範事業会社法の抜本的な改正にあたって、1969年以降の改正では対象とならなかった多くの事項を検討した[15]。そのなかで株主権に関連するものとして、まず、派生訴訟（derivative litigation）の提起権が挙げられる。

　会社法委員会は長年にわたって当時の株主の提起する派生訴訟に関連する問題を検討していた。そうした問題点の一つとして、いくつかの州会社法では、派生訴訟において一定の原告株主には会社等が被りうる弁護士費用を含む合理的な費用の担保を要求していた[16]。1969年改正模範事業会社法でも、発行済株式総数の5％未満の株式しか保有していない株主又は保有する株式価値が25000ドル未満の株主等に対しては費用の担保提供を要求していた（1969年改正模範事業会社法49条）。このような担保提供が要求されていたのは、会社や会社役員あるいは取締役の濫訴からの保護を目的としていた[17]。

　それに対して、1984年改正模範事業会社法はこうした規定を設けていない[18]。その理由はこうした費用の担保要求が専断的で不合理であると考えられたからである[19]。もとより、費用の担保要求があったとしても、株主の濫用的な権利行使を抑止するものではなかったとも考えられる。ただし、派生訴訟が合理的な理由がなく提訴されたと裁判所が判断した場合、原告である株主に対して訴訟費用を負担させる権限を裁判所に付与した（1984年改正模範事業会社法7.40条（d）項）[20]。

---

15)　*Id.* at 1024.

16)　*Id.* at 1022.

17)　Committee on Corporate Laws, *Proposed Revisions of the Model Business Corporation Act Affecting Actions by Shareholders*, 37 BUS. LAW. 261, 265 (1981).

18)　HAMILTON, *supra* note 4, at 417. *See* COMMITTEE ON CORPORATE LAWS OF THE SECTION OF CORPORATION, BANKING AND BUSINESS LAW OF THE AMERICAN BAR ASSOCIATION, REVISED MODEL BUSINESS CORPORATION ACT, 183-190 (1985).

19)　Committee on Corporate Laws, *supra* note 17, at 265.

20)　Goldstein & Hamilton, *supra* note 5, at 1022; HAMILTON, *supra* note 4, at 419.

1984 年改正で大きく改正された株主権としては、合併等における株式買取請求権も挙げられる。株式買取請求権は、株主の会社情報の収集権とともに経営監督機能を果たし、少数株主保護のための重要な機能を有していたと考えられている [21]。その規定につき、1969 年改正模範事業会社法では 2 つの条文でその定義や手続等を定めていただけではなく、その条文も複雑で分かりづらい規定となっていた（同法 80 条、81 条）。

　そこで、1984 年改正模範事業会社法における株式買取請求権は魅力的かつ有益な規定にすることを目的に起草したとされている [22]。すなわち、1984 年改正模範事業会社法はその第 13 章において 14 か条の条文で株式買取請求権について規定していた。具体的に、同章 A 節では株式買取請求権の定義等について規定し、B 節でその手続を定め、C 節は裁判所による株式の評価に関する規定を置いていた。

　さらに、具体的な内容の改正としてはいわゆる市場売却の例外（market exception）の認否に関する点が挙げられる [23]。市場売却の例外とは株式買取請求に係る株式が証券市場に上場されている場合には株式買取請求権を有しないとするものである。1969 年改正模範事業会社法では、証券市場に上場されている株式の株主については株式買取請求権を有さないと規定していた（同法 80 条）。これは株式買取請求権が会社からの退出を余儀なくされた少数株主のための救済手段であり、その対象となる株式が証券市場に上場されている場合

---

21) アメリカにおける株式買取請求権の歴史的沿革やその目的につき、*See* Barry M. Wertheimer, *The Purpose of the Shareholder's Appraisal Remedy*, 65 TENN. L. REV. 661 (1998). 株主買取請求権の先駆的研究として、*See* Hideki Kanda & Saul Levmore, *The Appraisal Remedy and the Goals of Corporate Law*, 32 UCLA L. REV. 429 (1985). また、久保田安彦「初期アメリカ会社法上の株主の権利（2・完）」早法 74 巻 4 号 472 頁（1999 年）も参照。

22) HAMILTON, *supra* note 4, at 444. *See* COMMITTEE ON CORPORATE LAWS OF THE SECTION OF CORPORATION, BANKING AND BUSINESS LAW OF THE AMERICAN BAR ASSOCIATION, *supra* note 18, at 315-341.

23) *See* HAMILTON, *supra* note 4, at 444.

第6章　1984年改正模範事業会社法と株主の会社情報の収集権

には株式買取請求権は必要がないということを論拠とする。

　その一方で、1984年改正模範事業会社法はこうした規定を置いていない。この理由として株式買取請求権は自己の投資判断と関係がなく行われる合併等の会社の行為に反対する少数株主の保護を目的とした救済手段であるからと考えられている。

3．模範事業会社法の展開と会社情報の収集権の関係等

　模範事業会社法の起草にあたっては株主権の強化が目的とされ、その一つとして株主による会社情報の収集権の規定を設けたことが挙げられる[24]。1950年の模範事業会社法は46条で株主の会社情報の収集権を規定していた。その特徴として、模範事業会社法における株主の会社情報の収集権は、その行使に先立ち、6か月以上株式を継続的に保有するか、又は発行済株式総数の5％以上の株式を保有する者に限定するという一定の要件を課していた。そのうえで、株主による会社情報の収集権の行使に対する役員の不当拒絶に対して罰則を課し、請求した株主の保有する株式価値の10％の損害賠償を負わせていた。

　模範事業会社法の1969年改正において、株主による会社情報の収集権は株主の会社情報の収集権に関する規定が46条から52条に変更となったほか、実質的な内容について次の3点が改正されている[25]。第1に、会社情報の収集の対象が会社情報の収集権の行使目的に関連のある（its relevant）会社情報に限定された。第2に、当該権利行使権者の範囲が議決権信託証書の保有者にも拡大された。第3に、会社記録の保存形式についてマイクロフィルム等の書面以外の形式で会社情報の保存を認めた。

　会社法委員会は模範事業会社法の抜本的な改正に向けた取り組みを始めるにあたって、1969年以降の改正では対象とならなかった検討事項の一つとして、

24）　模範事業会社法の公表当時における株主による会社情報の収集権につき、第3章第2節参照。

25）　1969年改正模範事業会社法における株主の会社情報の収集権については、第4章第2節参照。

上述の株主権の他に会社情報の収集権を挙げていた。すなわち、株主の会社情報の収集権に関する規定は、濫用的行使のような阻害行為を防止する一方で、会社情報の収集権を保障するものとするべく検討が重ねられていた[26]。

第2節　1984年改正模範事業会社法における株主の会社情報の収集権

1．規定の全体像

模範事業会社法の1984年改正において、同法における株主の会社情報の収集権は、形式面のみならず、内容的にも大きく変更されることになる[27]。まず、形式面として、1984年改正模範事業会社法は会社情報の保存及び株主の会社情報の収集権を4つの条文から構成される第16章A節で規定していた。そもそも、1984年改正模範事業会社法の第16章は会社情報に関する論点についての指針（guideline）の規定を意図したものともいわれる[28]。

1984年改正模範事業会社法では、会社情報の収集権等について、詳細かつ包括的な規定が置かれ、明確で容易に理解できる条文となっていた。具体的に、16.01条では会社が保存すべき会社情報を定める。それに基づき、16.02条で保存されている会社情報の収集権について規定していた。16.03条では当該権利行使に関する代理人の認否や閲覧謄写した会社情報の謄写に伴う費用について規定する。そのうえで、16.04条が当該権利行使を会社に拒絶された場合の救済手段に関する規定を置いていた。

この点について、模範事業会社法は公表当時から一つの条文で会社情報の保

---

26)　Goldstein & Hamilton, *supra* note 5, at 1020.

27)　*See* James L. Young, *Texas Law on Stockholders' Inspection Rights: How Does It Stack Up Against Delaware Law and the Model Business Corporation Act?* , 40 Sw L. J. 845, 849（1986）.

28)　Robert W. Hamilton & Jonathan R. Macey & Douglas K. Moll, The Law of Business Organizations － Cases, Materials, and Problems, 1091（12th ed. 2014）.

存や調査権等の全てを規定していたのに対して、改正後は4つの条文でそれぞれ会社情報の保存、調査権及び救済手段等を定め、わかりやすく詳細な規定になったという特徴がある。具体的に、1984年改正後の会社情報の保存及び株主による会社情報の収集権等に関する規定は、以下の内容となっていた[29]。

2．保存の対象となる会社情報

(1) 規定の概要

　1984年改正模範事業会社法は、16.01条で会社が保存すべき会社情報について規定していた。その規定は以下のようになっていた[30]。

『模範事業会社法（1984年）16.01条　会社の記録（Corporate Records）

　（a）会社は、全ての株主総会及び取締役会の議事録（minutes）、株主総会あるいは取締役会の会議を経ていない株主又は取締役会によってされたあらゆる行為（action）の記録及び会社を代表として取締役会の代わりに取締役会の委員会によってされたあらゆる行為の記録を、常置の記録（permanent record）として保存（keep）するものとする。

　（b）会社は、適切な会計帳簿（appropriate accounting record）を保持（maintain）するものとする。

　（c）会社又はその代理人は、すべての株主の名前及び住所を、アルファベット順で株式の種類毎に、それぞれが保有する株式の数及び種類を示す一覧表である株主名簿（record of its shareholder）を、作成することが認められた形式で保持するものとする。

　（d）会社は、書面の形式又は合理的な時期に書面の形式に変換することが

---

29)　1984年改正模範事業会社法における株主の会社情報の収集権に関する規定の訳出については、北沢正啓＝平出慶道訳『アメリカ模範会社法』139頁以下（商事法務研究会、1988年）、並木俊守「アメリカの株主名簿の閲覧権」日法52巻3号10頁以下（1987年）等も参照。

30)　*See* 4 MODEL BUSINESS CORPORATION ACT ANNOTATED, 16-2（3d ed. 1985 & Supp.）.

できる他の形式で記録を保持するものとする。

　(e)　会社は、主要な事務所で以下の記録の謄本を保存するものとする。

(1)　定款（articles）又は修正された基本定款（restated articles of incorporation）、及びそれらの現在有効な全ての修正条項（all amendment）。

(2)　附属定款（bylaws）又は修正された附属定款（restated bylaws of incorporation）、及びそれらの現在有効な全ての修正条項。

(3)　1つもしくは2つ以上の株式の種類（kind）あるいは単元（series）を創設することに関する取締役会によって採択された決議、及び当該決議に従って発行される株式が発行済である場合、その株式に関連する権利、優先配当、制限を定める取締役会によって採択された決議の記録。

(4)　過去3年間の株主総会議事録及び株主総会を経ずに株主によってされたあらゆる行為の記録。

(5)　過去3年以内の株主一般に対する全ての書面による通信（written communication）。過去3年間で提供された16.20条に基づく財務諸表（financial statement）も含む。

(6)　現在の取締役もしくは役員（officers）の名前及び事業所の住所（business addresses）の一覧表。

(7)　16.22条に基づいて州務長官（secretary of state）に提出された直近の年次報告書（most recent annual report）。』

　1984年改正模範事業会社法16.01条は一定類型の会社情報の保持ないし保存を会社に要求する。アメリカ法曹協会の会社法委員会は、同条につき、会社の記録に係る一定かつ体系的な取扱いを規定したとされている。すなわち、1984年改正前の模範事業会社法もしくは多くの州会社法は伝統的に会社によって保存されるべき会社情報又は会社がそれら会社情報を保存すべき場合を具体的に列挙してこなかった[31]。たとえば、1969年改正模範事業会社法52条

---

31)　*Id.* at 16-6.

第6章　1984年改正模範事業会社法と株主の会社情報の収集権

では、保存すべき会社情報について、会計に関する帳簿及び記録、株主総会議事録、取締役会議事録、株主名簿の4つを列挙するのみであった[32]。

それに対して、1984年改正模範事業会社法16.01条は従来の規定からの重要な変化を象徴する条文と考えられた[33]。1984年改正模範事業会社法では、保存が要求された会社情報を詳細に規定し、その内容は次の5つに分類されていた。

第1に、株主総会や取締役会の議事録及び株主総会あるいは取締役会を経ていない株主又は取締役会の行為の記録である。これは、取締役ないし株主によってされた意思決定を現す中心となる常置の会社情報として会社に保存を要求する規定であるとされている[34]。

保存の対象となる会社経営陣の記録として、会社を代表して行った取締役会の委員会の記録が挙げられている点が注目される[35]。そうした委員会としては、取締役会及び取締役会として行為する権限を与えられた特別訴訟委員会（special litigation committee）[36]の最終的な対応（final action）を踏まえた執行委員会（executive committee）の行為の記録が想定されていた。

もっとも、取締役会に設置された委員会による取締役会の経営方針に関する議論やその推奨といった取締役会の代わりとして行為していないことやそうした委員会の議事録については記録の対象とは考えられていなかった。これは、取締役会に設置された委員会での議論は記録あるいは開示の恐れのないことを前提とするものであり、そこには企業秘密に関わる内容が多く含まれているからそれを保護する必要があるためである。そのため、その意義は限定的であっ

---

32)　第3章第2節及び第4章第2節を参照。ちなみに、統一事業会社法においても、保存を要求する会社情報は模範事業会社法と同様であった（第2章第2節参照）

33)　*Supra* note 30, at 16-6.

34)　HAMILTON & MACEY & MOLL, *supra* note 28, at 1091.

35)　*See supra* note 30, at 16-4.

36)　特別訴訟委員会については、周剣龍『株主代表訴訟制度論』53頁以下（信山社、1996年）も参照。

たと思われる。

　他方で、各種議事録等につき保存を要求する議事録等を具体的に定めているが、そこに記載すべき内容については言及していない。これは議事録等の内容が慣例的に定まっており、条文で明記することがなくても影響がないと考えられたためである[37]。

　第2に、株主、役員、取締役の名簿があり、第3に、会計帳簿である。第4に、定款といった会社組織等に関する文書（documents）である。第5に、会社が作成したすべての株主の送付された財務報告書及び文書が保存の対象とされていた[38]。

　1984年改正模範事業会社法において、各州会社法によって異なる保存の対象となる会社情報を詳細に規定した理由は会社に対して不合理な会社情報の保存義務を課さないためとされている[39]。もっとも、会社に対して16.01条のように保存の対象となる会社情報を具体的に要求することはコモン・ロー上の権利よりも制約するものとも指摘されていた[40]。

　すなわち、コモン・ロー上の株主による会社情報の収集権の対象は広く及んでいた[41]。それに対して、1984年改正模範事業会社法は、保存の対象となる会社情報を具体的に列挙したうえで、それを会社情報の収集権の対象を定めることへの批判であると考えられる。ただ、後述するように、1984年改正模範事業会社法はコモン・ロー上の権利を無効としていない点に留意が必要である。

---

37) *Supra* note 30, at 16-4.

38) *See* Young, *supra* note 27, at 849-850.

39) HAMILTON, *supra* note 4, at 379. JONATHAN R. MACEY, 2 MACEY ON CORPORATION LAWS, 15-6（2017）は、模範事業会社法16.01条は株主が会社情報の調査を可能とすることを目的としているとする。

40) ROBERT CHARLES CLARK, CORPORATE LAW, 97（1986）.

41) コモン・ロー上の株主による会社情報の収集権の対象については、第1章第3節参照。

第 6 章　1984 年改正模範事業会社法と株主の会社情報の収集権

(2)　会社情報の保存期間等

　1984 年改正模範事業会社法 16.01 条では取締役会議事録等が「保存
（keep）」とされているのに対し、会計帳簿及び株主名簿については「保持
（maintain）」するものとされており、これらは別異に解すべきであると主張さ
れている [42]。すなわち、「保存」とは欠落することなく管理することを意味し
ているとする。その一方で、「保持」とは最新の記録であることを要求してい
ると解釈されている。さらに、とりわけ会計帳簿とそれに付随する会社情報は
条文上保持すべき期間についての言及がされていない。したがって、同条で保
存とされている会社情報以外の会計帳簿といった会社情報の保持期間等につい
ては、模範事業会社法の独自の解釈によるものと考えられた。もっとも、多く
の会社では適切な期間で会社情報を保存し、その後破棄することを定めている
とされている。これは会社記録の作成責任に関する株主からの主張を抑制し、
あるいはその可能性を考慮したとされている。

　上述のように、すべての会社に保持が要求されている会社情報として株主名
簿がある。大規模な会社においては、その要求を充たすために株主名簿を電子
的方法での維持が通常であるとされている。そういった会社では、株主名簿を
保持する役割は株式の譲渡を記録する責任を有している譲渡代理人に委任され
ていることが多い。それに対して、小規模な会社では発行された株式に関する
ことしか記録されていないとされている [43]。

　ところで、株主名簿の 1984 年改正での改正点として、1969 年改正模範事業
会社法では名前及び住所、それぞれが保有する株式の数及び種類の記載しか言
及していなかった。しかし、1984 年改正模範事業会社法はそれに加えて、記
録されている株主をアルファベット順にすることを要求している [44]。これは
株主が株主名簿の閲覧謄写をした際の利便性を考慮したものと考えられる。

---

42)　*See* HAMILTON & MACEY & MOLL, *supra* note 28, at 1091.

43)　*Id.* at 1092.

(3)　会計帳簿の作成基準等

　会計帳簿については「適切な（appropriate）」という文言に改められ、公表当時の「正確で完全な（correct and complete）」という表現と比べて作成内容の基準が低くなったようにも思われる。しかし、この基準は規模も事業内容も様々な会社に義務を課す規定として最も的確な表現とするための会計専門家による協議の成果とされている[45]。

　ちなみに、会計帳簿の「適切な（appropriate）」という内容については会社の事業の性質に従って保存される会計帳簿を意味すると解釈されている。すなわち、適切な会計帳簿とは、会社の財務状況及び取引を適切に示すための財務諸表を作成するために認められた方法を用いて作成された帳簿であると考えられた[46]。ただ、1984 年改正模範事業会社法 16.20 条が規定していた株主に送付する財務諸表の作成基準については、大会社を念頭に置いた会計原則である「一般に公正妥当と認められる会計原則」が言及されているが、株主に送付する財務諸表と会計帳簿の作成基準の関係には触れられていない。

　また、会社情報の保存形式については書面の形式又は合理的な時期に書面の形式に変換することができる他の形式での記録を要求する。条文の文言上は改正前後で差異はないが、1984 年模範事業会社法の解釈としてはコンピュータによる会社情報の保存も認めている[47]。こうした会社情報の保存形式の多様化は 1969 年改正模範事業会社法で認められるようになり、そこでは磁気テープによるマイクロフィルム等が想定されていた。1969 年改正模範事業会社法の規定のモデルになったと考えられるデラウェア州会社法の規定では、会社情

---

44)　Robert W. Hamilton, *Reflections of a Reporter*, 63 Tex. L. Rev. 1455, 1468（1985）。ちなみに、統一事業会社法においては、株主名簿の作成方法について株主をアルファベット順で記録することを要求していた（同法 35 条 1 項（b）号）。この点については、第 2 章第 2 節参照。。

45)　*Supra* note 30, at 16-7.

46)　*Id.* at 16-5.

47)　*See id.* at 16-11.

報の保存についてコンピュータの利用については言及していなかった。しか
し、その解釈としてはその利用が認められているとされていた[48]。

　それに対して、1984年改正模範事業会社法における株主の会社情報の収集
権に関する規定は、その目的を明らかにするとともに適用可能性について解釈
の余地を狭める具体的な規定として位置付けられていた[49]。それゆえに、
1984年改正模範事業会社法は、その注釈においてコンピュータによる会社情
報の保存に言及したものと思われる。

3．株主による会社情報の収集権の手続等

(1)　規定の概要

　次いで、16.02条では株主による会社情報の収集権について、詳細な規定を
置いている。その条文は以下のようになっている[50]。

『16.02条　株主による会社記録の調査（Inspection of Records by Sharehold-
ers）

　(a) 会社の株主には、通常の事業時間の間に、会社の主たる事務所で、
16.01条（e）項で列挙されている会社記録を、調査及び謄写を希望する日の
少なくとも5日前にその請求について会社に書面で通知した場合、調査及び謄
写する権利が付与（entitled）される。

　(b) 会社の株主には、通常の事業時間の間に、会社によって指定された合
理的な場所で、株主が16.02条（c）項の要求を充たし、かつ、調査及び謄写
を希望する日の少なくとも5日前にその請求について会社に書面で通知した場
合、次に掲げる会社の記録を調査及び謄写する権利が付与される。
(1) 16.02条（a）項に基づく会社記録の収集の対象となっていない範囲で、

---

48)　第4章第3節参照。

49)　Hamilton, *supra* note 44, at 1468.

50)　*Supra* note 30, at 16-11.

取締役会議事録の抄本、会社を代表して取締役会の代わりに行われた取締役会の委員会のあらゆる行為の記録、株主総会の議事録、株主総会あるいは取締役会の会議を経ていない株主又は取締役会によってされたあらゆる行為の記録。

(2) 会計帳簿。

(3) 株主名簿。

(c) 株主は、次の場合にのみ、16.02条 (b) 項に掲げられた記録の調査及び謄写をすることができる。

(1) 請求が、善意で (in good faith) かつ正当な目的 (for a proper purpose) でされたとき。

(2) 合理的な特定性 (reasonable particularity) により、調査の目的及び調査を求める記録が説明されたとき。

(3) 記録が株主の目的と直接に関連があるとき。

(d) 本条で認められている調査権は会社の基本定款もしくは附属定款で無効にすること又は制限することはできない。

(e) 本条は、次のことに影響しない。

(1) 7.20条に基づく記録を調査する株主の権利、又は株主が会社と訴訟する場合に、他の訴訟当事者としての同程度の権利。

(2) 本法と独立して、調査のために会社記録の作成を強制する裁判所の権限。』

　1984年改正模範事業会社法16.02条は、まず、すべての会社情報について株主が5日前にその請求について会社に書面での通知を会社情報の収集権が付与される前提条件とした。そのうえで、会社情報の収集権の対象を2つの異なる類型の会社情報に応じた基準で区別して会社情報の収集権を規定した[51]。

　まず、16.01条 (e) 項で列挙されている定款といった基礎となる (basic) 会社情報については上記の通知のみで閲覧謄写ができた。その一方で、株主総

---

51) Browning Jeffries, *Shareholder Access to Corporate Books and Records: The Abrogation Debate*, 59 DRAKE L. REV. 1087, 1108 (2011).

第 6 章　1984 年改正模範事業会社法と株主の会社情報の収集権

会議事録等の各種議事録、会計帳簿、株主名簿[52]といった機密性の高い（sensitive）会社情報の調査については、上記の通知に加えて一定の要件が課されていた。

　この趣旨について、起草者は不当な目的による会社情報の収集権の行使が起こりうるためとする。とりわけ、株主名簿は経営陣に対する委任状勧誘又は敵対的企業買収を目論む株主にとって重要な会社情報であるからである[53]。

(2)　会社情報の収集権の行使要件

　具体的に規定をみていくと、1984 年改正模範事業会社法 16.02 条（a）項及び（b）項は、株主が 5 日前にその請求について会社に書面で通知した場合に会社情報の収集権が付与（entitled）されると規定する。ちなみに、1969 年改正模範事業会社法では株主は会社情報の収集権を有する（have）と規定していた。

　そもそも、会社情報の収集権の行使請求の方法は制定法の規定がない場合、書面あるいは口頭でも可能であった[54]。これに対して、模範事業会社法では株主に対して事前に書面の通知を要求しており、株主にとっては大きな障害となりうる。しかし、こうした要求がされる理由については後述するが、その目的は株主が会社情報の収集をするにあたって不要な時間と費用を避けることにあったとされている。

　その通知を前提に、16.02 条（a）項は会社の主たる事務所で保存が要求されている 16.01 条（e）項で掲げられている会社情報を調査する権利が付与さ

---

52)　ちなみに、株主総会での取締役の選任に関する議決権を有している株主を記載している議決権者名簿（voting list）の閲覧謄写を規定する 1984 年改正模範事業会社法 7.20 条（b）項ではその閲覧謄写に 16.02 条（c）項の要件が課していることから、同法 16.02 条（b）項（3）号にいう株主名簿には議決権者名簿も含むとされている（See CLARK, *supra* note 40, at 98）。

53)　*Id.* at 97.

54)　GEORGE D. HORNSTEIN, 2 CORPORATION LAW AND PRACTICE, 140 (1959).

れると規定する。そこで掲げられているのは、定款や財務諸表等といった会社情報である。それらは株主の利益に直接関係する会社情報であるために会社に対する通知だけで調査する権限が与えられるとされている[55]。

　その一方で、16.02条（b）項では、16.01条（e）項で規定されていない各種議事録や会計帳簿あるいは株主名簿という機密性の高い会社情報の収集につき、前述の通知に加えて、16.02条（c）項で規定する要件を充たした株主に権利が付与されるとした。その要件とは、株主の請求が、第1に善意で（in good faith）かつ正当な目的のために（for a proper purpose）され、第2に合理的な特定性をもって調査の目的及び調査を求める記録が説明されており、第3にその記録が請求目的と直接に関連があることを要件とする。

　1984年改正模範事業会社法における会社情報の収集権に関して留意すべき点は、規定上は当該権利が付与されると言及しているにすぎない点である。これは、1984年改正模範事業会社法において、株主の会社情報の収集権は絶対的な権利として位置付けられておらず、とりわけ、機密性の高い会社情報の収集権については、会社に当該権利行使を拒絶しうることを認めるものと考えられる。こうした規定は、会社情報の収集権について、株主と会社の競合する利益を折衷したものといえる。

(3)　定款による会社情報の収集権の制限

　さらに、16.02条（d）項は基本定款又は附属定款によって会社情報の収集権を制限もしくは無効にできないことを規定する。この規定はカリフォルニア州会社法1600条（d）項を基礎に規定したとされている[56]。

　そもそも、アメリカ会社法においては多くの州会社法で会社情報の収集権を行使する際に要求されている「正当な目的」といった要件を定款によって除外するといった制定法で規定されているよりも株主に有利となる規定を基本定款

55）　Young, *supra* note 27, at 850.

56）　*Supra* note 30, at 16-15.

第 6 章　1984 年改正模範事業会社法と株主の会社情報の収集権

又は附属定款に設けることができると解されていた[57]。会社情報の収集権を
制限する定款の規定であっても、正当な時間や目的といった行使に関する状況
の合理的な制限は認められていた[58]。

　もっとも、基本定款又は附属定款は会社の設立人もしくは会社経営陣の代理
人として弁護士が作成することが一般的とされていた。そうした状況にあって
は会社情報の収集権に制限を加えており、そのような会社はデラウェア州を設
立州とする会社に多かったといわれている。会社情報の収集権を制限している
会社の定款には、制定法で認められている場合又は取締役会の承認がある場合
を除いて、会社情報の収集権は拒絶できる旨の規定を置いていた。しかし、会
社が株主による会社情報の収集権を恣意的に制限できないとされていた[59]。

　この点に関する判例として、まず、1926 年の *State ex rel. Cochran v. Penn-
beaver Oil Co.*事件[60]がある。同事件では会社に株主の会社情報の収集権を制
限する権限が付与されているかが争点となった。この問題に対して、裁判所
は、デラウェア州会社法は「会社の帳簿等を調査（inspection）又は閲覧（ex-
amination）することを妨げる権限を会社に与えていることを意図していない」
と述べている[61]。

　次いで、1968 年の *Loew's Theatres, Inc. v. Commercial Credit Co.*事件[62]が
ある。これは、デラウェア州を設立州とする会社である Commercial Credit 社
が、その定款において、同社の発行済株式総数の 25% 以上を保有していなけ
れば株主名簿を含む会社情報の収集権を有さないとする規定を置いていた。こ
の定款の有効性について裁判所は、デラウェア州会社法は「株主であれば誰で
も（any shareholder）株主名簿の調査をする権利を与えている」と述べ、そ

57）　James D. Cox & Thomas Lee Hazen, 2 The Law of Corporations, 470 （3d ed. 2010）.

58）　Henry Winthrop Ballantine, Ballantine on Corporations, 385 （rev. ed. 1946）.

59）　*Id.*

60）　143 A. 257 （Del. 1926）.

61）　*Id.* at 259.

62）　243 A.2d 78 （Del. Ch. 1968）.

うした定款の規定は無効であると判示した[63]。

4．代理人等による会社情報の収集権の行使等

そして、16.03条では株主を代理する者の範囲や謄写の方法やその手数料等といった諸手続に関して規定する。その規定は以下のようになっていた[64]。

『16.03条　調査権の範囲（Scope of Inspection Right）

（a）株主の代理人又は弁護士は、株主を代理する者として、株主と同様の会社情報を調査及び謄写する権利を有する。

（b）16.02条に基づく会社記録を謄写する権利には、合理的（reasonable）である場合、写真（photograph）、乾式複写（xerographic）、もしくは他の方法によって作成された謄写物を受領する権利を含む。

（c）会社は、株主に提供する文書を謄写するための人件費及び資料に関する費用（costs of labor and material）に相当する合理的な手数料（charge）を課すことができる。その手数料は、記録の作成（production）、複製（reproduction）に関する見積費用（estimated cost）を超えることはできない。

（d）会社は、株主の16.02条（b）項（3）号に基づく株主名簿の調査につき、株主の請求日以後に編纂された（compiled）株主名簿を提供し、その請求に応じるものとする。』

1984年改正模範事業会社法16.03条（a）項は、株主が会社情報の収集権について、代理人又は弁護士の利用を認めるものである[65]。すなわち、株主の代理人又は弁護士も会社情報の収集権を有するとした裁判所の見解や会社によって会社情報の収集権が認められていた範囲に従った一般的な実務を成文化

63）　*See id.* at 81.

64）　*Supra* note 30, at 16-52.

65）　Young, *supra* note 27, at 851.

174

したものとされている[66]。この範囲については1969年改正模範事業会社法52条と変わらない。

また、謄写の方法について、1969年改正模範事業会社法52条は「謄写する権利」とするのみで具体的にその方法を規定していなかった。これに対して、16.03条（b）項では会社情報の謄写の方法についても写真（photograph）、乾式複写（xerographic）のように具体的に列挙し、改正前の模範事業会社法における規定の文言を改めた。

さらに、16.03条（c）項は、文書の謄写（copies of documents）について、合理的な費用を株主から徴収する権限を会社に付与した[67]。こうした権限を会社に付与することは株主による濫用的な会社情報の収集権の行使に対する防止策の一つと考えられる。

そのうえで、16.03条（d）項は、会社は株主から株主名簿を閲覧謄写請求があった場合にその請求日以後に編纂された株主名簿の提供を要求する。これも株主名簿の作成方法を詳細に規定する16.01条（c）項と同様に、株主が株主名簿を利用する際の利便性を配慮した規定といえよう。

5．不当拒絶に対する救済手段

(1)　規定の概要

そのうえで、16.04条では会社情報の収集権の不当拒絶に対する規定を置いていた。その規定は以下のようになっている[68]。

『16.04条　裁判所の命令による調査（Court-Ordered Inspection）

（a）会社が、調査のために利用することができる16.02条（a）項に基づいて要求された記録の調査及び謄写について、同条項に従った株主の当該権利行

---

66)　*Supra* note 30, at 16-54.

67)　*Id.*

68)　*Id.* at 16-61.

使を認めなかった場合、会社の主たる事務所（それが州内にない場合は、登記された事務所）がある郡で指定された裁判所又は管轄する裁判所は、株主の申請につき、会社の費用で、請求された記録の調査及び謄写を略式に命令する（summarily order）ことができる。

　(b) 会社が、合理的な期間内に、株主の会社記録の調査及び謄写を認めなかった場合、16.02条（b）項及び（c）項を遵守する株主は、請求した記録の調査及び謄写を許可する命令を、会社の主たる事務所（それが州内にない場合は、登記された事務所）がある郡で指定された裁判所又は管轄する裁判所に申請することができる。裁判所は、本項に基づく申請を迅速に処理するものとする。

　(c) 裁判所は、請求された記録の調査及び謄写を命令した場合、会社に命令を得るために要した株主の費用（合理的な弁護士費用を含む）を支払うことも命令することができる。ただし、会社が、請求された記録の調査する株主の権利行使についての疑念に合理的な根拠があることを理由として善意で当該権利行使を拒絶したことを証明したときはこの限りではない。

　(d) 裁判所は、請求された記録の調査及び謄写について命令を発した場合、請求した株主の当該記録の利用又は配布（distribution）につき、合理的な制限を課すことができる。』

(2)　不当拒絶に対する略式命令

　最後に、16.04条は会社情報の収集権の救済手段についての規定である。改正前の模範事業会社法は、会社経営陣に罰則を課すことによって会社情報の収集権の不当な拒絶の防止を意図した。この問題に対して、16.04条は新たなアプローチを採用した[69]。

　まず、16.04条（a）項は会社が16.02条（a）項に基づく株主による会社情報の収集権の行使を認めなかった場合、裁判所に略式に命令する権限を与え

---

　69)　*Id.* at 16-64.

た。さらに、16.04 条（b）項は 16.02 条（b）項に基づく株主による会社情報の収集権の拒絶について、裁判所に迅速な手続で訴訟を行うことを要求する。

これは、株主による会社情報の収集の引き延ばしを目的とした会社経営陣による不当拒絶の意図を排除するとともに、会社経営陣に当該権利行使を拒絶した理由を主張する合理的な機会を与える規定であると考えられる。その一方で、裁判所による手続が整備され、迅速に会社情報の収集権の行使の認否が判断されることは株主による会社情報の収集権の確保に有益であったといえよう[70]。

(3) 訴訟費用の負担等

次いで、16.04 条に基づいて裁判所が会社情報の調査を命令した場合、裁判所にその株主が訴訟に要した費用を会社に課す権限が与えられた[71]。そもそも、アメリカにおいては株主権の行使に伴う費用につき、判例及び学説の見解は分かれているものの、株主が取締役等を相手に訴訟を提起してそれに勝訴した結果として会社に利益が生じた場合には、それが代表訴訟でなくても株主は会社に当該費用を請求できるとされている[72]。

株主が要した会社情報の収集権の行使に関する訴訟費用を会社が負担することは次の観点から適切であると考えられていた[73]。すなわち、不当拒絶に対する罰則規定のように、株式の保有数に関わらず株主に填補される金額が実際に要した費用の枠内という一律の基準が定められるからである。

それとともに、訴訟費用は会社情報の収集権の行使に対する不当拒絶の結果として株主が実際に支出した金額を確認して決定されるため、会社経営陣に対する過度な個人責任を課すことがなくなった。それゆえに、会社情報の収集権の行使の不当な引き延ばしを抑止する圧力として十分に機能すると考えられ

---

70)　第5章第3節参照。

71)　*Supra* note 30, at 16-64.

72)　近藤光男『コーポレート・ガバナンスと経営者責任』40 頁（有斐閣、2004 年）。

73)　この点については、第5章第3節参照も参照されたい。

た。さらに、株主が会社情報の収集権の行使に関する訴訟において要した費用の一部を会社に負担させることにより、少なくても理論上は会社に対しても責任を課すという目的の達成が期待された。

ただし、会社が株主の権利行使につき、合理的な根拠のある疑いがあることを理由に、善意で当該権利行使を拒絶したと立証した場合には訴訟費用を負担することはなかった[74]。これは、会社経営陣が株主による会社情報の収集権の行使を悪意で拒絶することを避けるとともに、株主による会社情報の収集権の行使を適切な目的で拒絶した会社経営陣の保護を目的としたものと思われる。

そのうえで、株主による会社情報の収集権の行使を通した潜在的な阻害行為から会社を保護するために、1984年改正模範事業会社法16.04条（d）項は得られた情報の利用あるいは配布を制限する権限を与えた[75]。これはそれまでの会社情報の収集権に関する裁判実務を追認したものといわれる[76]。こうした種々の手当ては株主による会社情報の収集権の濫用的行使から会社を保護するための規定であったと考えられる。

第3節　改正法の会社情報の収集権に関する規定の特徴

1．株式の保有数ないし保有期間要件等の廃止

（1）　株式の保有数ないし保有期間要件等の意義

1950年の公表当時から1984年改正までの模範事業会社法における株主の会社情報の収集権の特徴として、次の2つを挙げることができる[77]。第1に、会社情報の収集権の行使できる株主を、6か月以上株式を継続的に保有する

---

74)　*Supra* note 30, at 16-64.

75)　Young, *supra* note 27, at 851.

76)　Hamilton, *supra* note 4, at 381.

77)　第3章第2節及び第4章第2節参照。

第 6 章　1984 年改正模範事業会社法と株主の会社情報の収集権

か、又は発行済株式総数の 5 ％以上の株式を保有する株主に限定していた。第
2 に、株主による会社情報の収集権の行使に対する役員の不当拒絶に対して請
求した株主の保有する株式価値の 10％の損害賠償を課すという罰則規定を有
していた。

　こうした規定が設けられた目的は濫用的な株主の会社情報の収集権から会社
を保護するために権利行使要件を設ける一方で、株主に会社情報の収集権を確
保するために会社役員による不当拒絶の抑止を意図したものと思われる。しか
し、不当拒絶に対する損害賠償規定は不当拒絶の十分な抑止にならなかった。
そのため適切な状況における株主による会社情報の収集を可能にする一方で、
不当な目的による会社情報の収集権の防止という問題の解決が重要な課題で
あった。

(2)　株式の保有数ないし保有期間要件の廃止

　1984 年改正模範事業会社法は、この目的を達成するために会社情報の収集
の認否及び不当拒絶に対する救済手段として、新たなアプローチを採用し
た[78]。それは同法における株主の会社情報の収集権は行使要件及び不当拒絶
に対する救済手段がそれまでと大きく異なるものであった。

　まず、株主の会社情報の収集権の行使に際して、株式の保有数又は保有期間
を基礎とする区別を採用していない。こうした要件は必ずしも調査請求が正当
な目的でされることを保証するものではないと考えられた[79]。ちなみに、模
範事業会社法の公表に際してモデルとされた株主の会社情報の収集権は 1933
年イリノイ州事業会社法の規定と同様であった。その後、同州会社法は 1983
年に改正され、会社情報の収集権の行使については正当な目的を要求するとい
う制限のみとなった[80]。

---

78)　*Supra* note 30, at 16-19.

79)　*Id.*

80)　*See* COX & HAZEN, *supra* note 57, at 464 n.4.

他の州会社法との関係としては、当時のニューヨーク州会社法 624 条では、1969 年改正模範事業会社法と同様に、会社情報の収集権の行使は 6 か月以上株式を継続的に保有するか、又は発行済株式総数の 5 ％以上の株式を保有する株主に限定していた。その他に権利行使要件を設けていた州としては、カリフォルニア州等の 21 の州が 6 か月以上の株式の保有、アラバマ州等の 22 の州が 5 ％以上の株式の保有を要求した。メイン州では 10% 以上の株式の保有、ネバタ州では会計帳簿及び財務記録（financial records）につき 15% 以上の株式の保有、株式原簿については 5 ％以上の株式の保有を権利行使要件としていた [81]。

(3) 不当拒絶による損害賠償規定の削除

次いで、不当拒絶による損害賠償規定についても次の 2 つを理由に削除した。第 1 に、会社経営陣に損害賠償を課すということに対して裁判所にためらい（reluctance）があったことである [82]。これは会社役員による株主の会社情報の収集権の不当拒絶に伴う罰則規定の適用等が争点となった 1972 年の *Wood, Walker & Co. v. Evans* 事件の判示からも窺われる [83]。

第 2 に、罰則という会社経営陣の個人的責任により会社経営陣が企業秘密の保持という責任を怠る可能性があるためである [84]。すなわち、不当拒絶に対する罰則規定は株主による会社情報の収集権の行使が明らかに不当であっても、会社役員はそれを訴訟で立証が出来なかった場合に罰則規定が適用されるという脅威から、不当な目的による会社情報の収集権の行使を認めてしまう原因となっていたことが指摘されていた [85]。

そのうえ、こうした罰則規定は株主の被った実際の金銭的損害を証明するこ

---

81) *See* CLARK, *supra* note 40, at 98-99; *Supra* note 30, at 16-22.

82) *Supra* note 30, at 16-19.

83) 461 F.2d 852（10th Cir. 1972）. 同事件の検討については、第 5 章第 2 節参照。

84) *Supra* note 30, at 16-19.

85) William T. Blackburn, *Shareholder Inspection Rights*, 12 Sw. L. J. 61, 83（1958）.

第 6 章　1984 年改正模範事業会社法と株主の会社情報の収集権

となく賠償していたため[86]、株主が会社情報の収集権の行使に実際に要した
費用と関連がなかった。結果としても実際に当該規定が法的に執行されないこ
とが多かった。さらに、賠償金額も株主の株式保有数を基準としていたため、
わずかな株式しか保有していない株主は少額の賠償額しか得られず、不合理な
結果になると考えられた[87]。

　もっとも、1984 年改正模範事業会社法は、後述のようにコモン・ロー上の
権利を排斥しておらず、その場合に株主は制定法上の救済とコモン・ロー上の
救済の両方を主張できた。コモン・ロー上の救済手段として損害賠償が認めら
れていたことに鑑みるならば、株主による損害賠償が完全に認められなくなっ
たわけではないことに注意が必要であろう[88]。

2．株主の範囲の拡大

　株主の会社情報の収集権は 16.03 条（a）項で株主の代理人又は弁護士によ
る行使できるものとされていた。しかし、会社情報の収集権を行使できる株主
について、模範事業会社法は 1950 年の公表当時から名義株主（shareholder of
record）に限定していたが、1984 年改正模範事業会社法においては具体的に
言及されていなかった。そのため、1987 年に改正がされており、16.02 条（f）
項が追加されている。その条文は以下のようになっている[89]。

　『(f)　本条の目的のために、「株主」には、株式が議決権信託又は自己の利益
のための名義人（nominee）によって保有されている実質的所有者（beneficial
owner）を含む。』

---

86)　BALLANTINE, *supra* note 58, at 387.

87)　*Supra* note 30, at 16-53.

88)　第 1 章第 2 節参照。

89)　*See* Committee on Corporate Laws, *Technical Changes in the Model Business
Corporation Act*, 42 BUS. LAW. 603, 604（1987）.

模範事業会社法16.02条（f）項は、株式の実質的な所有者にも会社情報の収集権を行使できる株主として明確に認めることを目的とするものである[90]。これは株主名簿に記録されている株主に限らず、議決権信託証書の保有者あるいは株主名簿に記載されている名義人によって株式が保有されている実質的所有者（beneficial owner）も含むことを意味している[91]。

　そもそも、1984年改正模範事業会社法は1.40条（22）号で「株主」について次のように定義している。すなわち、株式の名義上の所有者及び名義人による株式保有について規定している同法7.23条に基づき会社が提出する名義人証書（nominee certificate）によって認められた株式の実質的所有者は株主であると規定する[92]。

　1987年改正後の模範事業会社法における株主の定義は実質保有者を含むと規定するが、その者が権利行使しうるのは名義人証書で一般に認められる実質保有者の権利の範囲に限られた[93]。もっとも、会社情報の収集権については名義人証書で実質的保有者に当該権利が付与されていなかったとしても、コモン・ロー上の権利によって会社情報を収集することができた[94]。

　とはいえ、この改正は、会社情報の収集権の規定で議決権信託証書の保有者にも認めた1969年改正よりも会社情報の収集権を行使できる者の対象を拡大した。これは会社を監督する権利として会社情報の収集権を重要視していたことを窺わせる。

90）　*Id.*

91）　いわゆるストリートネームによる株式保有の起源については、拙稿「株券の電子化・ペーパレス化と株式取引を巡る問題点の検討～公開・上場会社を中心に～」専大院55号79頁以下（2014年）を参照されたい。

92）　1 MODEL BUSINESS CORPORATION ACT ANNOTATED, 1-82 （3d ed. 1985 & Supp.）.

93）　*Id.* at 1-86. そうした権利としては、株主総会における議決権が挙げられている。

94）　Young, *supra* note 27, at 855. こうした理論構成は議決権信託証書と同様である。議決権信託証書の保有者による会社情報の収集権の議論については、第4章第3節参照。

第 6 章　1984 年改正模範事業会社法と株主の会社情報の収集権

3．情報収集請求の認否に係る期日の設定等

（1）　株主の会社に対する通知

　会社情報の閲覧手続について、まず、1984 年改正模範事業会社法 16.02 条
（a）項及び（b）項は、すべての会社情報について株主が会社情報の収集を
したい日時に先立つ 5 営業日前に会社に対する書面の通知を要求する。株主が会
社に対して書面の通知を要求するのは株主による会社情報の収集権の行使目的
を会社に示し、会社がその内容に基づいて株主の請求の認否を判断することを
意図したものである。こうした要求は、株主が権利行使目的を会社に対して示
すことで、訴訟によらずに会社と会社情報の調査に関する合意を締結する機会
を与えることによって不要な時間と費用を避けるためであるとされている[95]。
ちなみに、現在ではほとんどの州で会社情報の収集権の行使に際して、当該権
利行使以前に会社に対する書面の通知を要求しているとされている[96]。

　そもそも、1969 年改正模範事業会社法 52 条においても、株主に対して会社
情報の収集権の行使目的を示す書面による通知は求められていたが、こうした
会社情報の収集請求の認否に係る期日を設けていなかった。そのため、会社が
その通知を受けた後も会社情報の収集権の行使の認否について判断をしないこ
とにより当該権利行使の引き延ばしが可能であった。そのような問題もあった
ため、会社情報の収集権の行使につき、会社がその請求の認否を検討できる期
間を規定しなかったのは立法者の怠慢との批判があった[97]。1984 年改正では
そうした指摘の立法的解決が図られたものと考えられる。

95）　*Id.* at 861. 1984 年改正模範事業会社法が公表された当時においても、テキサス州及
　　びデラウェア州がこうした規定を有していた。

96）　William Meade Fletcher et al., 5A Fletcher Cyclopedia of the Law of Private
　　Corporation. 396（rev. vol. 2012）.

97）　第 6 章第 3 節参照。

(2)　会社情報の収集権の付加的要件と「正当な目的」

　次いで、取締役会等の議事録、株主名簿及び会計帳簿といった機密性の高い会社情報の調査については 16.02 条（b）項が定めていた。そこでは上記の通知に加えて、同条（c）項が規定する 3 つの要件を充たさなければならなかった。その要件とは、第 1 に株主が善意かつ正当な目的で閲覧を請求していることである。第 2 に調査の目的及びその対象が合理的に特定されなければならない。第 3 に調査したい会社情報が当該目的と直接関連することが要求された。

　第 1 の善意かつ正当な目的による請求という要件については、1950 年の公表当時から規定されていた。これはコモン・ロー上の会社情報の収集権の行使にも要求されており、濫用的な権利行使の抑止のためには必要なものであったと窺われる。もっとも、株主が得られた会社情報の利用については、株主と会社との間で秘密保持合意（confidentiality agreement）の締結を条件とすれば、正当な目的及びそれから派生する要件は必要がないとも主張される[98]。

　ここにいう「正当な目的」については模範事業会社法では定義されていないが、株主としての利益に合理的な関連があることを意味するものとされている。その一例として、自己の株式を評価すること、他の株主と意思疎通を図ること、あるいは不当な取引を行っていないかを確認することが挙げられている[99]。当時の事案として、たとえば 1987 年の *Conservative Caucus Research, Analysis & Education Foundation, Inc. v. Chevron Corp.* 事件[100]では、会社の事業に関する特定の問題について株主総会に向けて他の株主と意思疎通を図る目的は正当な目的であると判示されている[101]。その内容に鑑みると、模範事業会社法においても、コモン・ローのもとで裁判所によって示された「正当な目的」と同様のものと考えられる[102]。

---

98)　Randall S. Thomas, *Improving Shareholder Monitoring of Corporate Management by Expanding Statutory Access to Information,* 38 ARIZ. L. REV. 331, 368-369（1996）.

99)　*Supra* note 30, at 16-14, 16-15.

100)　525 A.2d 569（Del. Ch. 1987）.

101)　*Id.* at 571.

ちなみに、当時のテキサス州会社法及びデラウェア州会社法でも、会社情報の収集権の行使に正当な目的を要求していた。しかし、その内容は異なっており、テキサス州では裁判所の判断に委ねられていたのに対して、デラウェア州では正当な目的を株主としての利益に合理的に関連のある目的とする規定を置いていた[103]。

コモン・ロー上の会社情報の収集権における正当な目的の解釈として、1995年の *Karen Shaw and Forrest Foster v. Agri-Mark, Inc.*事件[104]では「株主が、会社情報の収集によって、保護することを求める利益に関連する目的」との見解を示している[105]。なお、正当な目的の立証責任については模範事業会社法は明確な規定を置いていないが、条文の構造上、株主に立証責任が負わされているものと考えられていた[106]。

(3) 権利行使目的と調査対象の合理的な特定性

第2に会社情報を収集する目的及び調査対象が合理的に特定されており、第3に調査したい会社情報が当該目的との関連性を要求する。第3の要件については1969年改正模範事業会社法において導入された要件である。権利行使目的との関連性を要求することで、株主からの濫用的な会社情報の収集権の行使からの会社の保護を意図した[107]。

ただ、正当な目的であると考えられている他の株主と意思疎通を図るという目的も会社によっては権利行使の理由としては不十分とされる可能性もある。すなわち、実際に会社が株主の示した目的が正当なものであるか、もしくは合

---

102) 1984年改正以前の模範事業会社法における「正当な目的」の解釈につき、第3章第2節及び第4章第2節を参照。

103) *See* Young, *supra* note 27, at 856-860.

104) 663 A.2d 464（Del. 1995）.

105) *Id.* at 467.

106) Young, *supra* note 27, at 861.

107) 第5章第2節参照。

理的に特定されているかの判断は難しい。あるいは、裁判所は示された目的が
法律上の要件を充たしているかについて実質的に判断することもありうる。し
かしながら、会社としてはこうした要件があることで権利行使目的や調査対象
が合理的に特定され、それと関連した会社情報の収集権の行使に限定できるた
め、事務負担の軽減に寄与するものと考えられる [108]。

　もっとも、こうした種々の要件には次のような批判もある。すなわち、機密
性の高い会社情報の収集に関するこうした要件はコモン・ロー上の権利をより
制約するものとも指摘される [109]。しかし、そもそも具体的な権利行使目的を
主張できない株主は稀であるとされているところ [110]、権利行使目的の合理的
な特定を要求することは株主に過度の負担を課すものではないと思われる。

　たとえば、1956 年の *Nodana Petroleum Corp. v. State ex rel. Brennan* 事
件 [111]において、裁判所は株主の知らない不当な取引が行われているかどうか
を知るためになされた会社のすべての帳簿及び記録の調査請求は理由として不
十分であるとした。その場合は株主の請求が単なる証拠漁り（fishing expedi-
tion）でないと立証する必要があった。そのうえ、裁判所は株主の会社情報の
収集権の行使請求について合理的な根拠も要求していたとされている。

　合理的な根拠の内容として、1975 年の *Sack v. Cadence Industories* 事件 [112]
において、株主は会社が損失を被っているにも拘わらず、会社役員に高額な給
与及び賞与の支払いがあったことを主張した。あるいは、1975 年の *Schluter
v. Merritt Chapman & Scott* 事件 [113]では、会社の清算手続において業務執行社
員（staff of executives）の必要性について疑義があるとして株主が会社情報の
収集権を行使した事案である。これら 2 つの事件では当該権利行使が認められ

---

108)　*See* FLETCHER ET AL., *supra* note 96, at 402-404.

109)　CLARK, *supra* note 40, at 98.

110)　HAMILTON, *supra* note 4, at 380.

111)　123 A.2d 243（1956）.

112)　C.A. No. 4747（Del Ch. Apr. 9, 1975）, 4 DEL. J. CORP. L. 223（1978）.

113)　C.A. No. 4828（Del Ch. Nov. 20, 1975）, 4 DEL. J. CORP. L. 234（1978）.

第6章　1984年改正模範事業会社法と株主の会社情報の収集権

ており、裁判所はそのような目的は正当な目的であると考えている[114]。

　他方で、株主による会社情報の収集権の行使が、単に証拠漁りであるという理由では会社に当該権利行使を拒絶されないとする[115]。そのような判示をした事案としては1930年の *Dines v. Harris* 事件[116]がある。それらを併せて鑑みるならば、16.02条（c）項が規定する3つの要件の実質的な意義は多くの判例によって蓄積された「正当な目的」の内容を具体的に明文化したものにすぎないものと考えることもできよう。

　さらに、調査対象が広範に亘るものであっても、裁判所はその対象の制限も可能であった。会社情報の収集権の行使目的と収集の対象となる会社情報の関係について言及した事案として、1997年の *Security First Corp. v. U.S. Die Casting and Development Co.* 事件[117]がある。この事件で、裁判所は原告である株主が会社情報の収集権の行使目的を達成するために必要であることを立証した会社情報に調査対象を限定した。

　株主としては会社に会社情報の収集権の行使が拒絶されたとしても、後述するように16.04条（b）項に基づき、裁判所による迅速な救済手段が整備されていた。したがって、株主が機密性の高い会社情報の収集について、こうした付加的な要件を課されているとしても特段の不利益を被る可能性は低く、むしろ会社情報の収集権に関する規定全体として株主と会社との利益を調和した構造になっているものと思われる[118]。

---

114)　*See* Michael D. Goldman, *Delaware Corporation Law-Shareholder's Right to Make an Informed Judgment*, 32 BUS. LAW. 1805, 1807-1808（1977）. この点については、久保田光昭「帳簿・書類閲覧謄写請求権について（二）」上法33巻1号156頁（1990年）も参照。ちなみに、コモン・ロー上の会社情報の収集権における正当な目的の内容については、第1章第2節参照。

115)　CHESTER ROHLICH, LAW AND PRACTICE IN CORPORATE CONTROL, 57（1933）.

116)　291 P. 1024（Colo. 1930）.

117)　687 A.2d 563（Del. 1997）.

4．迅速な救済手段の創設

そもそも、会社が株主の請求を拒絶した場合、株主は裁判所に強制閲覧の略式命令を求めるであろう。模範事業会社法 16.02 条（a）項に基づいてなされる会社情報の収集権は、定款や財務諸表といった提供が容易で会社がそれを拒絶することが難しい。そのため、裁判所は閲覧を求める者が株主であるかを確認するのみであり、実際に株主が略式命令を求めるのは適切であると考えられた [119]。16.02 条（a）項に規定する会社情報につき、正当な目的は不要とした点はコモン・ロー上の権利よりもその行使が容易になったといわれる [120]。

その一方で、株主が会計帳簿のような機密性の高い会社情報の収集を請求する場合、裁判所は株主の請求が善意によるものかどうかといった慎重な検討を要すると考えられる。しかし、16.04 条（b）項は 16.02 条（b）項に基づく株主による会社情報の収集権の拒絶に対して迅速な手続で訴訟を行うことを要求していた。これは、前述のように株主による会社情報の収集の引き延ばしを目的とした会社経営陣による不当拒絶の意図の排除とともに、会社経営陣に当該権利行使を拒絶した理由を主張する合理的な機会を与える規定と窺われる。

しかし、こうした規定を設けたとしても会社経営陣が適法な会社情報の収集権の行使を拒絶する誘因の排除には不十分であるともいわれていた。すなわち、略式手続は第一審裁判所（trial court）における手続が迅速になるだけであって、それによって職務執行令状が発行されたとしても、会社経営陣は上訴することによって実質的に訴訟手続を遅延させることができると指摘されていた [121]。そのため、1984 年改正模範事業会社法 16.04 条（c）項は、訴訟に要した費用を会社に負担させることで会社経営陣による会社情報の収集権に対す

---

118) 木俣由美「適切な経営監視のための株主の情報収集権—会計帳簿閲覧権を中心に—」産法 38 巻 1 号 26 頁（2004 年）は、この会社情報の収集目的とその対象の記載及び目的と対象の関連性については、厳格に運用されていないと述べている。

119) *Supra* note 30, at 16-62.

120) CLARK, *supra* note 40, at 97.

第6章　1984年改正模範事業会社法と株主の会社情報の収集権

る不当拒絶の防止を意図したものと考えられる[122]。

　ただ、16.04条（c）項は、会社が株主の権利行使につき、合理的な根拠の
ある疑念を理由に善意で当該権利行使を拒絶したと立証した場合には訴訟費用
を負担することはなかった。ちなみに、同条にいう「株主の権利行使について
の疑念に合理的な根拠があることを理由として善意で」の拒絶とは、請求した
株主が過去に会社情報の収集権の行使によって得られた情報の不当な利用が
あった場合等を意味すると考えられている[123]。この規定は1984年改正模範
事業会社法では株主の会社情報の収集権の行使に対する拒絶事由を設けていな
いところ、改正前の規定で有していた拒絶事由に相当するものと考えられる。

　さらに、会社情報の収集権を用いた株主による阻害行為から会社を保護する
規定としては、16.04条（d）項が裁判所に得られた情報の利用並びに配布の
制限する権限を与えていた。これは株主の会社情報の不当な利用の抑止のみな
らず、機密性の高い会社情報の収集に係る収集範囲の明示や権利行使目的との
関連性という要件の実効性を高めるとともに企業秘密の保持にも有益な規定で
あるといえよう。

5．コモン・ロー等との関係

　1984年改正模範事業会社法16.02条（e）項（1）号において、会社情報の
収集権は7.20条の規定する議決権者名簿に係る会社情報の収集権や民事手続
上のディスカバリーには影響しないことを規定する[124]。これは議決権者名簿
（voting list）の調査やディスカバリーとは独立した株主の基本的な権利として
株主の会社情報の収集権を保障することを意味する規定であると考えられる。

121）　James B. Watson, *Protecting the Shareholder's Right to Inspect the Share register in
　　　Corporate Proxy Contests for the Election of Directors*, 50 S. CAL. REV. 1273, 1294
　　　（1977）.

122）　*See id.* at 1301.

123）　*Supra* note 30, at 16-63.

124）　CLARK, *supra* note 40, at 98.

189

さらに、16.02条（e）項（2）号では模範事業会社法の1950年公表当時から規定されていた留保条項（saving clause）が維持された。留保条項とはコモン・ロー上の会社情報の収集権を留保し、制定法と併存してコモン・ロー上の会社情報の収集権を認めるということを意味すると考えられている。この規定を設けた趣旨は、模範事業会社法の独立性の確保とともに会社に対して会社情報を作成させるといった裁判所の権限を明確にしたものといわれている[125]。

　この留保条項に関する判例としては、まず、1982年の *CM &M Group, Inc v. Carrol* 事件[126]が挙げられる。同事件で、裁判所は会社情報の収集権の行使に得られた情報につき、会社との秘密保持条項の締結を株主に要求した[127]。このように裁判所が株主に対して制限を課すことは会社の利益の保護を目的としているとされている[128]。

　次いで、1993年の *Parsons v. Jefferson-Pilot Corp.* 事件[129]がある。同事件で、裁判所は、制定法はコモン・ロー上の権利を制限するものではなく制定法を拡張するものであり、それゆえにコモン・ロー上の権利は存続するものであるという見解を部分的に採用した。ただ、裁判所は留保条項の立法意図についても言及して上記の見解を補完した。

　とりわけ、裁判所は実質的に模範事業会社法と同様の規定のノースカロライナ州会社法における株主の会社情報の収集権に関する規定の立法意図に着目して、会社に対して会社情報を作成させるといった裁判所の権限に影響しないと明確にされているノースカロライナ州会社法の規定は、コモン・ロー上の権利を無効としていないとする証拠であると判示した[130]。

125）　Jeffries, *supra* note 51, at 1109. コモン・ローと制定法の関係については、第1章第4節を参照されたい。

126）　453 A.2d 788（Del. 1982）.

127）　*See id.* at 794.

128）　Jeffries, *supra* note 51, at 1102.

129）　42 S.E.2d 685（N.C. 1993）.

130）　Jeffries, *supra* note 51, at 1124-1125.

第6章　1984年改正模範事業会社法と株主の会社情報の収集権

第4節　株主への財務諸表の送付との関係

1．株主への財務諸表の送付の意義とその展開

　アメリカ会社法においては、株主の会社情報の収集権を補完するものとして株主に対する財務諸表等の送付という手段があった[131]。すなわち、時代の変化に伴って会社の在り方が大規模かつ複雑化したため株主は会社情報の入手が困難となった。しかし、会社に対する監督機関という株主の役割に鑑みると会社情報の入手は必要であると考えられた。この問題を解決するための方法の一つが会社に対して株主への定時報告書（periodic reports）の作成の要求であった。その目的は会社経営陣による情報開示という積極的な行為を求め、株主の監督機関としての役割を機能させてその内容について会社経営陣の説明を求めるために利用されることが意図されたものであった。

　模範事業会社法においては1950年の公表当時こうした規定を有していなかった。当時の州会社法の多くも、定期的な財務諸表（periodic financial statement）を株主に提供するといった規定を設けていなかったといわれている。その後の改正で遅くとも1960年には、株主による会社情報の収集権の補完を意図して、株主の請求があった場合に会社が当該株主に財務諸表を送付する規定が設けられた[132]。

　模範事業会社法における書面で請求した株主に対して財務諸表の送付を要求する規定は1969年に改正がされている。同年の改正では、会社情報の収集権の行使権者に議決権信託証書の保有者を含めた。したがって、議決権信託証書の保有者も財務諸表の送付を請求できるようになった[133]。

---

131)　こうした株主に対する財務諸表の送付に関する展開につき、第1章第3節、第2章第2節、第3章第3節を参照。

132)　第3章注44も参照。

133)　この点については、第4章第2節を参照。

191

その後、この規定は 1978 年に大きく改正されている [134]。すなわち、1978年改正模範事業会社法は、会社が何らかの目的のために、一般に公正妥当と認められた会計原則（generally accepted accounting principle. 以下「GAAP」という）に基づいて会計年度の財務諸表を作成した場合、会計年度末の貸借対照表等の年次財務諸表を会計年度の終了後 120 日以内に株主へ送付することを求めた。そもそも、GAAP とは大会社を念頭に置いた会計原則であり、上場会社においては同原則に従った財務諸表を作成しなければならない [135]。その原則を模範事業会社法において財務諸表を送付する義務を課す基準として用いていることが注目される。

2．1984 年改正模範事業会社法の規定

1984 年改正模範事業会社法で株主の会社情報の収集権に関する規定が抜本的に見直されたことに伴い、財務諸表の送付に関する規定も改正されている。具体的に、その規定は以下のようになっている [136]。

『16.20 条　株主のための財務諸表
　（a）会社は、株主に、会計年度末（end of the financial year）の貸借対照表（balance sheet）及び損益計算書（income statement）並びに株主持分の変更（changes in shareholder's equity）に関する情報が当該財務諸表の他の部分に記載されていない限り、1 年間の株主資本等変動計算書（statement of changes in shareholder's equity）を含む、年次財務諸表を適切に送付するものとし、その報告書は当該会社及び 1 つもしくは 2 つ以上の子会社を連結又は統合することができる。財務諸表が、GAAP に基づいて作成されている場合、年次財務諸表もそれに基づいて作成されなければならない。

134）　その経緯と詳細については、第 5 章第 4 節を参照されたい。
135）　黒沼・前掲（注 7）104 頁参照。
136）　*See supra* note 30, at 16-73.

第 6 章　1984 年改正模範事業会社法と株主の会社情報の収集権

　（b）年次財務諸表が公認会計士（public accountant）によって報告された場合、当該公認会計士の報告書を年次報告書に添付しなければならない。その報告書が添付されない場合、その財務諸表には、会社の最高責任者（president）又は会社の会計記録（accounting records）に責任を有する者による次のことを記載した報告書を添付しなければならない。
（1）GAAP に従って作成されたかどうかについての合理的な信頼を表明する声明書（statement）。その原則に基づいて作成されていない場合は、提示された財務諸表の作成の基礎を記載する声明書。
（2）財務諸表が直近の会計年度で作成された財務諸表と継続して作成されていないことに関する声明書。
　（c）会社は、年次財務諸表を会計年度の終了後 120 日以内にその株主に対して送付されなければならない。その後は、当該財務諸表を送付されていない株主からの書面の請求で、会社は最新の財務諸表を当該株主に送付しなければならない。』

　1984 年改正模範事業会社法 16.20 条は、次のような構造となっている。まず、（a）項はすべての会社に対して会計年度末の貸借対照表、会計年度の損益計算書及び一定の場合に株主資本等変動計算書の作成を要求する。
　次いで、（b）項で公認会計士又は会社の最高責任者もしくは会社の財務会計記録に責任を有する者の声明書を作成し、財務諸表への添付を求める。そのうえで、（c）項は作成された財務諸表を会計年度の終了後 120 日以内に株主に対して送付されなければならないと定めている。
　1984 年改正模範事業会社法での重要な改正点としては、次の 2 つが挙げられる。第 1 に、財務諸表の送付をすべての会社に要求したことであろう[137]。1978 年改正模範事業会社法は GAAP に基づいて会計年度の財務諸表を作成した場合にのみ財務諸表の送付が義務付けられていた。それに対して、1984 年

137）　*Id.* at 16-78.

改正模範事業会社法はすべての会社に財務諸表の送付を要求することで会社法においても情報開示の充実を図ろうとしたものと考えられる。

　第2に、16.20条（a）項は子会社を連結又は統合した財務諸表の作成を認めている。さらに、一定の場合に株主資本等変動計算書の作成が追加されている。それ以外の点については実質的に1978年改正模範事業会社法の規定に形式的な変更を加えただけである[138]。

　ちなみに、1984年改正模範事業会社法16.20条はすべての会社に株主への財務諸表の送付を要求するが、その財務諸表はGAAPに基づいて作成することを要求するものではないとされている[139]。これは小規模会社の財務諸表の作成方式が納税申告書（tax return）の作成に用いられた現金主義（cash basis）であることが多く、そうした慣行を尊重して会社に対して過度な負担とならないように配慮されたものと思われる[140]。

　もとより、株主の会社情報の収集権を補完するものとして位置付けられている株主に対する財務諸表等の送付に関する規定も、1984年改正で整理がされてわかりやすくかつ詳細なものに改められた。この規定は株主が会社の財務状況に関する情報の入手を容易にするものであるとともに会社の事務負担も考慮した規定となっていた。

3．州会社法との関係

　ところで、当時こうした規定を有していた州としてはカリフォルニア州がある[141]。カリフォルニア州会社法1501条では、名義株主（record shareholder）が100人以上で1934年証券取引所法に基づく登録がされていない、あるいはそうした登録を免除されていない会社は、貸借対照表及び損益計算書等を含む年次報告書を株主に送付しなければならなかった。

138）　*Id.*

139）　*Id.* at 16-74.

140）　第5章第4節参照。

第 6 章　1984 年改正模範事業会社法と株主の会社情報の収集権

　ただし、そうした小規模会社については附属定款（by-law）での規定に
よって年次報告書の義務的送付（mandatory dissemination）を無効にできた
が、株主は会社に請求することで年次報告書に関連する情報の提供を求める権
利を有していた。さらに、会社の規模を問わず、発行済株式総数の 5 ％以上の
株式を保有している株主には請求時の会計年度に係る暫定的な財務諸表を請求
する権利が与えられていた。

　1984 年改正模範事業会社法のこうした要求は小規模会社に対して負担を強
いることが懸念されるが、その点については次のように説明される。すなわ
ち、多くの小規模会社では、監査役（auditors）又は会計士（accountants）
がいないため作成された財務諸表の監査を受ける必要がないから、小規模会社
に不当な負担を課すものではないとする[142]。

　その一方で、1984 年改正模範事業会社法及びカリフォルニア州会社法のこ
うした規定は、小規模な公開会社に財務情報の報告の要求が過度な負担になら
ないことを証明するためのものであるとされている。ところが、多くの州会社
法ではこうした株主に対する年次報告書の送付に関する問題について十分な検
討がされていなかった。たとえば、ニュージャージー州会社法では会社は株主
による書面の請求があった場合、直近の会計年度の貸借対照表及び損益計算書
を提出しなければならないと単に規定するのみであった。あるいは、デラウェ
ア州会社法のようないくつかの州会社法では株主からの書面による請求があっ
た場合でさえ、会社に対して財務諸表の提供を要求していなかった[143]。

　ちなみに、このような義務的に株主に対して財務諸表の送付を要求する州会

---

141)　カリフォルニア州会社法 1501 条については、See WILLIAM L. CARY & MELVIN ARON
　　　EISENBERG, CASES AND MATERIALS ON CORPORATIONS, 323（7th ed. 1995）. 北沢正啓 ＝
　　　戸川成弘訳『カリフォルニア会社法』164-166 頁（商事法務研究会、1990 年）も参
　　　照。ちなみに、カリフォルニア州会社法では、1930 年代から定款で別段の定めがな
　　　い限り、株主に年次報告書（annual report）の送付を要求していた。その点につい
　　　ては、第 2 章第 3 節参照。

142)　See HAMILTON, supra note 4, at 384.

143)　CARY & EISENBERG, supra note 141, at 323.

社法としては、アラバマ州、アーカンソー州、コネチカット州、フロリダ州、ジョージア州、ミシガン州、ミシシッピー州、ニューハンプシャー州、サウスカロライナ州が 1984 年改正模範事業会社法と同様の規定を有していた。その他にもオハイオ州では年次株主総会において財務諸表が株主に提供されるものと規定していた [144]。

144） *Supra* note 30, at 16-79.

第 7 章　1990 年代以降の模範事業会社法の展開と株主の会社情報の収集権

第 1 節　1990 年代の企業法制の動向と模範事業会社法

1．連邦証券諸法の動向

(1)　1980 年代の連邦証券諸法の改正

　まず、模範事業会社法の 1984 年改正から株主の会社情報の収集権に関する 1998 年改正に至るまでの企業法制の動向を確認しておきたい。1980 年代から 1990 年代のアメリカの企業法制は、連邦証券規制による証券市場の法的執行手段が拡充されたことに特徴がある [1]。

　そもそも、株主が入手した会社情報の取扱いについてはインサイダー取引規制との関係も問題となりうる。すなわち、株主が会社情報の収集権を行使して得た情報が未公開情報であった場合、その株主が当該情報を利用して株取引を行うとインサイダー取引規制の対象になるからである。そのインサイダー取引規制が 1980 年代に大きく改正されている。1984 年と 1988 年にインサイダー取引制裁法（Insider Trading Sanction Act）並びにインサイダー取引及び証券詐欺執行法（Insider Trading and Securities Fraud Enforcement Act）による改正でインサイダー取引規制が強化された。

---

1)　連邦証券諸法の改正の動向については、黒沼悦郎『アメリカ証券取引法（第 2 版）』7 頁、167 頁、171 頁、231 頁（弘文堂、2004 年）を参照。

次いで、1990 年に証券執行救済及び低額株改革法（Securities Enforcement Remedies and Penny Stock Reform Act）が制定された。それにより、主に証券市場における法規制の監督を行うとともに連邦証券規制の執行を担当する連邦証券取引委員会（Securities Exchange Commission. 以下「SEC」という）[2] の法執行権限が強化された[3]。それゆえにインサイダー取引の摘発も厳しくなった。

(2)　1995 年の私的証券訴訟改革法の制定

そして、1995 年には私的証券訴訟改革法（Private Securities Litigation Reform Act）が制定された。この改正は訴訟の早い段階で本案に不適格な訴訟を発見し排除するための諸方策を採用し、クラス・アクション及び損害賠償責任制度の改革が図られた[4]。

私的証券訴訟改革法は、濫訴の防止を目的として、財務諸表といった定期的な開示書類に利益の水増しや架空売上等の不実開示がなされた場合の株主ないし投資者の損害賠償請求を求める申立ての要件を厳格化した。そこでは誤解を生じると主張する表示を特定し、なぜ誤解が生じるかという理由、不実開示に関する主張が情報又は信念に基づいてなされた場合には、その信念を形成したすべての事実を特定して行わなければならないとされた。そして、これらの要

---

2)　連邦証券取引委員会の組織や近時の活動状況については、松岡啓祐「証券市場・公開会社規制と米国 SEC（連邦証券取引委員会）の活動状況～組織改革の動向を中心として～」専修ロー 8 号 31 頁（2013 年）、同「近時のアメリカの金融・資本市場の規制改革の動向について―2013 年における連邦証券取引委員会（SEC）による活動状況の検討を中心に―」専修大学今村法律研究室報 62 号 1 頁（2015 年）を参照されたい。

3)　同法については、柿﨑環『内部統制の法的研究』324 頁以下（日本評論社、2005 年）も参照。

4)　黒沼・前掲（注 1）7 頁、143 頁。ちなみに、浅香吉幹『アメリカ民事手続法（第 3版）』43 頁（弘文堂、2016 年）は、同法を「私人による証券訴訟改革法」と訳出している。

第 7 章　1990 年代以降の模範事業会社法の展開と株主の会社情報の収集権

件を充たさない場合は申立ては却下され、棄却の申立てがなされている間は訴訟開始後の情報開示の制度である discovery（開示。以下「ディスカバリー」という）の手続が停止されることになった[5]。

　私的証券訴訟改革法の制定は会社情報の収集権に影響を及ぼすものと考えられた。すなわち、株主ないし投資者は会社から未公開の情報を得ずに、不実開示に関する事実を特定して訴訟を提起することが必要となった。一部の株主ないし投資者はディスカバリーを利用しなくとも厳格化された要件を充たすことが可能であると考えられたが、多くの株主ないし投資者は通常それを充たすことができないと指摘されていた。そのため、会社情報の収集権の重要度が高まると考えられた[6]。

(3)　会社情報の収集権との関係

　上述のように、私的証券訴訟改革法により、株主ないし投資者は証券詐欺訴訟を提起する以前に詐欺の証拠の提示が必要になった。そのため、株主ないし投資者は必要最低限度の訴状も提出できず、実質的な証拠を得るためにはディスカバリー手続に頼らざるを得ない状況となった。ところが、私的証券訴訟改革法はディスカバリーの手続を厳格に制限したため、株主ないし投資者は証券詐欺に関する証拠を入手する手段が必要となった[7]。

　そうした状況となって、株主ないし投資者が未公開の会社情報を入手する手段として注目されたのが州会社法に基づく会社情報の収集権である。すなわち、株主ないし投資者は、潜在的な証券詐欺の証拠を得るために州会社法に基

---

5)　黒沼・前掲（注 1）145 頁。なお、不実開示に対する民事責任の詳細については、同・114 頁以下を参照。

6)　*See* Randall S. Thomas & Kenneth J. Martin, *Using State Inspection Statutes for Discovery in Federal Securities Fraud Actions*, 77 B.U.L. Rev. 69, 70-71 (1997). 木俣由美「適切な経営監視のための株主の情報収集権―会計帳簿閲覧権を中心に―」産法 38 巻 1 号 26-27 頁（2004 年）も参照。

7)　*See* Thomas & Martin, *supra* note 6, at 79-80.

づく会社情報の収集権の行使が考えられた。もっとも、会社情報の収集権を行使するためには株主ないし投資者が会社情報を調査するための正当な目的を主張しなければならなかった[8]。しかし、経営過誤が懸念される場合あるいは不正行為の可能性を探し出すという目的は正当な目的であると解されているところ[9]、株主ないし投資者の正当な目的の充足はそれほど困難ではないと思われる。

さらに、1993年の *Rales v. Blasband* 事件[10]において、裁判所は派生訴訟において情報を得る手段として会社情報の収集権の行使が少ない点を指摘し、取締役の不正行為の主張をする場合、訴訟提起前の情報収集手段として株主に会社情報の収集権の行使を提案する判示をしていることに鑑みるならば、証券訴訟において株主が会社情報の収集権を行使してその証拠収集を行うことに裁判所も好意的であると考えられる。近時、州会社法に基づく会社情報の収集権に関する判例の増加とともに、種々の議論が展開されているのは私的証券訴訟改革法の影響であるとされている[11]。

2．1990年代の模範事業会社法の改正

1990年代の模範事業会社法も1984年の改正以降も重要な改正が行われている[12]。その展開の中で株主権に関する改正としては株主による派生訴訟の提起権が挙げられる[13]。派生訴訟においては株主が会社役員等の責任を追及す

---

8) *Id.* at 82-83.

9) 第1章第1節参照。

10) 634 A.2d 927（Del. 1993）.

11) *See* Melvin Aron Eisenberg & James D. Cox, Busines Organizations—Cases and Materials, 340（11th ed. 2014）.

12) 模範事業会社法の1984年改正後以降の株主権に関する改正以外として、たとえば、1983年にアメリカ法曹協会の会社法委員会によって承認された閉鎖会社補遺（close corporation supplement）が1991年に撤回されたことが挙げられる。これは閉鎖会社に同補遺が広く利用されなかったこと等がその理由とされている（*See* Robert W. Hamilton, The Law of Corporation in a Nutshell, 310（4th ed. 1996））。

第 7 章　1990 年代以降の模範事業会社法の展開と株主の会社情報の収集権

るために証拠を集めるための手段として会社情報の収集権が有益であるといわれており[14]、これらは密接な関係がある。

アメリカ法曹協会は派生訴訟の提起を適切に退ける株主の請求要件や独立取締役 (independent director) の権限を論じた判例の増加に伴い、派生訴訟の提起に係る要件や手続を再検討した。その結果、1984 年改正模範事業会社法では第 7 章 D 節 7.40 条で派生訴訟を規定していたが[15]、1990 年の改正で 7.40 条から 7.47 条として再構成した。

その内容として、1990 年改正模範事業会社法 7.42 条は、会社に回復不可能な損害が生じなければ、派生訴訟を始めることができる少なくとも 90 日前に会社に提訴請求の送付を要求する。さらに、7.44 条では派生訴訟の提起について、独立取締役が会社の最善の利益とならないと判断した場合に会社が派生訴訟の提起をしないことを認めている[16]。そうした判断はその判断の基礎となる合理的な調査が善意で行われており、当該調査が独立取締役の投票によって選任された 2 人以上の独立取締役で構成される委員会の過半数又は裁判所によって選任された利害関係のない独立した専門家によって行われなければならなかった[17]。

---

13) *See* SECTION OF BUSINESS LAW, AMERICAN BAR ASSOCIATION, MODEL BUSINESS CORPORATION ACT: OFFICIAL TEXT WITH OFFICIAL COMMENTS AND STATUTORY CROSS-REFERENCES REVISED 1999, xxv（1999）.

14) その点については、第 1 章第 1 節も参照されたい。

15) *See* COMMITTEE ON CORPORATE LAWS OF THE SECTION OF CORPORATION, BANKING AND BUSINESS LAW OF THE AMERICAN BAR ASSOCIATION, REVISED MODEL BUSINESS CORPORATION ACT, 183-184（1985）. ちなみに、1984 年改正模範事業会社法における派生訴訟に関する改正点につき、第 6 章第 1 節を参照。

16) 同条については、周剣龍『株主代表訴訟制度論』58-59 頁（信山社、1996 年）も参照。

17) 派生訴訟の提起権に関する改正の詳細については、*See* Committee on Corporate Laws, *Proposed Changes in the Model Business Corporation Act-Amendments Pertaining to Derivative Proceedings*, 45 BUS. LAW. 1241（1990）.

3. 『コーポレート・ガバナンスの原理：分析と勧告』の公表

1990 年代のアメリカの会社法制において重要な動向としては 1992 年にアメリカ法律協会（American Law Institute）が『コーポレート・ガバナンスの原理：分析と勧告』を完成させたことが挙げられる[18]。これは当時重要性を高まっていたコーポレート・ガバナンスの問題について、権威のあるアメリカ法律協会が現存する法規範を分析・整理するとともに法及び会社実務のあるべき姿を示すものであった[19]。コーポレート・ガバナンスの原理はコーポレート・ガバナンスに係る問題について新たな方向性を示したものであり、法のリステイトメントを意図したものではなく、むしろ最善の会社実務とそれに関する規則を提案するものであった[20]。

コーポレート・ガバナンスの原理は 7 つの編から構成されており、次のような規定が置かれていた。まず、取締役と役員の注意義務の程度や経営判断原則の援用が認められるための要件等が定められていた。その一方で、同原理では株主代表訴訟や株式買取請求権についての規定を置いていた。そこでは、株主代表訴訟を提起するための要件や訴訟手続を詳細に規定していた。株式買取請求権についても買取請求が認められるための要件や買取価格の基準あるいは買取手続について定めていた[21]。

ちなみに、コーポレート・ガバナンスの原理は副題にもあるようにアメリカ法律協会の勧告といわれている。とはいえ、この原理はアメリカ法律協会の周到な検討の結果であり、制定法と同じ内容があったとしても同協会の権威を

---

18) 森本滋編著『比較会社法研究―21 世紀の会社法制を模索して―』16 頁［釜田薫子］（商事法務、2003 年）。

19) 龍田節「序説―コーポレート・ガバナンスと法」証券取引法研究会国際部会訳編『コーポレート・ガバナンス―アメリカ法律協会『コーポレート・ガバナンスの原理：分析と勧告」の研究―』67 頁（日本証券経済研究所、1994 年）。

20) ARTHUR R. PINTO & DOUGLAS M. BRANSON, UNDERSTANDING CORPORATE LAW, 4（4th ed. 2013）

21) 龍田・前掲（注 19）84-87 頁、森本・前掲（注 18）17-21 頁［釜田薫子］参照。

第 7 章　1990 年代以降の模範事業会社法の展開と株主の会社情報の収集権

もって確認された規範として単なる勧告以上の意味を持つとされている[22]。

　そのコーポレート・ガバナンスの原理と模範事業会社の関係については一般に次のように推測されている。すなわち、模範事業会社法は他の州に企業を奪われまいと競い合う州会社法の統一を目的としているため、緩やかな規範に落ち着きがちであるとともに曖昧さが残る点もあるといわれる。それに対して、コーポレート・ガバナンスの原理はあるべき規範を追求したものと考えられている[23]。

　コーポレート・ガバナンスの原理と会社情報の収集権の関連としては取締役の会社情報の収集権がある。すなわち、取締役の会社情報の収集権はコモン・ロー上の権利としては認められていたが[24]、コーポレート・ガバナンスの原理が公表された当時の模範事業会社法は取締役による会社情報の収集権に関する規定を有していなかった。それに対して、コーポレート・ガバナンスの原理は取締役による会社情報の収集権を定めており（同原理 3.03 条）、大きな違いがあった[25]。

---

22)　龍田・前掲（注 19）89 頁。

23)　龍田・前掲（注 19）91 頁。「コーポレート・ガバナンスの原理」の公表後の模範事業会社法の動向については、森本・前掲（注 18）22 頁［釜田薫子］を参照。

24)　拙稿「アメリカ会社法における株主の会社情報の収集権～初期のコモン・ロー及び州法等の展開を中心に～」専大院 56 号 15-16 頁（2015 年）参照。

25)　取締役による会社情報の収集権の詳細については別稿において検討する予定である。なお、アメリカ会社法における取締役の会社情報の収集権に関する先行研究としては、伊勢田道仁『取締役会制度の現代的課題』32 頁（大阪府立大学経済学部、1994 年）、岡田昌浩「取締役・監査役の情報収集について（一）」論叢 149 巻 2 号 127 頁（2001 年）、清水太郎「取締役の社内情報収集権」上法 59 巻 3 号 293 頁（2016 年）、多賀野浩二「取締役の調査権についての一考察」名城 24 集 115 頁（1997 年）、並木俊守「取締役の業務調査権」田中誠二監修『商法・有限会社法改正試案の研究（金判 755 号）』77 頁（経済法令研究会、1986 年）、山城将美『企業統治の法的課題』34 頁（成文堂、2007 年）等がある。

第 2 節　1998 年改正模範事業会社法と株主の会社情報の収集権

1．模範事業会社法の 1998 年改正の内容

　模範事業会社法における株主の会社情報の収集権は 1998 年に重要な改正がされている [26]。会社法委員会は 1998 年以前の数年間、模範事業会社法において会社情報の収集権等が規定されている第 16 章の問題点に関する特別委員会（task force）の提案について検討を重ねていた。その問題点とは、情報技術の発展及び証券保有に係る預託合意（depository arrangements for security holding）とそれに伴う会社情報の取扱いであった。それらに関する州会社法の規定や判例法を模範事業会社にどのような反映させるべきかについての提案がされた。その提案に対する会社法委員会の検討が 1998 年改正に結実した。

　ところで、模範事業会社法の 1998 年改正では、以下で検討する会社情報の収集権との関係で株主に対する財務諸表の送付を規定する 16.20 条について条文の変更はないが、解釈上の手当てがなされている。それは、会社が作成及び送付する財務諸表が連邦内国歳入庁（Federal Internal Revenue Service）に所得税納税申告書（income tax return）を提出するといった適切な事情があって、他の会計実務ないしは会計原則を基礎に作成されたもので十分であるとする解釈を示した [27]。

　1984 年改正模範事業会社法は、会社に作成を要求する財務諸表の作成方法について、一般に公正妥当と認められた会計原則に基づいた作成を要求するものではないと言及するのみであった。ただ、その解釈として他の会計実務ないしは会計原則を基礎に作成されたものも許容していた。これに対して、1998

---

26)　Committee on Corporate Laws, *Proposed Changes in the Model Business Corporation Act*, 53 BUS. LAW. 815, 815-816（1998）.

27)　*Id.* at 828.

年改正模範事業会社法がその解釈を明確なものとしたのは次のことが考えられる。すなわち、1984年改正模範事業会社法における株主の会社情報の収集権に関する規定は、その目的を明らかにするとともに適用可能性について解釈の余地を狭める具体的な規定として位置付けられていた[28]。それに鑑み、その注釈において他の会計実務ないしは会計原則に言及したものと思われる[29]。

2. 改正法の規定

(1) 取締役による会社情報の収集権等の新設

模範事業会社法の1998年改正では、詳細な検討は割愛するが、会社情報の収集権等を規定していた第16章に次の2つを定める条文が追加された。第1に、模範事業会社法において取締役の会社情報の収集権が16.05条で初めて規定される。取締役の監視義務又は意思決定義務（director's oversight or decisional duties）の履行のために合理的な関連のある範囲で会社情報の収集権を有すると定めた。ただし、請求が正当な目的ではない又は取締役が得られた情報を会社に対する義務に違反する目的で使用する場合は除かれていた[30]。

第2に、会社からの株主総会に関する株主に対する通知が届かず、その株主が会社に伝えた住所に明らかに居住していないことが明白である場合に、会社に通知の提供を中止することを認めるという実務上の必要性の調和をとった規定を設けた。すなわち、1998年改正により新たに設けられた16.06条では定時株主総会の関する全ての通知が2回連続して到達しなかった場合、会社がその株主へ当該通知を送付しないことを認める。あるいは、少なくとも年に2回の配当があることを前提に、12か月間で支払いが要求された全ての配当が2回連続して12か月以上支払えなかった場合についても当該通知を送付しない

---

28) Robert W. Hamilton, *Reflections of a Reporter*, 63 Tex. L. Rev. 1455, 1468 (1985).

29) この点については、第6章第4節も参照されたい。

30) Committee on Corporate Laws, *supra* note 26, at 824. アメリカ会社法における取締役の会社情報の収集権については、さしあたり、*See* James D. Cox & Thomas Lee Hazen, 2 The Law of Corporations, 477-478 (3d ed. 2010).

ことを認める規定である。

(2) 会社情報の謄写等に係る改正

　模範事業会社法の1998年改正では、会社情報の収集権につき、会社情報の謄写や会社情報の収集権の対象となる範囲に関する手当てがされている。改正後の条文は以下のようになっている。

『16.03条　会社情報の収集権の範囲（1998年）

　(a) 株主の代理人又は弁護士は、株主の代理として、株主と同様の会社情報を調査及び謄写する権利を有する。

　(b) 16.02条に基づく会社情報の謄写する権利には、合理的（reasonable）である場合、乾式複写（xerographic）もしくは利用が可能でかつ株主による請求された場合、電子的送付（electronic transmission）による謄写物を含む他の方法によって作成された謄写物を受領する権利を含む。

　(c) 会社は、株主の16.02条（b）項（3）号に基づく株主名簿の調査につき、株主の請求日以後に編纂された（compiled）株主名簿を提供することを、当該株主の費用で応じることができる。

　(d) 会社は、株主に提供する文書を謄写するための人件費及び資料に関する費用（costs of labor and material）に相当する合理的な手数料を課すことができる。その手数料は、記録の作成、複製、もしくは送付に関する見積費用（estimated cost）を越えることはできない。』

　1998年改正模範事業会社法における会社情報の収集権の改正点として次のことが挙げられる。まず、会社情報の謄写方法について写真（photograph）が削除されるとともに、株主に対して当該謄写物の電子的送付を認めた。次いで、株主名簿の編纂に関する規定が（d）項から（c）項に繰り上がっている。そのうえで、請求日以後の株主名簿の編纂に係る費用については株主の負担とした。さらに、（d）項では電子的送付を認めたことに伴う謄写に係る費用の

第7章　1990年代以降の模範事業会社法の展開と株主の会社情報の収集権

手当てがされている。

(3)　改正の内容

この改正は具体的に次の3つの点が挙げられる。第1に、16.03条（b）項で株主に対して電子的送付による会社情報の提供を会社に認めたことである。これは会社が電子的に会社情報を株主に送付することを可能にした。その一方で、電子的送付又はその他の類似する方法で会社情報の謄写物を提供することで不当な負担を会社に課さないことを保証するために規定したものである[31]。

これは、株主自身による会社情報の収集権の行使である場合に収集の対象となっていない会社情報の調査を防止できる。したがって、会社情報ひいては会社の利益を保護する規定として位置付けることができよう。

第2に、16.02条（b）項で株主に株主名簿の調査を認める代わりに「合理的に最新の（reasonably current）」株主名簿の提供に関して会社に選択権を与えたことである。すなわち、1998年改正前の模範事業会社法では、株主名簿の閲覧等の請求があった場合に会社は株主の請求日以後に編纂された株主名簿の提供が要求されていた。

それに対して、1998年改正ではその編纂に係る費用を株主で負担することを条件に会社が株主名簿の編纂に応じるものとした。これにより、株主の濫用的な会社情報の収集権を抑止するとともに会社の不要な支出の防止を目的としたと思われる。ちなみに、「合理的に最新の（reasonably current）」とは、16.02条（b）項では会社情報の収集権の行使に関する請求は5日前にされなければならないと規定している。それゆえに同項にいう「請求日以後に編纂された」ことを意味するとされている[32]。

第3に、条文自体の改正ではないが株主による会社情報の収集権の運用について改正があった[33]。その対象となったのは、Non-Objecting Beneficial

---

31)　Committee on Corporate Laws, *supra* note 26, at 821.

32)　*Id.*

Owners List（以下、「NOBO List」という）と呼ばれる自身の開示に異議を唱えない実質的保有者の名簿の取扱いである。この点については判例上の争いがあった点でもあり、模範事業会社法の 1998 年改正ではその点の手当てをしたものと考えられる。そこで以下ではその取扱いについて議論の多い NOBO List について若干の検討を行う。

3．NOBO List と会社情報の収集権の関係

(1)　株主名簿及び NOBO List の意義

　そもそも、NOBO List とはどのような会社情報であり、株主名簿ないし会社情報の収集権とどのような関係があるのであろうか[34]。その理解の前提としてアメリカにおける株式の保有形態とそれに伴う運用について触れる必要がある。

　アメリカにおいて、連邦証券諸法の適用のある上場会社では株式所有が分散しており、取締役の選任や会社の重要事項の決定について経営者が株主の賛成を求める委任状勧誘を行うことが決議を成立させるために不可欠となっている[35]。そのため、株主名簿に記録されている情報が重要となる。したがって、会社情報の収集権は委任状勧誘とも関連する問題として考えられている[36]。

　しかし、株式の大多数が実質上の所有者の便宜を図るためにその名義では保有されていない。その代わり、銀行やブローカーの名義で保有されており、これをストリートネームという[37]。アメリカでは、20 世紀初頭から株式の所持人と名義人が異なる実務が発達していた。その一つとして、株式の譲渡に伴う

---

33)　*Id.* at 822.

34)　NOBO List の意義等につき、*See* Cox & Hazen, *supra* note 30, at 475-476; Pinto & Branson, *supra* note 20, at 134 n.252; Randall S. Thomas, *Improving Shareholder Monitoring of Corporate Management by Expanding Statutory Access to Information*, 38 Ariz. L. Rev. 331, 332 n.8（1996）.

35)　黒沼・前掲（注 1）201 頁。

36)　カーティス・J・ミルハウプト編『米国会社法』118 頁（有斐閣、2009 年）。

37)　黒沼・前掲（注 1）207 頁。

第 7 章　1990 年代以降の模範事業会社法の展開と株主の会社情報の収集権

法的手続を避けるといった目的で株主自身の名前を直接記録するのではなく、Abel & Company といった従業員から構成されるパートナーシップの名称を記録するといういわゆるノミニー名義での株式の保有形態が存在した[38]。

　その一方で、公開会社においても実際の株式の保有者の名前ではなく、その保有者が株式の管理口座を開設している証券会社等の名前で保有されている。そうした実務が発展したのは 1960 年代のいわゆるペーパー・クランチ等と呼ばれる証券危機に由来するものである。現代では公開会社の株式保有形態のほとんどはストリートネームであるといわれている。証券会社等に預託された株式は、Depository Trust Company（DTC）といった預託機関に証券会社等が開設した口座で保管されている[39]。

　DTC 等の預託機関に預託された株券につき、公開会社の株主名簿にはアメリカにおけるストリートネームである CEDE & Co.の名前が記録されている[40]。CEDE & Co.の名前が記録されている株式については DTC 等の株券の預託機関が株式を保有している証券会社等の一覧表を作成し、預託されている株券を発行する会社が利用できるようにしている。その一覧表は CEDE breakdown や CEDE List と呼ばれている（以下、「CEDE List」という）。しかし、CEDE List ではストリートネームで株式を保有する証券会社等の顧客である、いわゆる実質株主の名前や住所は明らかとならない。そのため、たとえば委任状勧誘を行おうとしても、実質的な株主の情報を有していなければ証券会社等の顧客である株主と意思疎通を図ることが難しい。

---

38)　*See* Robert W. Hamilton, The Law of Corporations in a Nutshell, 400（5th ed. 2000）.

39)　*See* Marcel Kahan & Edward Rock, *The Hanging Chands of Corporate Voting*, 96 Geo. L. J. 1227, 1239（2008）. この点については、拙稿「株券の電子化・ペーパレス化と株式取引を巡る問題点の検討～公開・上場会社を中心に～」専大院 55 号 79 頁以下（2014 年）も参照されたい。

40)　CEDE は、「certificate depository」を省略したものである（*See* David C. Donald, *Heart of Darkness: The Problem at the Core of the U.S. Proxy System and its Solution*, 6 Va. L. & Bus. Rev. 41, 46（2011））。

そうした状況を受け、SEC は会社が多くの実質株主と直接意思疎通を図れていないことを認識して、実質株主が十分な情報を得て委任状を通じた議決権行使に組み込まれることを確保するための 1986 年に Shareholder Communication Rule を採用した[41]。これは、SEC がストリートネームで株式を保有している者の名前や住所といった情報を投資した会社に開示されることの諾否について証券会社に確認を要求するものである。その開示に反対しない実質保有者は NOBO List に当該情報が記録されてその株主が特定される。NOBO List には、開示に反対しない実質的保有者がストリートネームでどれだけの株式を保有しているかの情報も記録される。証券会社は、SEC 規則に基づき実質株主が自己の情報開示に異議を唱えない限り、会社に当該実質株主の名前を記録する NOBO List を送付しなければならない[42]。

　ところで、上場会社において委任状勧誘を規制する SEC 規則 14a-7 は、委任状勧誘において、会社役員と対抗して委任状勧誘をする者の委任状勧誘資料を他の株主に送付するか、その者に株主名簿を閲覧させるという選択権を会社に与えている。すなわち、同規則は委任状勧誘において会社役員と対抗して委任状を勧誘する者の請求があった場合に、会社役員はその対抗者の委任状勧誘資料を他のすべての株主に送付するか、当該対抗者に株主名簿を提供するかのいずれかを選択しなければならないと規定する[43]。しかし、実際には会社はNOBO List の開示を避けるために前者を選択するとされている[44]。

---

41)　柳明昌「株式振替制度における株主情報の入手可能性」西南 37 巻 4 号 25 頁（2005年）。ただ、LOUIS LOSS & JOEL SELIGMAN & TROY PAREDES, 4 SECURITIES REGULATION, 433-434 (4th ed. 2009) によれば、Shareholder Communication Rule は 1983 年に採択されたが、SEC はそこに含まれる一部の規則の効力発生日を異なるものとしたことで同意した。そのため、全面施行されたのが 1986 年 1 月 1 日以降であったとする。

42)　PINTO & BRANSON, *supra* note 20, at 134 n. 252.

43)　SEC 規則 14a-7 については、第 5 章第 2 節も参照されたい。

44)　黒沼・前掲（注 1）208 頁。

第 7 章　1990 年代以降の模範事業会社法の展開と株主の会社情報の収集権

(2)　NOBO List の調査に関する判例の展開

　NOBO List は、株式の実質的所有者と直接意思疎通を図るために重要な会社情報であると考えられている[45]。そこで問題となるのは株主が会社情報の収集権の行使によって CEDE List ないし NOBO List の調査ができるかどうかである。まず、CEDE List については判例法上調査の対象となることが確立しているといわれる[46]。たとえば、1979 年の *Giovanimi v. Horizon Corp.*事件で次のように述べられている。すなわち、会社情報の収集目的が他の株主との意思疎通を図るためであり、CEDE List を会社が難なく利用できることを株主が証明した場合、CEDE List は株主も利用できるものとする判示をしている。そこでは、委任状勧誘の局面において株主と会社が対等であること（equivalent）が強調されている[47]。この点は 1981 年の *Hatleigh Corp. v. Lane Braant* 事件でも同様の判示がされている[48]。

　その一方で、NOBO List につき、裁判所は株主の会社情報の収集権の対象とする原則を確立することを躊躇しているとされる。ただ、多くの裁判所では会社がすでに NOBO List を保有している場合は会社情報の収集権の対象としている[49]。そのような判示をした事案として 1986 年の *Shamrock Associates v. Texas American Energy Corp.*事件[50]がある。同事件で裁判所は上述の *Hatleigh Corp. v. Lane Braant* 事件判決を引用しつつ、CEDE List と NOBO List で異なる取扱いが要求されていないとして、NOBO List を会社がすでに保有して難なく利用できる場合には会社情報の収集権の対象になると判示する[51]。

　これと関連して、CEDE List や NOBO List 以外の株主名簿に関する資料に

---

45)　William T. Allen & Reinier Kraakman, Commentaries and Cases on the Law of Business Organization, 180（5th ed. 2016）.

46)　柳・前掲（注 41）29 頁。

47)　*See* 1979 Del. Ch. LEXIS 471, *3-5（1979）.

48)　*See* 428 A.2d 350, 354（Del. Ch. 1981）.

49)　Cox & Hazen, *supra* note 30, at 476.

50)　517 A.2d 658（Del. Ch. 1986）.

51)　*See id.* at 661.

ついても問題となりうる。この点につき、前述の *Hatleigh Corp. v. Lane Braant* 事件では、譲渡代理人（transfer agent）から入手できる磁気テープについては会社情報の収集権の対象になると述べている[52]。

(3) 1998年改正模範事業会社法の立場

もっとも、多くの判例は、株主が会社情報の収集権を行使して会社にNOBO List を作成させる権限は有していないとする[53]。たとえば、1988年の *RB Association of New Jersey v. Gillette* 事件[54]で裁判所は次のような見解を示している。会社が NOBO List を保有していて、株主が会社情報の収集権を行使した場合は提供する義務を負うとする。ただ、株主は会社が有していない情報を得るために会社情報の収集権の行使によって、Gillette 社の取締役会が前述の Shareholder Communication Rule に基づく連邦法上の権利の行使を要求できないとする[55]。

それに対して、NOBO List を作成させる権限を有するとした事案として、1991年の *William P. Sadler v. NCR Corp.* 事件[56]がある。裁判所は次のように述べている。すなわち、NOBO List の編纂は比較的簡単な機械的作業であるため CEDE List と変わらず、NOBO List 及び CEDE List の機能に相違はないとする。そのうえで、NOBO List 及び CEDE List は株主間の直接の意思疎通を図ることを促進するとして NOBO List の作成を命じた[57]。ただし、裁判所は「この事案については（in this case）」という限定をしている点に留意が必要であろう[58]。

このように、NOBO List の取扱いについては判例の対立があったところ、

---

52) *See* 428 A.2d 350, at 354.

53) Cox & Hazen, *supra* note 30, at 476.

54) C.A. No. 4747（Del Ch. Mar. 22, 1988）, 13 Del. J. Corp. L. 1220（1978）.

55) *See id.* at 1231-1232.

56) 928 F.2d 48（2d Cir. 1991）.

57) *See id.* at 53.

第7章　1990年代以降の模範事業会社法の展開と株主の会社情報の収集権

1998年改正模範事業会社法は、その注釈において多数の判例の見解に依拠して言及している。すなわち、会社情報の収集権の対象となる株主名簿には名義人（nominee）によって保有されている株式の内訳やNOBO Listの情報も含まれているとする。しかし、会社には株主名簿の調査を請求した株主のためにそういった情報について詳細に記録することまで要求されていないと会社情報の収集権の規定を位置付けた。そのため、会社がNOBO Listもしくはそれと同様の情報を保有している範囲で株主に対して提供することとした[59]。

第3節　2010年改正模範事業会社法等と株主の会社情報の収集権

1．2000年代の企業法制の動向

2000年代のアメリカの証券市場における重要な出来事として、まず、2001年のエンロン、ワールドコム等の破綻に典型的に現れた一連の不正会計事件がある。エンロン、ワールドコム等の公開企業が会計の粉飾を続けた末に破綻した会計スキャンダルに対応して、アメリカ議会は2002年に公開企業会計改革・投資者保護法（Public Company Accounting Reform and Investor Protection Act）を制定した。同法は連邦証券諸法を改正するとともに、公開会社のコーポレート・ガバナンスを強化するための多くの規律を含んでいた[60]。

次いで、アメリカでは2008年に金融危機が生じた。その発端はサブプライムローンであり、大手金融機関リーマン・ブラザーズの破綻によるリーマンショックにつながった[61]。その金融危機に伴い、2010年7月に1930年代以降

58）　*RB Association of New Jersey v. Gillette* 事件及び *William P. Sadler v. NCR Corporation* 事件については、柳・前掲（注41）30頁以下で詳細な分析がされている。

59）　Committee on Corporate Laws, *supra* note 26, at 823.

60）　黒沼・前掲（注1）7頁、9頁。

61）　松岡啓祐『最新金融商品取引法講義（第3版）』152頁（中央経済社、2016年）。

最も重要な立法とされる、いわゆる Dodd-Frank 法（Dodd-Frank Wall Street Reform and Consumer Protection Act）が成立している[62]。

リーマンショックと関連した問題としては元ナスダック会長で投資顧問業者でもあった Bernard L. Madoff 氏の巨額詐欺事件である、いわゆるマドフ事件が発覚した[63]。さらに、クラウド・ファンディング等による景気刺激策を盛り込んだ JOBS 法（Jumpstart Our Business Startup Act）が制定されている[64]。

2. 2000 年代の模範事業会社法の展開

2000 年代における模範事業会社法の展開で、株主権に関する改正として、派生訴訟の提起権と株式買取請求権の改正が挙げられる。その改正は具体的に次のことを内容とする。

まず、派生訴訟の提起権については 2005 年に株主による会社への提訴請求に関して規定する 7.44 条が改正されている。そこでは、提訴の判断をする独立取締役（independent director）という名称が適格取締役（qualified director）に変更された[65]。

次いで、株式買取請求権は 1999 年及び 2006 年に大規模な改正がされている[66]。すなわち、会社法委員会は 1999 年の改正で株式買取請求権に係る規定が広く適用でき、かつ、革新的な改正をしたとされている。2006 年にはその

---

62) 松岡・前掲（注 2）専修ロー 8 号 31 頁。

63) 同事件の検討として、松岡啓祐『証券会社の経営破綻と資本市場法制—投資者保護基金制度を中心に』213 頁以下（中央経済社、2013 年）がある。

64) 松岡・前掲（注 2）専修大学今村法律研究室報 62 号 3 頁。

65) *See* CORPORATE LAWS COMMITTEE, MODEL BUSINESS CORPORATION ACT: OFFICIAL TEXT WITH OFFICIAL COMMENTS AND STATUTORY CROSS-REFERENCES REVISED THROUGH DECEMBER 2010, xxi (2011). その詳細については、*See* Committee on Corporate Laws, ABA Section of Business Law, *Changes in the Model Business Corporation Act-Proposed Amendments Relating to Chapter 1, 7, and 8*, 60 BUS. LAW. 341 (2004).

66) *See* CORPORATE LAWS COMMITTEE, *supra* note 65, at xxii .

第 7 章　1990 年代以降の模範事業会社法の展開と株主の会社情報の収集権

後の改正された規定を補完するとともに再構成した改正を行っている。これら一連の改正で次の点が手当てがされている。模範事業会社法 13.01 条に「公正な価格（fair value）」の定義といった株式買取請求権に特有な事項について新たな定義が加えられている。同条（4）号は、公正な価格の判断にあたって「同種の事業で提供されている構想（concepts）及び技術（techniques）の慣習的かつ直近の評価を用いること」を裁判所に要求する規定を設けた [67]。

　会社情報の収集権についても、まず、2001 年に会社の州務長官（Secretary of State）に提出する文書等に関する改正に伴う整備がされた [68]。次いで、2005 年に条文の文言の修正が行われている。同年の改正では模範事業会社法における定義を定める 1.40 条に「経費（expenses）」を定める（9AA）号が追加された。それに伴い、救済手段について規定していた 16.04 条（c）項において、会社情報の収集権を法的に執行する命令を得るために要した「株主の費用（合理的な弁護士費用を含む）（costs（including reasonable fees））」という文言が「経費」に改められている。もっとも、この改正は文言の修正だけの改正であり、その内容に実質的な変更を加えるものではない [69]。

　そうした種々の改正を経て、2008 年にアメリカ法曹協会の企業法部の会社法委員会（Committee on Corporate Laws of the Section of Business Law）は

---

67)　株式買取請求権に係る 1999 年改正の詳細につき、*See* Committee on Corporate Laws, *Proposed Changes in the Model Business Corporation Act-Appraisal Rights*, 54 BUS. LAW. 209（1998）. 2006 年改正については、*See* Committee on Corporate Laws, ABA Section of Business Law, *Changes in the Model Business Corporation Act-Proposed Amendments Relating Appraisal and Other Remedies*, 61 BUS. LAW. 659 （2006）.

68)　詳細については、*See* Committee on Corporate Laws, *Changes in the Model Business Corporation Act Pertaining to Shares and References in Documents to Extrinsic Facts*, 57 BUS. LAW. 355, 356-359, 372（1998）.

69)　*See* Committee on Corporate Laws, ABA Section of Business Law, *Changes in the Model Business Corporation Act-Proposed amendment to Chapter 1, 7, and 14 with Conforming Amendments to Relates Provisions of the Act*, 60 BUS. LAW. 1577, 1577 （2005）.

模範事業会社法を現代化したものを公表したといわれる[70]。もっとも、実際は Model Business Corporation Act Annotated（3rd Ed.）の改訂を意味すると思われる。すなわち、同書が刊行された以降の改正はアメリカ法曹協会の発行する Business Lawyer において解説されているが、そうした解説を注釈書としてまとめ、その動向のフォローアップにあったと考えられる[71]。

3．模範事業会社法における株主の会社情報の収集権の 2000 年代の動向

(1)　会社情報の収集権に関する 2009 年改正

その後、模範事業会社法の 2009 年改正において、株主の会社情報の収集権に関する改正がされている。同年の改正は模範事業会社法における定義が改められたことに伴う若干の文言の修正及び会社情報の収集権の対象についての改正がされている。

前者については次のことを背景とする。すなわち、国際及び国内商取引における電子署名法（Electronic Signatures in Global and National Commerce Act）等の定義の模範事業会社法への導入を意図するものであった。この改正により、文書（document）、電子的記録（Electronic Record）等の定義が新たに追加された[72]。それに伴い、会社情報についても書面以外での保存が認められていたことや会社情報の収集権の行使に際して株主に会社への通知を要求していたため、その平仄を合わせる手当てがされた[73]。

---

70) Browning Jeffries, *Shareholder Access to Corporate Books and Records: The Abrogation Debate*, 59 DRAKE L. REV. 1087, 1107（2011）.

71) Model Business Corporation Act Annotated の意義については、*See* Melvin Aron Eisenberg, *The Model Business Corporation Act and the Model Business Corporation Act Annotated*, 29 BUS. LAW. 1407, 1414（1974）

72) 改正の背景と全体像については、*See* Committee on Corporate Laws, ABA Section of Business Law, *Changes in the Model Business Corporation Act-Proposed amendment to Incorporate Electronic Technology Amendments*, 64 BUS. LAW. 1129（2009）.

73) 2009 年改正における会社情報の収集権に関する手当てについては、See *id.* at 1151-1155.

後者については次のことを内容とする。すなわち、2009年改正以前は、会社情報の収集権の対象となっていた取締役会の委員会の記録が会社を代表して取締役会の代わりに行った行為の記録であった。それに対して、2009年改正では会社を代表して取締役会の代わりに行った行為以外の委員会の記録も対象となった。この点について特段の言及はないものの、2009年改正により当該委員会での議事等についても調査の対象になったものと思われる。

(2) 模範事業会社法の2010年改正とその背景

そのうえで、2010年の模範事業会社法の改正は株主総会の基準日の改正に伴う手当てであり、その改正で16.02条（b）項が追加され、それ以降の規定は繰り下がっている。同年の主たる改正点は株主総会の参加方法とその基準日の多様化を認める改正であり、会社情報の収集権も一定の手当てがされた。そこで以下ではまず、同年の改正の中心である議決権の基準日の改正について確認しておきたい。

この改正は、株主の議決権の行使について、直接株主総会に参加して行使する以外の方法を認めることが意図されたものであった[74]。その2つの方法とは次のとおりである。第1に、新たに7.09条を設けて株主の株主総会にインターネットないし電話会議といった遠隔参加につき、取締役会に遠隔参加（remote participation）に関する指針（guidelines）と手続を定める権限を与えて、それらを条件として遠隔参加を認めるとするものである。第2に、7.03条、7.05条、7.07条及び7.20条を改正した。この改正は株主総会において議決権を付与される株主を決定する基準日を当該総会の招集通知を受領した日と異なる日にする権限を取締役会に付与するものである。これは、議決権の行使の基準日を株主総会と近接して設定することで株式の保有と議決権の平仄を合

---

74) *See* Committee on Corporate Laws, ABA Section of Business Law, *Changes in the Model Business Corporation Act-Proposed amendment to Shareholder Voting Provisions Authorizing Remote Participation in Shareholder Meetings and Bifurcated Record Dates*, 64 Bus. Law. 153, 153-154（2009）.

わせることが意図された改正である。このように模範事業会社法の規定では基準日の柔軟な設定が可能となったが、公開会社においては SEC の委任状勧誘規則との関係での検討が必要となったことには留意が必要とされている[75]。

(3)　2010 年改正模範事業会社法における株主の会社情報の収集権

　上記の改正に伴い、いくつかの条文にそれに伴う手当てがされており、その一つに会社情報の収集権が挙げられる。そこでは株主総会の通知日後に株主となる者についての当該総会に係る情報の収集権が整備された。その条文は以下のようになっている。

『模範事業会社法（2010 年）16.02 条
　株主による会社記録の調査（Inspection of Records by Shareholders）
　(b) 株主総会で議決権が付与される株主を決定するための基準日が、当該株主総会の通知を行う日と異なり、当該株主総会の通知日の後に株主となり、かつ、議決権を付与されている者は、当該株主総会と関して株主に対して送付された通知及びその他の会社によって提供された情報を、株主の請求をもって、会社から受領する権利が付与される。会社が、その情報をウェブサイトで公示又はその他の一般に認められた手段で、株主が入手しうる方法で作成した場合はこの限りではない。会社がその情報を提供することの懈怠した場合であっても、株主総会でされた行為の有効性には影響しない。』

　この改正は、上記のように株主総会において、議決権の付与を決定する基準日を株主総会の通知の発送日後にも可能とする権限を取締役会に認める規定が整備された。それに伴い、株主総会の招集通知日以降に株主となり、議決権が付与される者についての会社情報の収集権を認める手当てがなされた[76]。

　具体的に、議決権の基準日（record date for voting）が通知の日より後に到

---

75)　*Id.*

来し、通知の日以後の株主に対して議決権が付与される場合、その株主は会社によって提供される株主総会に関する通知又はその他の情報を会社から受領する権利を定めるものである。その情報は請求に基づいて提供される情報がウェブサイトや他の一般に認められた方法によって作成されて、株主がそれを入手できるという要件を充たせばこの限りではない。また、会社の情報提供の欠缺は、株主総会における行為の法的有効性には影響せず、この規定は会社以外の者によって株主に情報が提供された場合には適用しないとする[77]。

第4節　各州会社法の採用状況

1．保存の対象となる会社情報

模範業会社法における株主の会社情報の収集権は近時も技術の発展等に伴う改正がされているが、各州会社法は模範事業会社法をどの程度採用し、あるいは同法を採用せず独自の規定を有しているのであろうか。以下では、会社情報の収集権等に関する各州会社法の採用状況等を確認する。

まず、保存の対象となる会社情報についてはすべての州が会社情報の保存に関する規定を設けている[78]。45の州が会計帳簿、取締役会議事録、株主総会議事録の保存を要求するが、その他の5つの州では独自の規定を置いている。たとえば、ネバダ州は基本定款、附属定款、株式原簿だけを会社の主たる事務所で保存することを要求するにとどまる。ただ、すべての州において株主名簿ないし株式原簿の保存が要求されている。

---

76) Committee on Corporate Laws, ABA Section of Business Law, *Changes in the Model Business Corporation Act-Proposed amendment to Shareholder Voting Provisions Authorizing Remote Participation in Shareholder Meetings and Bifurcated Record Dates*, 65 Bus. Law. 153, 153 (2009).

77) 4 Model Business Corporation Act Annotated, 16-15 (4th ed. 2008 & Supp.).

78) *See id*. at 16-10,16-11.

次いで、保存の対象となる会社情報でも、とりわけ会計帳簿については、ア
ラバマ州、アリゾナ州、アーカンソー州、コロラド州、コネチカット州、
ジョージア州、アイダホ州、インディアナ州、アイオワ州、ケンタッキー州、
メイン州、マサチューセッツ州、ミシシッピー川、モンタナ州、ネブラスカ
州、ニューハンプシャー州、ノースカロライナ州、オレゴン州、サウスカロラ
イナ州、サウスダコタ州、テネシー州、ユタ州、バーモント州、ヴァージニア
州、ワシントン州、ウエストヴァージニア州、ウィスコンシン州、ワイオミン
グ州が1984年改正模範事業会社法の規定を採用している。そこでは適切な会
計帳簿の保存を要求している。その他に模範事業会社法を採用していても、
1969年改正模範事業会社法での文言である「最新かつ完全な（correct and
complete）」会計帳簿の作成を要求する州もある。

　これに対して、独自の作成基準を規定している州もある。たとえば、カリ
フォルニア州では「適当かつ最新の（adequate and correct）」、フロリダ州で
は「正確な（accurate）」、ハワイ州及びペンシルバニア州では「正確かつ完全
な（accurate and complete）」という作成基準を用いている。その一方で、ミ
ネソタ州、ノースダコタ州、ルイジアナ州、メリーランド州、ミシガン州、
ニュージャージー州、テキサス州では会計帳簿の作成基準について言及がされ
ていない。

2. 会社情報の収集権

(1) 権利行使要件

　現在、すべての州で株主による会社情報の収集権が規定されている。具体的
に、アリゾナ州、アーカンソー州、コロラド州、コネチカット州、フロリダ
州、ジョージア州、アイダホ州、インディアナ州、アイオワ州、ケンタッキー
州、メイン州、マサチューセッツ州、ミシシッピー州、モンタナ州、ネブラス
カ州、ニューハンプシャー州、ノースカロライナ州、オレゴン州、サウスカロ
ライナ州、サウスダコタ州、テネシー州、ユタ州、バーモント州、ヴァージニ
ア州、ワシントン州、ウエストヴァージニア州、ワイオミング州が、模範事業

第 7 章　1990 年代以降の模範事業会社法の展開と株主の会社情報の収集権

会社法 16.02 条を採用しているか又は同条と同様の規定を有している [79]。

　ただ、会社情報の収集権に一定の制限を設けている州もある。まず、請求することができる株主に株式を 6 か月の保有を要求する州として、アラバマ州、アリゾナ州、アイダホ州、ルイジアナ州、メリーランド州、モンタナ州、ネバダ州、ニュージャージー州、ニューメキシコ州、ノースカロライナ州、ヴァージニア州、ウィスコンシン州がある。コロラド州では株式の 3 か月の保有を要件として設けている [80]。

　その一方で、一定割合の株式の保有を要求する州もある。そうした州としては、アラバマ州、アリゾナ州、コロラド州、アイダホ州、ルイジアナ州、メリーランド州、モンタナ州、ニュージャージー州、ニューメキシコ州、ノースカロライナ州、ヴァージニア州、ウィスコンシン州がある。さらに、ネバダ州では、会計帳簿及び財務に関する記録（financial records）の調査にあっては、発行済株式総数の 15％以上保有する名義株主でなければならず、株式原簿の調査についても 5％以上の株式の保有を要求する [81]。

　そのうえで、アラバマ州、アリゾナ州、コロラド州、アイダホ州、モンタナ州、ニュージャージー州、ニューメキシコ州、ノースカロライナ州、サウスダコタ州、ヴァージニア州、ウィスコンシン州は保有期間か保有割合のいずれかを充たしていれば会社情報の収集権を行使できる。他方で、ルイジアナ州、メリーランド州、ネバダ州においては株式の保有期間と保有割合の両方の要求を充たしていなければならない [82]。

　もっとも、こうした会社情報の収集権の行使に一定の要件を設けている州であっても、アラバマ州とニューメキシコ州を除いて、株主による会社情報の収集権の行使に対する役員の不当拒絶に対する罰則は設けていなかった。権利行使要件を設けていながらも罰則規定を有していない州では、1984 年改正以降

---

79)　*Id.* at 16-23.
80)　*Id.* at 16-24.
81)　*Id.* at 16-25.
82)　*Id.* at 16-24.

の模範事業会社法が採用している救済手段である迅速な裁判手続又は裁判所の権限として株主の要した弁護士費用等を会社に負担させることのいずれかを規定している[83]。

(2) 権利行使要件としての正当な目的

コモン・ロー上の会社情報の収集権の行使に際して要求されていた正当な目的は制定法ではどのように位置付けられているのであろうか。アラバマ州、アリゾナ州、アーカンソー州、コロラド州、コネチカット州、フロリダ州、ジョージア州、アイダホ州、インディアナ州、アイオワ州、ケンタッキー州、メイン州、マサチューセッツ州、ミシシッピー州、モンタナ州、ネブラスカ州、ニューハンプシャー州、ノースカロライナ州、オレゴン州、サウスカロライナ州、サウスダコタ州、テネシー州、ユタ州、バーモント州、ヴァージニア州、ワシントン州、ウエストヴァージニア州、ワイオミング州では 1984 年改正模範事業会社法と同様の規定を置いている。

すなわち、会社情報の収集権の行使請求が、第 1 に善意で（in good faith）かつ正当な目的のために（for a proper purpose）され、第 2 に合理的な特定性をもって調査の目的及び調査を求める記録が説明されており、第 3 にその記録が請求目的と直接に関連があることを要件とする。そのうえで、制定法が会社の主たる事務所での保存を要求していない会社情報については、株主が調査を請求してきた場合に限って株主に正当な目的を要求する。ただ、フロリダ州、インディアナ州については、株主が会社情報の収集権の行使請求で示された正当な目的に当該権利行使の範囲を限定し、それにより得られた情報の利用及び配布を詳細に規定している。それに加えて、情報を得た株主はそうした制限の遵守を確実にするために合理的な注意（reasonable care）を払わなければならない。

その一方で、それ以外の州では 1969 年改正模範事業会社法の規定が採用さ

---

83) Jeffries, *supra* note 70, at 1111.

第 7 章　1990 年代以降の模範事業会社法の展開と株主の会社情報の収集権

れているようである。すなわち、正当な目的のためにその目的に関連する会社情報の収集がその要件となる。1984 年改正模範事業会社法に比べると条文上は要件が少なくも思えるが、種々の判例で示されている正当な目的の内容に鑑みるならば実際にはそこに大きな差異はないものと考えられる。

(3)　独自の規定を有している州

　1984 年改正以降の模範事業会社法における会社情報の収集権を採用している州であっても、いくつかの州では独自の法的要件を設けている。たとえば、模範事業会社法においては基本定款又は附属定款によって会社情報の収集権を制限することができない旨規定している。ただ、一定の限度で株主の会社情報の収集権を制限することを認めている州もある。そうした州として、ジョージア州では発行済株式総数の 2 ％以下しか保有していない株主の会社情報の収集権を普通定款又は附属定款において制限できる。あるいは、メイン州やミズーリ州では一定の会社情報の開示については附属定款で合理的な制限を置くことができるとされている[84]。

　さらに、ノースカロライナ州では会社情報の収集権について次のように規定する。すなわち、制定法は、公開会社につき、善意で会社の問題に関連して会社情報の調査する株主による会社情報の収集権の行使が会社に悪影響を及ぼす場合、あるいは収集の対象となっている情報が未公開の重要情報である場合にその権利行使を制限する[85]。

　また、カリフォルニア州やカンザス州等では模範事業会社法では言及されていない親会社株主による子会社に対する会社情報の収集権も認めている[86]。ちなみに、親会社株主による子会社の会社情報の収集権を最初に規定した州法は、デラウェア州及びオクラホマ州であるとされている。ただ、親会社株主が

---

84)　*Id.* at 1112.

85)　*Id.*

86)　*Id.*

子会社の会社情報の閲覧をさせるように親会社に請求することで子会社の会社情報の収集をできるかどうかについては、裁判所の見解は統一されていないといわれている[87]。

3. 救済手段等

(1) 会社情報の収集に係る費用

　会社情報の収集権に関する重要な規定として、会社情報の収集に係る費用の分配に関する規定が挙げられる。その点について、各州会社法はどのような規定を置いているのであろうか。アラバマ州、アリゾナ州、アーカンソー州、コロラド州、コネチカット州、フロリダ州、ジョージア州、アイダホ州、インディアナ州、アイオワ州、ケンタッキー州、メイン州、マサチューセッツ州、ミシシッピー州、モンタナ州、ネブラスカ州、ニューハンプシャー州、ノースカロライナ州、オレゴン州、サウスカロライナ州、サウスダコタ州、テネシー州、ユタ州、バーモント州、ヴァージニア州、ワシントン州、ウエストヴァージニア州、ウィスコンシン州、ワイオミング州が実質的な変更を加えずに、16.03条（d）項を採用している。また、ミシガン州も同条項と類似した規定を置いている。

　ハワイ州では株主名簿の謄本（transcript）の作成について、会社は株主に合理的な費用の支払いを求めることができるとする。ミネソタ州、ノースダコタ州では株主登録簿（share register）及び制定法が列挙する会社情報については会社の費用で株主に提供されるものとし、それ以外については会社は株主に合理的な手数料を課すことができるとする。ただ、ノースダコタ州では株主登録簿の調査を請求した株主が正当な目的を示した場合にのみ、会社の費用で株主にその謄写物を提供されると規定する。ネバダ州では、会社情報の謄本の

87）　釜田薫子「親会社株主による子会社の帳簿等閲覧請求」商事 1811 号 46 頁（2007年）。アメリカ会社法における親会社株主の子会社に対する会社情報の収集権については、さしあたり、*See* Cox & Hazen, *supra* note 30, at 467.

第 7 章　1990 年代以降の模範事業会社法の展開と株主の会社情報の収集権

作成に係るすべての費用は、株主が負担することとなっている。

(2)　不当拒絶に対する救済手段

　不当拒絶に対する救済手段について、州会社法はどのような規定となっているのであろうか[88]。この点につき、32 の州が裁判所に対して不当拒絶の法的執行を求める訴訟に勝訴した株主の出捐した弁護士費用といった法的執行に伴う費用を填補することについての裁量権を与えている。そうした州としては、アラバマ州、アリゾナ州、アーカンソー州、カリフォルニア州、コロラド州、コネチカット州、フロリダ州、ジョージア州、アイダホ州、インディアナ州、アイオワ州、ケンタッキー州、メイン州、マサチューセッツ州、ミシガン州、ミシシッピー州、モンタナ州、ネブラスカ州、ネバダ州、ニューハンプシャー州、ノースカロライナ州、オレゴン州、サウスカロライナ州、サウスダコタ州、テネシー州、ユタ州、バーモント州、ヴァージニア州、ワシントン州、ウエストヴァージニア州、ウィスコンシン州、ワイオミング州がある。

　これらの州において、株主の要した費用に付加ないしは代替する法定の罰則を定めているかどうかについては様々である。カリフォルニア州では勝訴した株主にはそれに要した費用に加えて、株主に権限が付与されているその他の法的あるいはエクイティ上の救済を認めている。アリゾナ州、アーカンソー州、コロラド州、コネチカット州、フロリダ州、ジョージア州、アイダホ州、インディアナ州、アイオワ州、ケンタッキー州、メイン州、マサチューセッツ州、ミシシッピー州、モンタナ州、ネブラスカ州、ニューハンプシャー州、ノースカロライナ州、オレゴン州、サウスカロライナ州、テネシー州、ユタ州、バーモント州、ヴァージニア州、ワシントン州、ウエストヴァージニア集、ウィスコンシン州、ワイオミング州では模範事業会社法 16.04 条と同様に罰則規定は設けていない。

　ただ、コロラド州では、裁判所に対して、株主の要した費用に関する命令と

---

88)　*See supra* note 77, at 16-71, 16-72.

同様に法によって規定されている他の救済を認める権限を認めている。また、ユタ州では、会社情報の収集権の行使を拒絶された株主に対して損害賠償の支払い及びその他に利用ができる救済を認めている。

(3) 罰則規定

その一方で、わずかであるが、1969年改正模範事業会社法の規定を採用している州もある。すなわち、適法な会社情報の収集権の行使を行使した会社ないしは会社役員に対して、法定の罰則を課している。そうした州としては、アラスカ州、イリノイ州、ミズーリ州、ニューメキシコ州、ロードアイランド州がある。これらの州のほとんどでは法定の罰則に加えて、株主に与えられているその他の損害賠償又は救済が認められている。

その他に、デラウェア州、カンザス州、ニュージャージー州、ニューヨーク州、オクラホマ州は罰則又は会社の費用の支払いについて規定は設けていないが、適切であると考えられる上記のような救済を株主に付与する権限を裁判所に付与している。ルイジアナ州では裁判所の命令による会社情報の収集権の行使を定めているが、罰則又は費用の支払いについての規定は置かれていない。ミズーリ州においては罰則ないし罰金について規定されているが、裁判所の命令による会社情報の収集権の行使又は会社が費用を支払うことについて、明確な規定を有していない。

これらに対して、ハワイ州、メリーランド州、オハイオ州、ペンシルバニア州、テキサス州では株主の適法な会社情報の収集権の行使を不当に拒絶した会社あるいは会社役員に明確な制裁規定を置いていない。しかし、オハイオ州では会社情報の保存を懈怠した会社には罰則を課している。

(4) 拒絶事由等

会社情報の収集権の行使に対する抗弁としての拒絶事由は認められていたのであろうか。この点につき、アラスカ州、カリフォルニア州、イリノイ州、ニューメキシコ州、ニューヨーク州、ロードアイランド州が拒絶事由を設けて

第 7 章　1990 年代以降の模範事業会社法の展開と株主の会社情報の収集権

いた。そこでは過去 2 年以内（ニューヨーク州については 5 年以内）に株主名簿の売却を拒絶事由とする。もとより、善意ではない請求や過去に会社情報の収集権の行使により得られた情報の不正利用、不当な目的による会社情報の収集権の行使については上記の州以外の法域においても拒絶事由として認められている。

　裁判所の命令による会社情報の収集権の法的執行についてはどのような状況となっているのであろうか。アラバマ州、アリゾナ州、アーアンソー州、コロラド州、コネチカット州、フロリダ州、ジョージア州、アイダホ州、アイオワ州、ケンタッキー州、メイン州、マサチューセッツ州、ミシシッピー州、モンタナ州、ネブラスカ州、ニューハンプシャー州、ノースカロライナ州、オレゴン州、サウスカロライナ州、サウスダコタ州、テネシー州、ユタ州、バーモント州、ヴァージニア州、ワシントン州、ウエストヴァージニア州、ウィスコンシン州、ワイオミング州が 16.04 条の規定を採用している。すなわち、裁判所は、会社情報の収集権の行使により得られた情報の利用やその配布について合理的な制限を課すことができる。

　また、デラウェア州、カンザス州、ミシガン州、ニュージャージー州、オクラホマ州、ペンシルバニア州は裁判所に会社情報の収集に制限等を課す権限が与えられていたが、その後の利用や配布の制限については言及されていなかった。インディアナ州では、請求した株主によって示された正当な目的の範囲内での会社情報の利用及び配布を制限する権限を裁判所に付与していた。

　ミネソタ州及びノースダコタ州では次のような規定を置いていた。すなわち、裁判所は会社の請求で会社が損害を被ることが予想される機密情報の開示を避けるために、12 か月を超えない範囲の合理的な期間で、取締役会の議事に関する記録の一部につき開示を差し控えることを認めるという会社を保護する命令の発行が可能であった。この保護命令は、会社から十分な理由が示されれば、12 か月を超えない範囲でかつ総計で 36 か月を超えない範囲で更新されることがありうる。

第 8 章　模範事業会社法の 2016 年改正と主な州会社法との関係

第 1 節　模範事業会社法の 2016 年改正の意義と株主の会社情報の収集権

1．改正の意義

　ここでは、模範事業会社法の 2016 年改正と会社情報の収集権との検討を行う前提として、まず、同法の 2016 年改正の経緯と意義について確認しておきたい[1]。模範事業会社法は定期的に部分的改正がされていたものの、1984 年以降はいわゆる全面改正がされていなかった。これは、アメリカ法曹協会の企業法部の会社法委員会（Committee on Corporate Laws of the Section of Business Law）が 1984 年の模範事業会社法の全面改正以降にされた重要な改正事項のすべてをまとめて、各州の立法者に採用されうる形式として整理することを目的とした包括的な改正に着手しなかったためであるとされている。さらに、1984 年改正以降、模範事業会社法の中で一貫性のない用語の使われ方の統一や時代遅れとなった規定の調整も行われなかった。

　そこで、会社法委員会は 2010 年から模範事業会社法及びその公式注釈（official comment）の再検討を始めて、その成果が模範事業会社法の 2016 年改正

---

1)　以下の記述につき、*See* CORPORATE LAWS COMMITTEE, MODEL BUSINESS CORPORATION ACT（2016 REVISION）: OFFICIAL TEXT WITH OFFICIAL COMMENTS AND STATUTORY CROSS-REFERENCES, v-vi（2016）.

に結実した。2016 年改正模範事業会社法は、1984 年改正模範事業会社法を基礎にその後の改正を取り入れて構成されている。さらに、模範事業会社法の2016 年改正は、それにとどまらず模範事業会社法それ自体あるいは注釈の見直しも含まれている。

2．株主の会社情報の収集権

(1)　株主の会社情報の収集権に関する改正

アメリカ法曹協会の企業法部の会社法委員会は、2016 年 5 月に会社情報の収集権等を規定している模範事業会社法の第 16 章の 16.20 条を中心とする改正提案を行い、同年 6 月に原案通りに承認された[2]。この改正は具体的に次のことを内容とする[3]。

1984 年改正模範事業会社法 16.20 条は、株主による書面の請求で、株主に対して利用できる年次財務諸表（annual financial statement）の交付又は作成を会社に要求している。これに対して、2016 年改正模範事業会社法 16.20 条は次の 2 つの点が改正された。第 1 に、株主に年次財務諸表の交付等を目的として財務諸表の作成を要求するものではないとする旨の改正を行った。第 2 に、財務諸表を作成するための規範的な基準を規定するものでもないことを明らかにする改正がなされた。

この点を改正するにあたって、財務諸表の保存、株主又は取締役の請求による財務諸表及び会計帳簿の調査権の上記改正に対応する手当ても行った。そのうえで、この改正は会社情報の保存及び株主もしくは取締役による会社情報の収集権を規定する第 16 章の規定につき、現代の会社情報の保存実務を反映させ、会社の機密情報に関する会社と株主の利益の調和を図ることを目的とした

---

2) Corporate Laws Committee, ABA Business Law Section, *Changes in the Model Business Corporation Act*, 71 Bus. Law. 1241, 1241 (2016).

3) *See* Corporate Laws Committee, ABA Business Law Section, *Changes in the Model Business Corporation Act-Proposed amendments to Chapter 16*, 71 Bus. Law. 547, 547 (2016).

第 8 章　模範事業会社法の 2016 年改正と主な州会社法との関係

再編成を企図するものである。

（2）　会社情報の保存

　模範事業会社法の 2016 年改正は会社情報の収集権全体に及んでおり、形式のみならず内容についても大きく改正されている。まず、会社情報の保存に関する規定は以下のようになっている。

『模範事業会社法（2016 年）16.01 条　会社の記録（Corporate Records）

　（a）会社は、次の掲げる記録を保持（maintain）するものとする。

（1）現在有効な基本定款（articles of incorporation）。

（2）1.20 条（k）項（5）号で述べられている事実が基本定款に含まれていない事項がある場合又は同条項で列挙されている他の方法で入手することができない場合、同条項で参照されている株主への通知。

（3）現在有効な附属定款（bylaws of incorporation）。

（4）過去 3 年以内の株主一般に対する全ての書面による通信（written communication）。

（5）全ての株主総会、取締役会又は 8.25 条に基づき設置された取締役会の委員会の議事録及び株主総会、取締役会又は設置した取締役会の委員会の会議を経ていないでされたあらゆる行為の記録。

（6）現在の取締役もしくは役員（officers）の名前及び事業の住所（business addresses）の一覧表。

（7）16.21 条に基づいて州務長官（secretary of state）に提出された直近の年次報告書（most recent annual report）。

　（b）会社は、会社のために作成された過去 3 年間の会計年度（会社の設立が 3 年未満の会社についてはその期間）のあらゆる財務諸表及びその財務諸表に関する監査報告書又はその他の報告書を保存するものとする。

　（c）会社は、財務諸表の作成に認められた形式で会計帳簿を保存するものとする。

（d）会社は、アルファベット順で株式の種類毎に、それぞれが保有する株式の数及び種類を示す最新の株主名簿を保存するものとする。

（e）会社は、合理的な時間内に調査に利用することができる方法で本条に掲げる記録を保存するものとする。』

　会社情報の保存に関する 2016 年改正での改正点としては具体的に次のことが挙げられる。まず、2016 年改正の中心事項である会計帳簿の作成基準について、16.20 条が規定する株主に対して送付する財務諸表の送付の作成基準との平仄が合わせられた。会計帳簿の作成基準について、1984 年改正模範事業会社法は「適切な（appropriate）」と規定するのみであった。これに対して、2016 年改正では「財務諸表の作成に認められた形式」での会計帳簿の作成を要求する。

　次いで、条文が整理されるとともに簡素化されたことに特徴がある。たとえば、基本定款及び附属定款について改正前ではいくつかの定款の保存を要求していたが、2016 年改正では有効な基本定款ないし附属定款の保存を言及するのみである。さらに、16.02 条で規定する会社情報の収集権との関係で、会社に対する通知のみで当該権利を行使できる会社情報については 16.01 条（a）項に繰り上げていることに特徴がある。1984 年改正模範事業会社法では 16.02 条（a）項で会社に対する通知のみで調査できると規定していたところ、それに対応させて 16.01 条（a）項で通知をするのみで調査できる会社情報を列挙するという形式に改めている。もっとも、後述するように同条項で規定されているものの取締役会に関する議事録等については通知のみで調査できる会社情報から除外されている。

　そして、1984 年改正模範事業会社法では会社に備置が要求されていた会社情報につき、保管（keep）と保持（maintain）と分けて規定していたところ[4]、2016 年改正で保持に統一されている。これは、16.01 条で列挙されてい

4）　第 6 章第 2 節参照。

る会社情報について、最新の記録であることを要求していることを意味しているものと思われる。

　なお、条文の改正ではないが、2016 年改正では、調査の対象となる株主名簿の範囲についての言及が加えられている。すなわち、1998 年改正模範事業会社法では会社情報の収集権の範囲を規定する 16.03 条において前述の NOBO List が言及されていた[5]。これに対して、2016 年改正では保存の対象となる株主名簿の範囲について NOBO List についての言及がされている[6]。

(3)　株主の会社情報の収集権

　株主の会社情報の収集権についても、2016 年改正以前の改正により追加された規定が整理されるとともに当該権利行使により得られた会社情報の取扱いについて重要な改正が行われている。その条文は次のようになっている。

『16.02 条　株主の調査権（Inspect Rights of Shareholders）

　(a)　会社の株主は、通常の事業時間の間に、会社の主たる事務所で、16.01 条 (a) 項で列挙されている会社の記録を、調査及び謄写を希望する日の少なくとも 5 日前にその請求について会社に署名された書面で通知した場合、調査及び謄写する資格が付与されている。ただし、取締役会又は 8.25 条に基づき設置された取締役会の委員会の議事録、及び取締役会又は設置した取締役会の委員会の会議を経ていないでされたあらゆる行為（action）の記録は除く。

　(b)　会社の株主は、通常の事業時間の間に、会社によって指定された合理的な場所で、株主が 16.02 条 (c) 項の要求を充たし、かつ、調査及び謄写を希望する日の少なくとも 5 日前にその請求について会社に署名された書面で通知した場合、次に掲げる会社の記録を調査及び謄写する資格が付与されている。

---

5)　第 7 章第 2 節を参照。

6)　*See* Corporate Laws Committee, *supra* note 1, at 16-4.

（1）16.01 条（b）項に従って保存されている会社の財務諸表

（2）会計帳簿

（3）16.01 条（a）項に従って保存されている、取締役会又は取締役会の委員会の議事録、及び取締役会又は設置した取締役会の委員会の会議を経ていないでされたあらゆる行為の記録の抄本（excerpts）。

（4）16.01 条（d）項に従って保存されている株主名簿。

　（c）株主は、次の場合にのみ、16.02 条（b）に掲げられた記録の調査及び謄写をすることができる。

（1）請求が、善意で（in good faith）かつ正当な目的（for a proper purpose）でされたとき。

（2）合理的な特定性（reasonable particularity）により、調査の目的及び調査を求める記録が説明されたとき。

（3）記録が株主の目的と直接に関連があるとき。

　（d）会社は、（b）項で列挙されている記録の秘密保持（confidentiality）、利用又は配布（distribution）について合理的な制限を課すことができる。

　（e）株主総会で議決権が付与される株主を決定するための基準日が、当該株主総会の通知を行う日と異なり、当該株主総会の通知日の後に株主となり、かつ、議決権を付与されている株主は、当該株主総会と関して株主に対して送付された通知及びその他の会社によって提供された情報を、株主の請求をもって、会社から受領する権利を有する。会社が、その情報をウェブサイトで公示又はその他の一般に認められた手段で、株主が入手しうる方法で作成した時はこの限りではない。会社がその情報を提供することの懈怠した場合であっても、株主総会でされた行為の有効性には影響しない。

　（f）本条によって認められている調査権は会社の基本定款もしくは附属定款で無効又は制限することはできない。

　（g）本条は、次のことに影響しない。

（1）7.20 条の記録を調査する株主の権利、又は株主が会社と訴訟する場合に、他の訴訟当事者としての調査権と同程度の権利。

第 8 章　模範事業会社法の 2016 年改正と主な州会社法との関係

(2)　本法と独立して、調査のために記録の作成を強制すること、16.04 条（d）
項に定める合理的な制限を課すこと、株主が本条（b）項で列挙されている記
録の作成を請求する場合において、株主が（c）項の要件を満たしていること
を認める裁判所の権限。

　(h)　本条の目的にいう、「株主」には、名義株主（record owner）、実質的
な所有者（beneficial owner）及び制限されていない議決権信託の実質的な所
有者を意味する。』

　模範事業会社法 16.02 条で規定する会社情報の収集権については 2016 年改
正で抜本的な変更は加えられていない。ただ、会社情報の収集にあたっては、
会社に対して一定の権限を付与する改正が行われている。すなわち、2016 年
改正で会計帳簿や取締役会議事録あるいは株主名簿といった機密性の高い会社
情報については会社にも株主の収集した会社情報の秘密保持合意の締結や利用
又は配布に合理的な制限を課す権限が認められた。

　2016 年改正以前の模範事業会社法における会社情報の収集権ではこうした
権限は裁判所にのみ付与されていた。しかし、2016 年改正で会社にこうした
権限を積極的に認めることは株主による会社情報の不正利用を抑止しうるとと
もに、会社情報の収集に関する紛争の予防にもなりうる規定として有意義であ
ると考えられる。

(4)　救済手段等

　模範事業会社法において、会社情報の謄写や会社に会社情報の収集権の行使
を拒絶された株主が裁判所に求めることができる救済手段について規定する
16.03 条及び 16.04 条についても、軽微ではあるが 2016 年改正で変更が加え
られている。その条文は次のようになっている。

『16.03 条　調査権の範囲
　(a)　株主は、16.02 条に基づく株主の調査及び謄写する権利を行使するため

に代理人又は弁護士を選任することができる。

（b）会社は、合理的（reasonable）である場合、電子的送付（electronic transmission）によって提供される謄写物を含む、会社によって選択された写真複写（photocopy）又はその他の方法による謄写物を株主に提供することで、16.02条に基づく記録を謄写する株主の権利を充足させることができる。

（c）会社は、株主の請求日以後に編纂された（compiled）株主名簿を提供することで、16.02条（b）項（4）号に基づく株主名簿を調査するための株主の請求につき、当該株主の費用で応じることができる。

（d）会社は、株主に対して、会社情報の謄写物の費用の概算額を基礎とする、当該費用に相当する合理的な手数料（charge）を課すことができる。』

『16.04条　裁判所の命令（court-ordered）による会社情報の収集権

（a）会社が、調査のために利用することができる16.02条（a）に基づいて請求された記録の調査及び謄写について、同条項に従った株主の当該権利行使を認めなかった場合、指定する裁判所又は管轄する裁判所は、株主の申請につき、会社の費用で、請求された記録の調査及び謄写を略式に命令する（summarily order）ことができる。

（b）会社が、合理的な期間内に、16.02条（b）項を遵守する株主に記録の調査及び謄写を認めなかった場合、16.02条（c）項を遵守する株主は、請求した会社情報の調査及び謄写を許可する命令を指定する又は管轄する裁判所に申請することができる。裁判所は、迅速な手続で本条項に基づく申請を処理するものとする。

（c）裁判所は、請求された会社情報の調査及び謄写を命令した場合、請求した株主に入手した記録の秘密保持（confidentiality）、利用又は配布（distribution）について合理的な制限を課すことができる。裁判所は、会社に命令を得るために要した株主の経費を支払うことも命令することができる。ただし、会社が、以下に掲げることを理由に、善意で調査を拒絶したことを立証したときはこの限りではない。

（1）請求された記録を調査する株主の権利行使についての疑念に合理的な根拠があること。

（2）株主が、入手した会社情報の秘密保持、利用又は配布の合理的な制限を課す会社の要請に拒絶した場合。』

　2016年改正において、会社情報の収集権の対象についての改正はないものの、その救済手段について若干の改正がされている。すなわち、株主が会社情報の収集に係る不当拒絶に対して救済を求める裁判所が課すことのできる合理的な制限に秘密保持が加えられている点である。これは、2016年改正で会社情報の収集に際して会社に同様の権限が認められたことと平仄を合わせる規定と位置付けることができよう。

　1984年改正からの改正点として挙げられるのが会社が株主の訴訟費用を負わない場合が追加されている。すなわち、1984年改正模範事業会社法16.04条（c）項では会社が株主の訴訟費用を負わない場合として、会社が株主の会社情報の収集権の行使について合理的な根拠がある疑念を理由として善意で株主の請求を拒絶したことのみが挙げられていた。それに対して、2016年改正模範事業会社法では16.04条（d）項でそうした規定が置かれ、（1）号で会社が合理的な根拠のある疑念を理由として善意で株主の請求を拒絶した場合を規定する。それに加えて、（2）号で株主が入手した会社情報の秘密保持等の合理的な制限を課す会社の要請に拒絶した場合も会社が株主の訴訟費用を負わない場合として規定された。

3．株主への財務諸表の送付

（1）　株主への財務諸表の送付に関する規定

　模範事業会社法の2016年改正おける会社情報の収集権に関する改正は、前述のとおり株主の対する財務諸表に関する規定を中心とするものであり、そうしたこともあって大きく改正されている。改正後の条文は次のようになっている。

『16.20 条　株主のための財務諸表

（a）株主の書面の請求で、会社は、当該請求をした株主に、会社によって作成された財務諸表のうち、直近の会計年度（financial year）に係る財務諸表を送付すること又はウェブサイトで公示する、もしくは他の一般に認められた手段によって利用できるようにするものとする。その財務諸表が、一定の期間に、一般に公正妥当と認められた会計原則（generally accepted accounting principle）に基づいて作成された場合、当該請求をした株主に送付すること又は利用できるようにすることとし、当該請求をした株主に送付すること又は利用できるようにした当該財務諸表が、公認会計士によって監査されたあるいは別の方法で報告された場合、その報告書も、当該請求をした株主に送付する又は利用できるようにするものとする。

（b）会社は、株主から（a）項に基づき財務諸表の書面の請求を受けた5日以内に、当該財務諸表を送付すること又は利用できるようにすること、もしくはその利用可能性を書面の通知で提供するものとする。

（c）会社は、指定された財務諸表を交付すること又は適用される規則及び連邦証券取引委員会（United States Securities Exchange Commission）によって認められている別の方法で財務諸表を利用できるようにすることによって本条の義務を果たしたものとする。

（d）次の各号に定めることは、本条（a）項及び（b）項の規定に妨げられない。

(1) 請求した株主に財務諸表を送付するか、又は利用できるようにすることを条件として、会社は請求した株主に当該財務諸表の秘密保持（confidentiality）、利用又は配布（distribution）の合理的な制限に同意することを要求することができる。

(2) 会社は、株主の請求が善意でされていないか、又は正当な目的ではないと合理的な判断をした場合、株主に当該財務諸表を交付すること又は利用できるようにすることを拒絶することができる。

（e）会社が、本条に従って、（b）項の定める会社に通知が送付されてから

第8章　模範事業会社法の2016年改正と主な州会社法との関係

5日以内に年次財務諸表についての株主の請求に対応しなかった場合、以下の各号のとおりとする。

(1)　請求した株主は、請求した財務諸表の交付すること又は調査することを求める命令を、指定する裁判所又は管轄する裁判所に申請することができる。

(2)　裁判所は、請求した財務諸表の送付させること又は調査させることを命令した場合、請求した株主に入手した会社情報の秘密保持、利用又は配布について合理的な制限を課すことができる。

(3)　同条の手続において、会社は、株主が会社によって提案された財務諸表の秘密保持、利用又は配布の合理的な制限に同意しなかったことを理由に、当該財務諸表の交付を拒絶した場合、提案された制限が合理的であることの立証責任を負う。

(4)　同条の手続において、会社が16.20条（d）項（2）号に従って財務諸表を交付することを拒絶した場合、会社は株主の請求が善意でされていないか、又は正当な目的ではないと合理的な判断をしたことの立証責任を負う。

(5)　裁判所は、請求された財務諸表の送付させること又は調査させることを命令した場合、会社に対してその命令を得るために生じた株主の費用を支払うことを命じることができる。ただし、株主が会社によって提案された財務諸表の秘密保持、利用又は配布の合理的な制限に同意しなかった又は株主の請求が善意でされていない又は正当な目的ではないと合理的な判断をしたことを会社が立証した場合はこの限りではない。』

(2)　規定の概要

　2016年改正模範事業会社法における株主への財務諸表の送付に関する規定は1984年改正模範事業会社法の会社に対する要求を緩和した規定になったものといえよう。すなわち、1984年改正模範事業会社はすべての会社に対して会計年度末の貸借対照表、会計年度の損益計算書及び一定の場合に株主資本等変動計算書（statement of changes in shareholder's equity）の作成を要求し、作成された財務諸表を会計年度の終了後120日以内に株主に対して送付されな

239

ければならないと規定していた。こうした規定を導入した意図は小規模な公開会社に財務状況の報告の要求が過度な負担にならないことを証明するためのものであるとされていた[7]。

これに対して、2016年改正模範事業会社法は株主からの請求があった場合にのみ財務諸表の送付等を要求するものである。2016年改正模範事業会社法では、請求をした株主に対して財務諸表を送付する以外に財務諸表をウェブサイトでの公示等も認められており、会社の事務負担の軽減も図られている点に特徴がある。そのうえで、株主に対する財務諸表の規定についてはこれまで救済手段が設けられていなかったところ、会社情報の収集権と同様の救済手段が規定された。また、これまでは言及されてこなかった連邦証券諸法との関係についての規定が16.20条（c）項に設けられた。そこでは、連邦証券取引委員会（Securities and Exchange Commission）[8]によって認められている方法等で財務諸表を利用できるようにすることで16.20条の要求を充たしたものと定めている。

（3） 改正点とその特徴

2016年改正模範事業会社法における株主に対する財務諸表の送付に関する規定の特徴として、次のことがいえる。第1に、株主が16.20条（a）項に基づき会社に対して財務諸表の提供を請求した場合、当該請求後5日以内に当該財務諸表の送付等を求める。さらに、16.20条（d）項は、会社がその請求に応じるにあたって秘密保持等の制限を課すことができるものとされているとと

---

7) 第6章第4節参照。

8) 連邦証券取引委員会の意義や組織体制、近時の活動状況については、松岡啓祐「証券市場・公開会社規制と米国SEC（連邦証券取引委員会）の活動状況〜組織改革の動向を中心として〜」専修ロー8号31頁（2013年）、同「近時のアメリカの金融・資本市場の規制改革の動向について―2013年における連邦証券取引委員会（SEC）による活動状況の検討を中心に―」専修大学今村法律研究室報62号1頁（2015年）を参照されたい。

もに、株主の請求が善意でされていない等と合理的な判断をした場合には当該請求を拒絶できるとする。

それを前提に、16.20条（e）項は5日以内に年次財務諸表の送付等に関する株主の請求に会社が応じなかった場合、株主は財務諸表の交付又は調査を求める命令を指定する裁判所又は管轄する裁判所に申請できるとする。その際に、裁判所は株主に対して秘密保持等といった合理的な制限を課すことが認められている。

株主による財務諸表の入手に係る手続が定められたのは、その他の会社情報の調査等に関する規定と同じ趣旨であると考えられる。ここでも株主の会社との利益を考量した規定となっているとともに、裁判所の権限が明確に規定されている点が注目される。

第2節　デラウェア州会社法

1．デラウェア州会社法における株主の会社情報の収集権

(1)　会社情報の収集権に関する規定

アメリカの会社法の発展において、デラウェア州会社法は極めて重要な役割を果たしているとされている。そのうえで、同法は会社情報の収集権についても重要な規定を有しており、模範事業会社法と並んで重要性が大きいといわれる[9]。そのデラウェア州会社法における株主の会社情報の収集権に関する規定は次のとおりである[10]。

『デラウェア州一般会社法220条

---

9)　そうした指摘をする論稿として、Fred S. McChesney, *"Proper Purpose," Fiduciary Duties, and Shareholder-Raider Access to Corporate Information*, 68 U. CIN. L. REV. 1199, 1202 (2000). なお、デラウェア州会社法の沿革については、第2章第3節、第4章第1節を参照されたい。

（a）本条において、次に掲げる用語は、当該各号のことを意味する。

（1）「株主」とは、株式会社の株式の名義株主（holder of record of stock）、又は議決権信託あるいは名義人（nominee）のいずれかによって保有されている株式の持分の実質的保有者（beneficial owner of shares of such stock）。

（2）「子会社（Subsidiary）」とは、その業務に対して支配権（control）を直接的又は間接的に行使する株主である会社によって全部又は一部を直接又は間接に所有されている法人（entity）であり、そこには、制限がなく、会社、組合、有限責任組合（limited partnership）、責任限定組合（limited liability partnership）、有限責任会社（limited liability companies）、法定の信託又は合弁企業（statutory trust and/or joint ventures）を含む。

（3）「誓約に基づく（Under oath）」には、宣言者（declarant）が連邦法又はあらゆる州法の偽証罪の制裁により真実であることを確約する（affirms）声明書を含む。

（b）あらゆる株主は、本人又は代理人もしくは弁護士によっても、目的を示す誓約に基づく書面請求で、通常の業務時間内で、いかなる正当な目的のために、次に掲げるものを調査及び謄写する権利を有する。

（1）会社の株式原簿（stock ledger）、株主名簿（list of its stockholders）、その他の帳簿及び記録。

（2）次に掲げる範囲内の子会社の帳簿及び記録。

a. 親会社が実際に所有及び管理している記録。

b. 次のことを条件に、請求日の時点で、親会社が子会社の支配権の行使を通して入手することができる次の記録。

1．株主の子会社の帳簿及び記録の調査が、親会社又は子会社と当該会社の傘下にない他者との間の合意違反にならないこと。

10）　*See* EDWARD P. WELCH ET AL., FOLK ON THE DELAWARE GENERAL CORPORATION LAW, 737-739（2016 ed. 2016）. 条文の邦訳については、北沢正啓＝浜田道代訳『新版 デラウェア会社法』83-85 頁（商事法務研究会、1994 年）も参照。

第 8 章　模範事業会社法の 2016 年改正と主な州会社法との関係

　2．子会社が、親会社による帳簿及び記録に対する調査を拒絶することについて、適用される法に基づく権利を有していないこと。

　株主が、株式会社の名義株主、株式会社でない会社の構成員以外であるすべての場合において、誓約に基づく請求は、株式の実質的保有者であることの文書による証拠を付して、株主として請求者の地位を示すものとし、その文書による証拠とは株式の実質的保有者であることが真実であり、正当であることを証する謄本とする。正当な目的とは、株主としての利益と合理的に関連する目的を意味する。調査権を請求するものが弁護士又は他の代理人であるすべての場合において、誓約に基づく請求は、弁護士の権限、又は株主として行為する権限を弁護士又は他の代理人に認める書面に伴うものとする。誓約に基づく請求は、この州の登録された事務所又は主な事業所がある会社に直接行うものとする。

　（c）会社又は会社役員あるいはその代理人が、株主又は弁護士あるいは本条（b）項に従って株主のために行為するその他の代理人によって請求された調査を認めることを拒絶した場合、又は請求後 5 日以内に請求に対する返答をしなかった場合、株主は衡平法裁判所（Court of Chancery）に当該請求を強制するための命令を請求することができる。衡平法裁判所は、調査を請求した者に請求された調査をする権限を与えるかどうかを判断する排他的な管轄（exclusive jurisdiction）が付与されている。裁判所は、会社の株式原簿、又は存在する株主名簿並びにその他の帳簿及び記録を調査すること及びそれを謄写すること又は抄本を作成することを株主に認めることについて略式に命令を発する（summarily order）ことができる。裁判所は、株主が最初に会社に対して、株主名簿を入手して提供するための合理的な費用を支払うこと、又は裁判所が適切であると考える他のことを条件に特定の日の株主に株主名簿を提供することを命令することができる。株主が株式原簿又は株主名簿以外の会社の帳簿及び記録の調査を請求する場合、株主は次に掲げることを立証するものとする。

（1）当該株主が株主であること。

（2）当該株主が、文書の請求形式及び請求方法に関して、本条を遵守している

こと。

(3) 当該株主の調査請求が正当な目的であること。

　株主が、会社の株式原簿又は株主名簿の調査を請求し、株式原簿又は株主名簿の調査請求の形式及び方法に関して本条を遵守していることを立証した場合、株主の請求する調査が不当な目的であることの立証責任は会社にあるものとする。裁判所は、その裁量で、調査に関して制限又は条件を命じること、あるいは裁判所が正当で適切であると考える他の救済又は追加の救済を命じることができる。裁判所は、命令した諸条件に従って帳簿、文書、記録並びにそれに関連する抄本、あるいは正当に認められた謄写物をこの州に移し、それをこの州で保存することを命令することができる。

　(d) あらゆる取締役は、取締役として会社の株式原簿、株主名簿、その他の帳簿及び記録を取締役としての地位に合理的に関連する目的のために調査する権利を有するものとする。衡平法裁判所は、請求された調査の権限を取締役に与えるかどうかを判断する排他的な管轄が付与されている。裁判所は、すべての帳簿及び記録、株式原簿及び株主名簿を調査すること及びそれを謄写すること又は抄本を作成することを取締役に認めることについて略式に命令を発する（summarily order）ことができる。取締役の請求する調査が不当な目的であることの立証責任は、会社にあるものとする。裁判所は、その裁量で、調査に関して制限又は条件を命じること、あるいは裁判所が正当で適切であると考える他の救済又は追加の救済を命じることができる。』

(2)　規定の概要

　デラウェア州における株主の会社情報の収集権は、州法立法者の政策判断として確立された。ここにいう政策判断とは会社債権者などの多くの利害関係人の利益との調和を意図した規定であると考えられている。そこで会社情報の収集権に関する政策と競合する利益の理解するために、まず、条文の文言とその法的解釈を検討していく [11]。

　デラウェア州では株主の会社情報の収集権をデラウェア州会社法 220 条で定

められている。同条では株主が会社情報の収集権を行使するために充たさなければならない2つの基準を定めている。第1に、会社情報の調査を請求できる者は株主又は株主に権限を付与された代理人でなければならない。第2に、株主は会社情報の収集権の行使目的を示す誓約書を提出しなければならず、その目的は会社情報の収集権の行使を裁判所が認める「正当な目的」であることを要求する[12]。この正当な目的は、デラウェア州会社法において、株主の会社情報の収集権の認否において最も重要な判断要素であるとされている[13]。

株主がこれらの要求を充たす場合、基本的には全ての会社情報を調査する権利が与えられる。その株主につき、デラウェア州会社法は株式原簿、株主名簿、その他の会社情報並びに子会社の会社情報を調査する権限が付与される。会社情報の収集の要件を充たす株主の請求を会社が拒絶した場合、株主はデラウェア州会社法220条の要件を充たしているとしてデラウェア州衡平裁判所に会社情報の収集権の強制執行を求めることができる。衡平裁判所は次の3つを基準として、株主に会社情報の収集権を付与するかどうかを判断するとされている。第1に、会社情報の収集請求が手続的要件を遵守しているかどうかである。第2に、会社情報の収集権の行使目的が正当であり、第3に、その目的が株主としての地位に合理的な関係があることを要求する。デラウェア州会社法は会社情報の調査の範囲又は状況の両者に制限を課すことを衡平裁判所に委ねている。ちなみに、衡平裁判所は法律の委任がないときであっても、衡平の観点から制限を課すことができる[14]。

(3) 調査の対象となる会社情報

上述のように、デラウェア州会社法において株主は会社情報のすべてを調査

---

11) Abbe M. Stensland, *Protecting the Keys to the Magic Kingdom: Shareholder's Rights of Inspection and Disclosure in Light of Disney*, 30 J. CORP. L. 875, 880 (2005).

12) *Id.*

13) WELCH ET AL., *supra* note 10, at 749.

14) Stensland, *supra* note 11, at 880-881.

できるが、会社情報を調査する基準はその重要性によって異なる。立法者は同法220条の規定する会社情報の収集権につき、株式原簿ないし株主名簿とその他の会社情報で区別している。すなわち、株主が株式原簿ないし株主名簿の調査を請求した場合、株主の示した目的は正当なものと推定され、会社が株主の調査目的が不当であると証明することになる。実際に立法者は会社に不当な目的であることの証明責任を負わせるという政策判断を明示しており、体系的に会社が株主の株式原簿ないし株主名簿の調査を拒絶が正当化される状況を定めている。これは株式原簿ないし株主名簿が株主の管理下にあったとしても、会社や他の株主に損害がないためと考えられている [15]。

　ここで株式原簿と株主名簿の違いについて確認しておく。1956年の *Magill v. N. Am. Refractories Co.*事件において、裁判所は株式原簿が「議決権付株式（voting stock）と同様に無議決権株式（nonvoting stock）を含む、株式譲渡簿（transfer book）から導き出される事項が反映された株式保有についての継続した記録である」と述べている [16]。それに対して、株主名簿はデラウェア州会社法219条で規定が置かれている模範事業会社法にいう議決権者名簿のことを意味するものと思われる。すなわち、同条（a）項は「会社の株式原簿（stock ledger）を管理する会社役員は、少なくとも株主総会の10日前に、当該株主総会で議決権を有する株主の完全な名簿を準備し、作成するものとする」と規定する [17]。したがって、株式原簿は会社の株式の取引に係る帳簿であり、株主名簿とは株式原簿に記載された情報を基礎として作成される議決権者名簿であると考えられる。

　ところで、デラウェア州会社法は株式原簿ないし株主名簿以外の会社情報についても調査を認めているが、それらを調査するための要件は厳格なものとなっている。まず、デラウェア州において株式原簿以外の会社情報の調査を求

---

15)　*Id.* at 881.

16)　18 A.2d. 233, 236（Del. 1956）.

17)　同条については、*See* WELCH ET AL., *supra* note 10, at 733-736.

める際、正当な目的を有しているとの証明責任は株主にあるということである。このように株主に対して会社情報の収集目的が正当であるということを要求することにつき、立法者は会社情報の調査を請求する株主に帳簿等に記載されている会社情報が機密で潜在的に会社の利益を害するという政策判断であるとする。こうした政策判断はデラウェア州衡平裁判所に会社情報の収集権の制限を命令する権限が与えられていることにも現れているとされている[18]。

2. 判例法の展開

(1) 裁判所による会社情報の収集権の解釈

デラウェア州会社法は、会社情報の調査につき、その種類によって重要性の基準が異なっている[19]。これは裁判所の法解釈よりも実際に条文から示されることが少ないためと考えられている。その一方で、デラウェア州最高裁判所は、デラウェア州会社法220条が株主と会社の利益の調和を要求していると解釈する。

こうした判示をした判例として1982年の *CM &M Group, Inc v. Carrol* 事件[20]がある。同事件で裁判所は「会社情報の収集権の行使について、適切と思われる制限や規制を課すことによって、会社の適法な利益の保護を図り、株主の調査権から生じうる阻害行為を防止するための権限が衡平裁判所に付与されている」と述べている[21]。

理想的な会社の経営状況であれば株主と会社の利益は一致するが、株主の会社情報の収集権を巡る種々の判例は現実の会社経営は理想的な状況ばかりではないことを表していると指摘される。そこでデラウェア州裁判所は株主の利益の限界と会社に与えられる保護を明確にすることを目指しているとされる。

株主は、理論上、会社情報の収集権の行使によって経済的利益の保護という

---

18) Stensland, *supra* note 11, at 882.

19) *See id.* at 883-885.

20) 453 A.2d 788（Del. 1982）.

21) *See id.* at 793-794.

個人的な利益を得るにすぎない。ただ、デラウェア州の裁判所は株主による経済的利益を監視という観点で会社情報の収集権の必要性を一貫して認めており、そのうえで株式原簿ないし株主名簿の調査の否定に謙抑的であるといわれている。これは株式原簿ないし株主名簿は他の株主との意思疎通を図る主たるあるいは唯一の方法であると考えられているからである。他方で、そのような理由のない場合に限って、裁判所は株式原簿ないし株主名簿の調査を否定する傾向にあるといわれる。

　他の株主との意思疎通を図る権利の保護に加えて、デラウェア州の裁判所は次のことを理由とする会社情報の収集権については一貫してそれを認める立場を示している。すなわち、株主は会社財産の浪費又は誤った会社運営から自身の投下資本を保護する利益があり、そうした利益を保護する目的の調査は認められる。そうした目的としては、たとえば、個人株主が非効率な会社運営をする経営陣の交代を企図して他の株主と意思疎通を図るために調査を求める場合がある。この目的による会社情報の調査は株主と会社経営陣の利益は対立することになる。

　もとより、派生訴訟（derivative litigation）の提起や委任状争奪戦（proxy contest）においては、経営陣の利益は個人株主によって正当化されうる会社の利益と理論的には対立する。それに対して、裁判所はそうした目的による会社情報の収集権の行使を促進する傾向にある。たとえば、1993 年の *Rales v. Blasband* 事件において、裁判所は派生訴訟において情報を得る手段として会社情報の収集権の行使が少ないことを指摘し、取締役の不正行為の主張をする場合、訴訟提起前の情報収集手段として株主に会社情報の収集権の行使を提案する判示をしている [22]。1997 年の *Security First Corp. v. U.S. Die Casting and Development Co.* 事件では、会社情報の収集権が派生訴訟を提起する端緒として有益な機能を果たすと判示する [23]。1996 年の *Grimes v. Donald* 事件 [24] にお

---

22)　*See* 634 A.2d 927, 934 n.10（Del. 1993）.

23)　*See* 687 A.2d 563, 571（Del. 1997）.

いても、裁判所は株主に対して派生訴訟を提起する以前に必要な情報を得るためにすぐに利用できる手段として会社情報の収集権の行使を示唆していた[25]。

さらに、2000年の*Ash v. McCall*事件では会社情報の収集権は派生訴訟で利用することができるのではなく、むしろ行使すべきであると判示されており[26]、近時の事案である2010年の*King v. VeriFone Holdings, Inc.*事件[27]においても、派生訴訟の提起にあたっての会社情報の収集権の重要性を強調している[28]。こうした判示がされる理由としては、派生訴訟や委任状勧誘において、株主が会社役員等を介さず情報を得る必要があるからとされている。

(2)　株主の利益の保護

株主と会社の利益の調和の程度につき、株主が自身の株式価値を評価するために会社情報の調査を求めた場合は会社の利益を保護する傾向にあるとされている。20世紀初期には、デラウェア州の裁判所は株式価値の評価をするための会社情報の調査は正当な目的であるという立場を一貫して維持していた。しかし、裁判所は次第にその立場を後退させた。とりわけ、上場会社に関しては株式価値が株主の入手できる公開されている情報を基礎に形成されていることを認めた。たとえば、1992年の*BBC Acquisition Corp. v. Durr-Filauer Medical, Inc.*事件では「非公開閉鎖会社（nonpublicily-held corporation）の投資者

---

24)　673 A.2d 1207（Del. 1996）.

25)　この点については、第1章第1節も参照されたい。

26)　S. Mark Hurd & Lisa Whittaker, *Books amd Records Demands and Litigation: Recent Trends and Their Implications for Corporate Governance*, 9 DEL. L. REV. 1, 9（2006）. *See* 2000 Del. Ch. LEXIS 144, *56 n.56（Del. Ch. Sep. 15, 2000）.

27)　994 A.2d 354（Del. Ch. 2010）. なお、同事件の解説として、近藤光男『株主と会社役員をめぐる法的課題』380頁（有斐閣、2016年）がある。

28)　*Id.* at 363-364 n.33. *See* Browning Jeffries, *Shareholder Access to Corporate Books and Records: The Abrogation Debate*, 59 DRAKE L. REV. 1087, 1090-1091（2011）. 派生訴訟と会社情報の収集権に係る判例の動向として、近藤・前掲（注26）384-386頁も参照。

の場合は、自身の投資をどのように保護するか、又は維持するかを判断するために会社の帳簿及び記録を調査する必要があるが、この事案はそうした場合に該当しない」と述べられている[29]。ただ、この傾向は上場会社の株式に係る会社情報を調査する株主の動機を減退させるとも批判されている。

　もっとも、そうした目的は個々の株主の経済的利益のみの保護とは異なるとされている。すなわち、株主は誤った会社運営の発覚による会社の利益に対する不当性の立証又は潜在的問題について他の株主と意思疎通を図ることによる自己の利益の保護を目的として会社情報の調査を請求していないからである。これを会社情報の収集権の行使に際して要求されている正当な目的として認めることにデラウェア州の裁判所が謙抑的であるのは上記の状況の類型が過度に株主の利益が基準となり、デラウェア州会社法220条が想定していない結果であるからと考えられている[30]。

(3)　会社の利益の保護

　デラウェア州裁判所は会社の利益に与える保護の範囲についても述べている[31]。一般的に会社は資金調達活動の継続と株主に配当を与える手段として利益の得るために存在するとされている。この利益を実現するための経営陣による会社運営は、それを妨害又は嫌がらせの手段として会社情報の収集権を行使する株主によって容易に妨げられる可能性がある。この問題を考慮して、デラウェア州の裁判所は会社の情報を調査する株主について綿密な調査をし、単に個人の好奇心を充たすための会社情報の収集権の行使や会社事業に対して不必要に干渉する株主の会社情報の調査を認めない。さらに、裁判所は株主が自己の投下資本の保護のために会社情報の調査を請求しておらず、それが株主としての能力を逸脱していることが明らかである場合に会社が当該株主の会社情

---

29)　623 A.2d 85, 91（Del. Ch. 1992）.

30)　Stensland, *supra* note 11, at 884-885.

31)　*Id*. at 885-886.

報の収集権の行使の拒絶を認める。

　裁判所はこうした個々の株主による会社の経営方針への嫌がらせや会社に過度な負担を強いることを防ぐことによって、他の株主の匿名性と会社の効率的運営という2つの利益の保護をもたらしたといわれる。裁判所は株主の会社情報の収集権は日々の経営判断への影響力を与える権利とは考えておらず、個々の株主の正当な目的とは無関係又は円滑な会社運営を妨げる手段として会社情報の収集権の行使は認めない。

　裁判所のデラウェア州会社法220条の解釈は次のことを明らかにしているといわれる。すなわち、株主の会社情報の収集権の行使について、全体として個々の株主と会社の利益という両者の利益次第であると解釈する。このような見解を示した1926年の *State ex rel. Cochran v. Pen-Beaver Oil Co.*事件[32]がある。この事件で裁判所は「裁判所は、株主の（筆者注：会社情報を収集する）権利を保護する義務である一方で、会社の（筆者注：会社情報を保護する）権利を保護することも同様に保護する義務を負っている」と述べている[33]。

　とはいえ、会社情報の収集権の行使を巡る問題は株主の権利に利益となるように解決しなければならないとされている。たとえば1941年の *State ex rel. Foster v. Standerd Oil Co.*事件[34]では次のように述べられている。すなわち、「株主の法定の（筆者注：会社情報を収集する）権利は、株主に有利となるように解決されなければならない」と判示している[35]。

3．模範事業会社法との比較

　デラウェア州会社法と模範事業会社法に共通する特徴として次のことがある。まず、株主がその行使を希望する5日前に会社に対して通知を求めている。これは株主の会社情報の行使目的を検討する合理的な機会を会社経営陣に

---

32)　143 A. 257（Del. 1926）.

33)　*Id.* at 260.

34)　18 A.2d 235（Del. 1941）.

35)　*Id.* at 238.

与えることを意図した規定であると考えられている。

　次いで、デラウェア州会社法も、会社情報の調査を求める理由が定義されているとともに株主の立証する内容を明確にしている。同法では、220条（c）項において立証すべき内容を次のように規定している。第1に、請求した者が株主ということである。第2に、その株主が会社情報の収集方法に関して要求されていることの遵守である。第3に、調査請求が正当な目的であることの立証を株主に要求している。この点は模範事業会社法においても立証すべき内容が規定されているが、その内容については若干の相違がある。

　さらに、裁判所に対して会社情報の入手等に際しての広範な裁量権を与えている。すなわち、調査の対象となる会社情報の範囲を定めることや条件を付すといった種々の制限を課す権限を裁判所に認めている。そのうえでデラウェア州会社法も模範事業会社法も会社情報の収集権の行使に係る紛争につき、迅速な手続で行うことを裁判所に要求している。すなわち、デラウェア州会社法はすべての会社情報の収集に関する紛争について、裁判所に略式命令の発行を認める[36]。模範事業会社法も基本定款といった基礎となる会社情報の調査に係る紛争については裁判所に略式命令を発行する権限を付与し、会計帳簿等といった機密性の高い会社情報についても裁判所に迅速な手続で行うことを求めている。

　他方で、デラウェア州会社法と模範事業会社法における株主の会社情報の収集権との違いとして次のことが挙げられる。まず、模範事業会社法では規定されていない子会社の会社情報の収集権がデラウェア州会社法220条（b）項（2）号では認められていることである。ちなみに、親会社株主による子会社の会社情報の収集権を最初に規定した州法の一つがデラウェア州であるとされている[37]。

36）　デラウェア州会社法における株主の会社情報の収集権の訴訟手続については、吉垣実「株主名簿閲覧謄写請求に関する仮処分命令―手続法的視点から―」川嶋四郎＝中東正文編『会社事件手続法の現代的課題』196頁以下（日本評論社、2013年）を参照。

次いで、模範事業会社法では解釈の内容として考えられている正当な目的について、デラウェア州会社法では「株主としての利益に合理的な関連のある目的」として定義されていることである。正当な目的の規定の解釈は模範事業会社法と同様である。もっとも、デラウェア州会社法では、こうした規定が置かれているが、その実質的な内容については個々の事案ごとに判断されている。

さらに、デラウェア州会社法では株式原簿ないし株主名簿とそれ以外の会社情報で、会社情報の収集権の行使目的の立証責任を負っている当事者が異なっている。すなわち、デラウェア州会社法では、株式原簿の調査につき不当な目的による株式原簿の調査であるという立証責任を会社が負っているが、それ以外の会社情報については株主が正当な目的を有する会社情報の収集権の行使であるという立証責任を負っている。

第3節　ニューヨーク州会社法

1．ニューヨーク州会社法における株主の会社情報の収集権の規定

ニューヨーク州では 1961 年にニューヨーク州事業会社法（New York Business Corporation Law. 以下「ニューヨーク州会社法」という）が制定され[38]、その 624 条で会社情報の収集権の規定を置いている。その条文は以下のようになっている[39]。

『ニューヨーク州事業会社法 624 条
　帳簿及び記録、調査権、一応の証拠（prima facie evidence）

---

37)　釜田薫子「親会社株主による子会社の帳簿等閲覧請求」商事 1811 号 46 頁（2007年）。

38)　長浜洋一訳『ニューヨーク事業会社法』iii 頁（商事法務研究会、1990 年）。

39)　*See* New York Corporation Law, 80-81 (2010 ed. 2009). 条文の邦訳にあたっては、長浜・前掲（注 38）96-98 頁も参照。

（a）会社は、正確で完全な（correct and complete）会計に関する帳簿及び記録、株主総会議事録、取締役会議事録及び経営委員会（executive committee）の議事録を保存するものとする。かつ、もしある場合、すべての株主の名前と住所並びにそれぞれが保有する株式の数及び種類並びに名義株主（owners of record）となった日を内容とする株主名簿をこの州の会社の事務所又は譲渡代理人あるいは登記官の事務所で保存するものとする。それら帳簿、議事録、記録は書面の形式、又は合理的な時期に書面の形式に変換することができる他の形式で保存することができる。

（b）会社の名義株主である者は、少なくとも5日前に会社に対する書面の通知で、本人又は代理人もしくは弁護士によって、通常の業務時間の間に、株主としての利益に合理的に関連のある目的のために、株主総会議事録及び株主名簿を調査する権利並びに抄本を作成する権利を有する。会社の株式を表章する議決権信託証書の保有者は、本条の目的のために株主としてみなす。代理人又は弁護士は609条（b）項（委任状）に基づく書面の要件を充たす書面で権限を付与されるものとする。本項に従い情報を提供することを請求された会社は、当該情報が他の方法で保存されている場合であっても、書面の形式で利用できるようにするものとし、書面又は会社が保持する他の方式でその情報を提供することは要求されていないものとする。本項に従ってされた請求が、実質的保有者に関する情報も提供することを含むものである場合、会社は、実質的保有者に情報を会社に送付することに関連した信認権限（fiduciary power）を行使する登録証券業者（registered broker or dealer）、銀行、団体（association）、その他法人（other entity）によって会社に提供される実質的保有者に関して保有する情報を利用できるようにするものとする。会社は保有してない実質的保有者についての情報を得ることを要求されない。

（c）本条（b）項により認められた調査であっても、当該調査が事業の利益又は会社の事業の目的以外のことを目的とした調査ではなく、5年以内にこの州で設立されたかどうかを問わず、あらゆる類型（type）又は種類（kind）の会社の株主名簿を売却又は売却のために提供していないことあるいはそのよう

な目的のために株主名簿を入手することを幇助又は教唆したことのないことを示す宣誓供述書（affidavit）を会社、譲渡代理人又は登記官に提供することを拒絶した株主又はその他の者の調査については、拒むことができる。

　(d)　株主総会議事録、本条の規定する株主名簿の調査の請求をし、会社、会社役員、又は会社の代理人によって、当該調査を認めることを拒絶された者は、原告による当該調査を会社役員又は代理人が認めなかった理由の開示を求める命令を会社の事務所がある法域（judicial district）の最高裁判所に申し立てることができる。開示の命令の結果報告日（return day）につき、裁判所は、宣誓供述書又はその他の方法で、略式で当事者に聴聞（hear）をするものとする。申請者が調査の資格があり、その権限が与えられることが明らかである場合、裁判所は、調査を法的に執行する命令及び裁判所が正当で適切であると考えるさらなる救済を認めるものとする。

　(e)　株主の書面の請求で、会社は株主に直近の会計年度の年次貸借対照表及び年次損益計算書を与えること又は送付するものとする。暫定的な貸借対照表又は損益計算書が、株主に対して配布され、又は公的に利用できる場合、最新の暫定的な貸借対照表又は損益計算書を与えること又は送付することとする。会社は、当該貸借対照表又は損益計算書を作成するために合理的な期間を猶予する。

　(f)　本条で構成されていることは、会社の帳簿又は記録の調査を強制することについての裁判所の権限を減じるものではない。

　(g)　本条（a）項で述べられている帳簿及び記録は、会社、会社役員、取締役あるいは株主に対する行為又は手続において、そこで示されている事実について原告に有利となる一応の証拠（prima facie evidence）とする。』

2．規定の特徴

　ニューヨーク州会社法の会社情報の収集権の特徴としては次のことが挙げられていた[40]。第1に、1984年改正模範事業会社法が公表された当時のニューヨーク州会社法の大きな特徴としては、会社情報の収集権の行使に株式の保有

期間又は保有数の制限を設けていた[41]。すなわち、株式の保有期間又は保有数を基準として株主の権利行使の要件を区別していた。株式を少なくとも6か月以上名義株主として記録されているか又は発行済株式の5％以上の保有を株主に求めていた[42]。そのうえでそうした要件を充たす株主には、多くの州会社法で要求されていた当該権利行使が正当な目的を有していることが必要条件とはなっていなかった。

これに対して、現在のニューヨーク会社法における株主の会社情報の収集権では、当該権利行使について株式の保有期間又は保有数の基準を設けていない。そうした要件の撤廃はアメリカ会社法における会社情報の収集権の歴史的展開に鑑みると妥当であると思われる。ただ、会社から会社情報の調査が会社の事業以外の利益を目的とするものではなく、株主は会社から過去5年以内に株主名簿を売却していないということを示す宣誓供述書（affidavit）の提出を求められた場合、それを提出しなければならなかった[43]。

第2に、株式の保有期間又は保有数の基準を充たさない株主は、コモン・ロー上の権利を行使することで、会社情報を収集する手段とした。その場合、正当な目的の立証責任は株主側にあったことから、株式の保有期間又は保有数の基準を充たす株主と比べてその負担は大きかったと考えられる。第3に、会計帳簿、各種議事録、株主名簿の閲覧謄写についてそれぞれの間に株式の保有期間及び保有数の区別をしていない。その一方で、法律に規定のない会社情報の調査についてはコモン・ロー上の権利がその手段と考えられた。

また、会社情報の収集権の行使に際して要求される目的についても言及されている。ニューヨーク州会社法624条（b）項は、会社情報の収集権を行使する目的として株主としての利益に合理的に関連のあることを要求する。こうし

---

40) 米山毅一郎「アメリカ法における株主の株主名簿閲覧請求権―『正当目的（proper purpose）』に関する一考察―」法雑38巻2号405-406頁（1992年）を参照。

41) 4 MODEL BUSINESS CORPORATION ACT ANNOTATED, 16-22（3d ed. 1985 & Supp.）.

42) ROBERT CHARLES CLARK, CORPORATE LAW, 98（1986）.

43) See *id.* at 99.

第 8 章　模範事業会社法の 2016 年改正と主な州会社法との関係

た規定はデラウェア州会社法及び後述のカリフォルニア州会社法と同様である。その一方で、会社が株主の会社情報の収集を拒絶できる場合として事業の利益又は会社の事業の目的以外を目的とした調査ではないことが挙げられており、ニューヨーク州会社法 624 条（b）項で規定する会社情報の調査目的である株主としての利益との合理的な関連を会社の事業目的との関連性を求めている点に特徴がある。

　さらに、会社の権利行使の拒絶に対する株主の救済手段についても次のような特徴があった。すなわち、ニューヨーク州会社法 624 条（d）項において、会社情報の収集を拒絶された株主は会社情報の収集を認めるべきではなかったと会社が判断した理由の開示を裁判所に申立てることができた。裁判所は、その申立てに対する略式聴聞（summary hearing）を経て、株主の会社情報の収集権を法的に執行する命令を発するかの認否を判断したうえで法により付与された救済を株主に与える権限を有していた [44]。こうした規定はニューヨーク州会社法が制定された 1960 年代においては先駆的な規定であった [45]。この救済手段は 1984 年改正模範事業会社法で会社経営陣の不当拒絶に対する罰則規定に代わる新たな救済手段の一つとして採用されるに至った。

　もとより、ニューヨーク州会社法は会社情報の入手する株主の利益と会社の有する情報の機密性との間の他の州会社法と異なった方法で調和させているといわれる。ニューヨーク州会社法は貸借対照表並びに損益計算書といった株主にとっては重要な会社情報である財務諸表を調査する制定法上の権利を与えている。さらに、株主名簿や各種議事録についても調査する権限が付与している。しかし、会社は株主が正当な目的を有していないと立証した場合、株主による当該会社情報の調査を認めない権限が付与されている。これはニューヨーク州会社法が会社情報の収集権を強制するコモン・ロー上の権限を裁判所に留

---

44)　Kenneth Winston Starr & Terrance E. Schmidt, *Inspection Rights of Corporate Stockholders: Toward a More Effective Statutory Model*, 26 U. FLA. L. REV. 173, 186 (1974).

45)　この点については、第 5 章第 3 節も参照。

保していることを意味しているとされている[46]。

3. 模範事業会社法との比較

　ニューヨーク州会社法と模範事業会社法ではどのような相違点があるのであろうか。まず、共通点として株主の会社情報の収集権の行使につき、株主がその行使を希望する5日前に会社に対して通知を求めている。なお、模範事業会社法におけるこの規定は1984年改正で新設された規定であり、それに際してはニューヨーク州会社法の規定が参考にされたものと思われる。

　次いで、株主が会社情報の収集権を不当に拒絶された場合、裁判所に迅速な手続での紛争解決を要求している。この点はニューヨーク州会社法の特徴として考えられており、それを模範事業会社法が1984年改正で採用しており、会社情報の収集権の行使に係る紛争において有益な規定であることが窺われる。

　そして、会社情報の収集権の法的執行に係る裁判所の権限を留保している。すなわち、コモン・ロー上の会社情報の収集権を留保し、制定法と併存してコモン・ロー上の会社情報の収集権を認めている。これにより当該権利行使に関する裁判所の柔軟な解決を可能にしているものと考えられる。

　これに対して両者の違いとしては、まず、会社情報の収集目的について具体的な定義が規定されているかどうかの点が挙げられる。この点はデラウェア州会社法と同様である。模範事業会社法では、正当な目的を有しているとしか言及されていないのに対して、ニューヨーク州会社法では株主としての利益に合理的に関連のある目的であることが会社情報の調査に際して要求されている。

　次いで、拒絶事由の規定の有無がある。すなわち、1984年改正以降の模範事業会社法では会社情報の収集権の拒絶事由は設けられてはいない。それに対して、ニューヨーク州会社法624条（c）項は、5年以内に株主名簿の売却をしたことのないこと等を示す宣誓供述書を会社に提出しなければ会社情報の収

---

46)　*See* WILLIAM T. ALLEN & REINIER KRAAKMAN, COMMENTARIES AND CASES ON THE LAW OF BUSINESS ORGANIZATION, 180-181（5th ed. 2016）.

第 8 章　模範事業会社法の 2016 年改正と主な州会社法との関係

集権の行使が認められないと規定する。会社情報の収集権の行使を行使目的等で判断するとの立場を採っている模範事業会社法との大きな違いである。ただ、この点はコモン・ロー上の会社情報の収集権の行使に要求されるものよりははるかに負担が少ないとの指摘もある[47]。もっとも、拒絶事由を規定していた公表当時の模範事業会社法あるいは 1969 年改正模範事業会社法における拒絶事由は 2 年以内に株主名簿の売却をしたことのないこと等であり、同法が 1984 年改正後でも同様の拒絶事由を有していたとしても異なっていた点であるといえよう。

　さらに、ニューヨーク州会社法では自身の開示に異議を唱えない実質的保有者の名簿である、いわゆる NOBO List についての取扱いを明確に規定していることである。模範事業会社法はその取扱いについては解釈で対応しているところ、大きな相違点であろう。この点については、1991 年の *William P. Sadler v. NCR Corp.*事件の影響があるものと推測される[48]。すなわち、同事件において、裁判所は株主が会社情報の収集権の行使により、会社が保有していない NOBO List を作成させる権限を有すると判示した。しかし、多くの裁判所は、株主が当該権利行使により会社に対して NOBO List を作成させる権限は有していないとの見解を示していた。そのため会社の NOBO List を作成させるという事務負担を考慮してこうした規定を設けたものと思われる。ちなみに、模範事業会社法では会社情報の収集権の対象となる株主名簿の範囲のなかでこの点が言及されている。そこでは、ニューヨーク州会社法の規定と同様の解釈が示されている。

---

47)　米山・前掲（注 40）405 頁。

48)　*See* WILLIAM A. KLEIN & J. MARK RAMSEYER & STEPHEN M. BAINBRIDGE, BUSINESS ASSOCIATIONS—CASES AND MATERIALS ON AGENCY, PARTNERSHIPS, LLCS, AND CORPORATIONS, 557 (9th ed. 2015). なお、同事件については、第 7 章第 2 節を参照されたい。

第 4 節　カリフォルニア州会社法

1．カリフォルニア州会社法における株主の会社情報の収集権の規定

(1)　カリフォルニア州会社法の意義

　アメリカにおいて、カリフォルニア州会社法はデラウェア州会社法及びニューヨーク州会社法とともに最も重要な会社法に属するといわれる[49]。もっとも、前述のようにデラウェア州会社法は重要な役割を果たしているとされているが、それは大会社にとって魅力的な会社法であるとされている。

　それに対して、カリフォルニア州は法域別会社設立州でニューヨーク州と並んで上位を占めているといわれている。そのカリフォルニア州会社法においても、会社情報の収集権について重要な規定を有していた[50]。

(2)　株主名簿の調査

　カリフォルニア州会社法では会社情報の収集権について、まず、1600 条で株主名簿の調査について規定している。その条文は次のようになっている。

『カリフォルニア州会社法典　1600 条

　(a)　会社の発行済議決権付株式（outstanding voting share）を総計で 5 ％以上を保有するか、又は発行済議決権付株式の 1 ％以上を保有し、かつ連邦証券取引委員会にスケジュール 14A（会社が連邦預金保護法に従い預金に保険が掛けられた銀行である場合は、適切な連邦銀行規制機関にフォーム F-6）

---

[49]　北沢正啓＝戸川成弘訳『カリフォルニア会社法』iii 頁（商事法務研究会、1990 年）参照。

[50]　*See* California Corporations Code and Commercial Code with Securities Rules and Releases, CC-80, CC-81（2017 ed. 2016）. 条文の邦訳については、北沢＝戸川・前掲（注 49）174-177 頁も参照。

を提出した株主又は複数の株主は、(1) 会社に書面の請求を5営業日前にすることで通常の事業時間の間に、株主の名前、住所及び株式の保有数の記録を調査及び謄写すること、又は (2) 書面の請求で、取締役の選任に関して議決権を有する株主の名前、住所及び株式の保有数を記載した最も直近の基準日に編纂された名簿又は請求のあった日以後に株主によって指定された日の名簿を通常の手数料 (usual charges)(手数料の総額は、請求があった時に譲渡代理人によって株主に示されるものとする) を支払うことで会社の譲渡代理人 (transfer agent) から得ることのいずれか又は両者を行う絶対的な権利を有するものとする。当該名簿は、請求を受領した後5営業日以降又は当該名簿を編纂される日が指定された日以降までには利用できるものとする。会社は、譲渡代理人が本項を遵守することに責任を有する。

(b) 会社又は譲渡代理人が指定された期限を超過して (a) 項に基づく請求に応じることに遅滞した場合には、適切な郡の最高裁判所に自身が正当であることを立証する訴状を提出し、聴聞の後、当該遅滞の期間と同じ期間、直前に通知された株主総会について裁判所が命令する方法で延期する命令を得る権利を正当な請求を行った株主又は複数の株主に与えるものとする。その権利は、株主に付与されうる他の法的救済又はエクイティ上の救済も付加するものとする。

(c) 株主名簿は、会社に書面の請求をすることで通常の事業時間のいつでも、株主又は議決権信託証書の保有者による株主又は議決権信託証書の保有者としての利益に合理的に関連する目的のための調査及び謄写のために開示するものとする。

(d) 本条に基づく調査及び謄写は、本人又はその代理人あるいは弁護士が行使することができる。本条で規定するこの権利は、基本定款又は附属定款で制限することができない。本条は、州内会社及び州内に主たる経営をする事務所を有する州外会社又はこの州で日常的に取締役会を開催する州外会社に適用する。』

(2)　その他の会社情報の調査

　次いで、1601 条では株主名簿以外の会社情報の調査についての規定を置いている。そこでは、会計帳簿、株主総会あるいは取締役会議事録等の調査について定められている。その条文は次のようになっている。

『カリフォルニア州会社法典　1601 条
　（a）州内会社及びこの州で次の記録を保存する州外会社又は主たる経営をする事務所の会計に関する帳簿及び記録並びに株主総会、取締役会又は取締役会の設置した委員会の議事録は、株主又は議決権信託証書の保有者の書面の請求で、合理的な時間で通常の事業時間の間に株主又は議決権信託証書の保有者としての利益に合理的に関連する目的のために開示するものとする。本条によって与えられた権利は、本項に関しては、当該会社の子会社の記録もその対象とする。
　（b）株主又は議決権信託証書の保有者による調査権は、本人又は代理人もしくは弁護士によって行使することができ、調査権は謄写及び抄本を作成する権利を含む。会社の記録を調査する株主の権利は基本定款又は附属定款によって制限することができない。』

(3)　会社情報の収集権の法的執行手段

　そして、1603 条では、株主の会社情報の調査につき、会社が不当に拒絶した場合に株主が利用することのできる法的執行手段が 1603 条で規定されている。その条文は次のようになっている。

『カリフォルニア州会社法典　1603 条
　（a）適法な調査の請求の拒絶につき、適切な郡の最高裁判所は、妥当かつ正当な状況で調査権を法的に執行すること、又は十分な理由を示すことで、この州で保存している帳簿及び記録を監査し、州内会社、あるいはこの州で記録を保存している州外会社、もしくはこの州で記録を保存している州内子会社ない

第 8 章　模範事業会社法の 2016 年改正と主な州会社法との関係

し州外子会社の財産、資金及び業務を検査し、裁判所が命令する方法でそれを報告するための 1 人又それ以上の適格な検査役又は会計士を選任することができる。

（b）全ての役員及び会社の代理人は、指名された検査役又は会計上に、裁判所侮辱の罪の下で管理又は権限のもとにあるすべての帳簿及び文書を提出するものとする。

（c）検査又は監査に要したすべての費用は、裁判所が会社によって支払われること又は負担することを命令しない限り、請求者が支払うものとする。』

(4)　取締役による会社情報の収集権等

　カリフォルニア州会社法において、会社情報の収集権に関する規定として上記の他に、1602 条で取締役の会社情報の収集権が定められている。さらに、1604 条で株主が会社情報の収集権を法的執行するに際して要した費用の補償に関する定めがあり、1605 条で会社情報の保存形式に関する規定がされている。それらの条文は以下のようになっている。

『カリフォルニア州会社法典　1602 条

　全ての取締役は、合理的な時間に自身が取締役を務める州内外の会社及びその子会社の全ての帳簿、記録、及びあらゆる種類の文書を調査及び謄写し、並びに実際の財産を調査する絶対的な権利を有する。取締役による調査は自己又は代理人もしくは弁護士によって行使することができ、調査権は謄写及び抄本を作成する権利を含む。本条はこの州の主たる経営をする事務所を有するか又はこの州で日常的に取締役会を開催する州外会社の取締役にも適用する。』

『カリフォルニア州会社法典　1604 条

　1600 条又は 1601 条に基づく行為あるいは手続において、裁判所が正当な理由がなく当該規定の適切な請求に従うことへの会社の懈怠が正当な理由がないと判断した場合、裁判所は、株主又は議決権信託証書の保有者の、その行為あ

263

るいは手続に関連して生じた、弁護士費用を含む、合理的な費用の補償に十分な金額を与えることができる。』

『カリフォルニア州会社法典　1605条
　本章に従った調査の対象となる記録が書面の形式で保存されていない場合、調査の請求は、書面の形式で利用できる当該記録を会社がその費用で作成しない限り、かつ作成するまでは、応じていないものとする。』

２．規定の特徴

　カリフォルニア州会社法における会社情報の収集権の特徴として挙げられるのが株主名簿の調査については一定の要件を充たした場合、正当な目的の立証を必要としない絶対的な権利として認められていることである。すなわち、カリフォルニア州会社法 1600 条（a）項は、発行済議決権付株式を総計で５％以上保有するか、又は発行済議決権付株式の１％以上の保有及びスケジュール 14A を提出することで株主名簿の調査等について正当な目的の立証をする必要のない絶対的な権利として認めている。ちなみに、スケジュール 14A とは、委任状勧誘において委任状書面（proxy form）に添付される委任状説明書（proxy statement）である [51]。こうした制限を設けることによって、カリフォルニア州の立法者は会社と全く無関係な理由で他の株主と意思疎通を図ることを求める厄介な（pesky）株主の排除を目的としている [52]。
　もっとも、ここにいう正当な目的の立証をする必要がない絶対的な権利とは、会社が不当な目的による会社情報の収集権の行使であるとの立証責任を負っていることを意味していると思われる。そのうえで、株主名簿の調査が拒絶された場合に、裁判所に相当な期間、株主総会の延期を認める権限を付与しており、その点がカリフォルニア州会社法における株主の会社情報の収集権の

51）　黒沼悦郎『アメリカ証券取引法（第2版）』204 頁（弘文堂、2004 年）。

52）　Stensland, *supra* note 11, at 881.

第 8 章　模範事業会社法の 2016 年改正と主な州会社法との関係

特徴的な規定であると考えられる。

　カリフォルニア州会社法の立法者は、こうした要件を設けることによって裁判所の負担軽減を企図したといわれる。すなわち、株式の保有数といった権利行使要件を課すことでそれを充たさなければ会社情報の収集権を有さないということが明白となり、会社情報の収集権の行使にあたって裁判所を介在させる必要がなくなると考えた[53]。

　他方で、株主名簿の調査と会計帳簿及び議事録の調査を別個に規定していることが挙げられる[54]。すなわち、カリフォルニア州会社法 1601 条（a）項で会計帳簿や株主総会、取締役会等の議事録の調査について規定している。また、同法 1600 条（c）項において委任状勧誘と関連しない株主名簿の調査を定めており、その内容は株主名簿以外の会社情報の調査と同様である。それゆえに、株主名簿以外の会社情報についてはデラウェア州と類似しているともいわれる[55]。カリフォルニア州会社法では会社情報の収集権と委任状勧誘ひいては株主総会との関係を重要視していることが窺われる。

　カリフォルニア州会社法の最も特徴的な規定は権利行使に必要な基準を設けるのではなく、会社の権利行使の拒絶に対する法的執行手段を定めていることである。そこでは裁判所は株主による会社情報の収集を法的に執行させるだけではなく、会社情報を検査する適格検査役又は会計士を選任する権限が与えられている[56]。すなわち、カリフォルニア州会社法 1603 条（a）項は株主の適法な会社情報の調査請求を会社が拒絶した場合、株主は適切な理由の立証により、裁判所が検査役ないし監査役を選任することを認めている[57]。なお、ア

---

53)　*Id.* at 882.

54)　米山・前掲（注 40）407 頁。

55)　Stensland, *supra* note 10, at 882.

56)　カリフォルニア州では、裁判所の選任する検査役による会社情報の収集権を初期の段階で認めていた。その概要については、第 2 章第 3 節を参照。

57)　*See* James D. Cox & Thomas Lee Hazen, 2 The Law of Corporations, 473（3d ed. 2010).

265

メリカにおいては株主による会社情報の収集権の保障に重点を置いており、一般的にはヨーロッパのような検査役制度を知らないと指摘される[58]。

3. 模範事業会社法との比較

カリフォルニア州会社法と模範事業会社法の同じ点としては次のことが挙げられる。まず、カリフォルニア州会社法1604条及び2016年改正模範事業会社法16.04条（c）項は、株主の会社情報の収集に係る訴訟費用につき、株主の要した弁護士費用等の合理的な費用の支払いを命令する権限を裁判所に付与している。この点は会社情報の収集の不当拒絶に対する抑止を目的としたものであると推測され、デラウェア州会社法220条（c）項でも規定されており有益な規定であることが窺われる。

次いで、定款による株主の会社情報の収集権の制限に言及がなされている点である。もっとも、この点については模範事業会社法16.02条（f）項がカリフォルニア州会社法1600条（d）項を参考として規定を設けていることに留意が必要である。

カリフォルニア州会社法と模範事業会社法における株主の会社情報の収集権との違いとして、まず、カリフォルニア州会社法では子会社の会社情報の収集権が認められているかどうかである。この点は模範事業会社法では規定されていないが、デラウェア州会社法では認められているところでもある。

カリフォルニア州会社法と模範事業会社法の大きな違いとして考えられるのが、第1に、カリフォルニア州会社法は会社情報の収集権を株主総会、とりわけ委任状勧誘との関係を重視している。すなわち、どのような状況においても会社情報の収集権を認めているが、委任状勧誘を企図する株主に対しては一定の要件のもとで行使目的の立証を必要としない絶対的な権利として株主の会社情報の収集権を認めている。そのうえで、株主名簿の調査が拒絶された場合、

---

58) 上田純子「株式会社における経営の監督と検査役制度（一）—イギリスにおける展開を機縁として—」民商116巻1号50頁（1997年）。

第 8 章　模範事業会社法の 2016 年改正と主な州会社法との関係

裁判所に株主総会の延期を認めていることは株主総会との関係を重視するカリフォルニア州会社法における株主の会社情報の収集権を象徴する規定とも考えられる。

　これに対して、模範事業会社法はそうした状況を区別せずに、いわば普遍的な権利として会社情報の収集権を規定している。さらに、同法では株主総会の延期と会社役員の行った不当拒絶に対する法的執行手段として特段の手当てはされていない。株主による委任状勧誘は会社情報の収集権が行使される重要な局面として考えられているところ、会社情報の収集権の行使について状況によって区別して規定することも検討の意義はあると思われる。

　第 2 に、カリフォルニア州会社法においても、デラウェア州会社法及びニューヨーク州会社法と同様に、会社情報の収集権の行使目的に関する規定が設けられている。カリフォルニア州会社法では、その目的を株主としての利益に合理的に関連する目的と規定する。そうした規定の仕方についてはデラウェア州会社法及びニューヨーク州会社法と同様であるが、会社情報の収集権の行使目的を具体的に定義していない模範事業会社法とは対照的な点である。

　第 3 に、不当拒絶に対する救済手段が挙げられる。模範事業会社法では不当拒絶に対する救済について裁判所に一定の権限を与えているが、カリフォルニア州会社法では、それに加えて第三者である検査役の選任を裁判所に認めている。この点がカリフォルニア州会社法の大きな特徴であると考えられており、株主と会社の利益を考慮した検討に値する救済手段と考えられる[59]。

---

59)　木俣由美「適切な経営監視のための株主の情報収集権―会計帳簿閲覧権を中心に―」産法 38 巻 1 号 28 頁（2004 年）も、こうしたカリフォルニア州会社法の規定は、株主と会社の利益を調整するものとして注目されると述べている。

267

第9章 わが国における株主の会社情報の収集権とその問題点

第1節 会社情報の収集権の意義とその沿革等

1. 会社情報の収集権の意義と性質

(1) 会社情報の収集権の意義等

　アメリカでは、株主が会社の十分な情報を有していない限り、保有している株式の売却や議決権の行使又は勧誘、あるいは派生訴訟の提起といった株主としての権利を適切に行使できないと考えられている。そのうえで、株主の会社情報の収集権は株主の基本的な権利として重要視されてきた。

　わが国においても、株主の会社情報の収集権は経営監督のための重要な権利として位置付けられ、監督是正権を効率的、合理的あるいは適切に行使するために機能する株主権であるとか、監督是正権を実質化させるための権利であると説明される[1]。ちなみに、株主の会社情報の収集権は商法上の公示主義の現れとする見解や、利害関係人に企業情報を提供する機能を有する面に重点をおけば開示制度の現れとする見解もある[2]。

---

1) 松岡啓祐『最新会社法講義（第3版）』121頁（中央経済社、2016年）、尾崎安央「東京商事法研究会・シンポジウム 株主の経営監督機能 基調講演（2）株主の情報収集権」判タ872号20頁（1995年）、龍田節＝前田雅弘『会社法大要（第2版）』185頁（有斐閣、2017年）。なお、田中亘『会社法』67頁（東京大学出版会、2016年）が株主の会社情報の収集権を図表で整理している。

ところで、アメリカにおいて株主の会社情報の収集権は会社の所有者としての権利から派生すると考えられているが、救済を求める権利としての側面も有していると考えられていた。これに対して、わが国の会社法は株主の会社情報の収集権をどのように位置付けているのであろうか。わが国において、会社に対する経営監督のために重要な役割を果たす株主による会社情報の収集権の性質については見解が分かれている。多数説は株主による会社情報の収集権の多くを共益権と解している[3]。すなわち、株主の会社情報の収集権は、取締役の業務執行といった会社の運営の監督是正を目的とした権利であるとする[4]。

　その一方で、株主の会社情報の収集権を自益権と位置付ける説があったことが注目される。この説によれば、会社情報の収集権は、株主に限らず債権者にも認められている権利であると指摘する。そのうえで、実質的には会社に課せられている公示義務の反面であるとも考えられる特殊な性格の権利であるとしつつも、株主である以上当然にこの権利を有するゆえに自益権であると主張する[5]。あるいは、会社情報の収集権の効果は議決権や代表訴訟提起権の行使とは明らかに異なるとし、そうした観点から自益権に付随する権利と捉えることがその機能に最も即しているとする[6]。

---

2)　西原寛一「商法における公示主義とその反省」『商事法研究 第 1 巻』101 頁（有斐閣、1957 年）、蓮井良憲「株主による会社備置書類の閲覧請求」加藤勝郎＝柿崎榮治＝新山雄三編『服部榮三先生古稀記念 商法学における論争と省察』754 頁（商事法務研究会、1991 年）参照。

3)　田中・前掲（注 1）65 頁。江頭憲治郎『株式会社法（第 7 版）』128-129 頁（有斐閣、2017 年）も取締役等の監督是正目的にも行使されるが、会社法で認められている株主の投資判断材料を得る目的に行使される場合は自益権的な性格を持つと述べている。

4)　鈴木竹雄＝竹内昭夫『会社法（第 3 版）』109 頁（有斐閣、1994 年）。

5)　石井照久『会社法上巻（商法 II）』127 頁（勁草書房、1967 年）。

6)　上柳克郎＝鴻常夫＝竹内昭夫編集代表『新版注釈会社法（8）―株式会社の計算(1)』73 頁〔倉沢康一郎〕（有斐閣、1987 年）。ただ、石井・前掲（注 5）128 頁は、基本的に株主の会社情報の収集権は自益権としつつ、少数株主権である会計帳簿閲覧謄写請求権については共益権であると述べている。

第 9 章　わが国における株主の会社情報の収集権とその問題点

　その他に、株主の会社情報の収集権は、明白に共益権に属するといえないことから共益権的性質と同時に自益権的性質も有する中間的性質の権利と解する見解もあった[7]。会社情報の収集権の中でも、とりわけ会計帳簿閲覧謄写請求権（会社法 433 条 1 項）は専ら会社の利益を考えて行使すべきであるとしても、当該権利行使より得た情報を株主がどのように利用ないしは活用するかは全て株主の意思にかかっている。他方で、株主自らの利益のためにその成果を活用することも構成員の私的利益追求を目的とする株式会社においては否定できない。そのため自益権あるいは共益権のいずれかに該当する権利ということはできず、第 3 の権利としての地位を認めざるをえないといわれる[8]。ただ、この見解には批判もある。すなわち、自益権と共益権を区別する実益が権利行使の効果とそれに基づく権利行使に関する制約にあることをその論拠とする[9]。

　ちなみに、会社は会社情報の収集権を定款又は株主総会決議をもってしても排除することができないから、会社情報の収集権は株主総会における多数決の濫用を防止する機能を有する固有権であるとも主張されていた[10]。しかし、現在では株主総会の多数決で決定できる事項は法定されている場合が多く、多数決の濫用があったような場合についても他の理論で対処するのが通常であるとされている。さらに、何が固有権であるかを統一的に述べることは困難であって、結局は株式会社の本質と法律の規定に基づいて個別的に決定するほかないと考えられている。そのため、固有権概念が用いられるのはほとんどないといわれる[11]。

---

7)　田中誠二『三全訂会社法詳論 上巻』284 頁（勁草書房、1993 年）。

8)　本間照雄「株主の帳簿閲覧権」鴻常夫ほか編『演習商法（会社）下巻』642 頁（青林書院、1986 年）。

9)　大隅健一郎＝今井宏『会社法論 上巻（第 3 版）』342 頁（有斐閣、1991 年）。

10)　大森忠夫ほか編『注釈会社法（6）―株式会社の計算』35 頁［服部栄三］（有斐閣、1970 年）、上柳ほか編・前掲（注 6）73 頁［倉沢康一郎］。

11)　神田秀樹『会社法（第 19 版）』71 頁（弘文堂、2017 年）、大隅健一郎＝今井宏＝小林量『新会社法概説（第 2 版）』83 頁（有斐閣、2010 年）。

(2)　株主権に関する学説の展開

このように、わが国において株主の権利は、講学上、大きく分けて自益権と共益権に分類されてきた。しかし、そうした自益権と共益権の区別には疑問が提起されている[12]。たとえば、昭和 25 年商法改正により、自益権と共益権の中間的性質の株主権が増加したため株主権の分類をアメリカ法のようにすべきであるとの主張[13]や、自益権・共益権という用語に代えて財産権ないしは財産的権利・管理権と改めるべきともいわれている[14]。

そうしたなか、アメリカの近時の学説では株主権を経済的権利（economic rights）、支配権（control rights）、情報権（information rights）、訴訟提起権（litigation rights）の 4 つに分類する見解がみられたように[15]、わが国の株主権についてもその機能から次のような分類ができると主張されている[16]。まず、株主が現在の経営陣に何らかの不満を抱き、これは経営者と対決する権利と位置付けられる監督是正権である。これはさらに従来の経営政策の変更を迫り、株主自らがこれを是認とする政策を実現するように求める政策実現権と会社に違法行為を是正させる違法是正権に分類される。前者については株主総会における議決権や株主提案権がこれに該当するとされ、後者については代表訴訟提起権や検査役選任請求権が挙げられている。

次いで、株主が会社経営についての情報の収集や会社の経営について抱いている希望や意見を経営陣又は他の株主への伝達を通して株主が経営について知り、経営者等と対話する権利である情報請求・対話の権利がある。ここには、株主名簿や取締役会議事録あるいは会計帳簿の閲覧謄写請求といった会社情報の収集権や株主総会における株主に対する説明義務が分類される。

---

12)　泉田栄一「自益権と共益権」法時 83 巻 2 号 90 頁（2011 年）等を参照。

13)　田中・前掲（注 7）136 頁以下参照。

14)　泉田・前掲（注 12）94 頁。

15)　第 1 章第 1 節参照。

16)　近藤光男『コーポレート・ガバナンスと経営者責任』10 頁以下（有斐閣、2004 年）参照。

第 9 章　わが国における株主の会社情報の収集権とその問題点

株式会社においては取締役に経営の多くが任せられているが、取締役が通常の業務下で経営判断を行使しているのではなく、経営が腐敗しているときや取締役が個人的利己的な経営判断をしているときは株主の監督是正権が期待されている。そのような観点からは監督是正権が違法を是正する機会を広げるために単独株主権とされつつ、濫用的な行使による会社の損害も少なくないから少数株主権とされているものもある。

その一方で、株主の価値観でその評価が変わりうる政策実現権は現在の株式会社制度を前提とするならば、終局的には資本多数決によって決せられる事柄である。しかし、株主が株主としての無関係な利益のために権利行使することで権利が濫用されることがある。それゆえに濫用防止策が必要になると考えられている。

(3)　少数株主権としての会社情報の収集権

ちなみに、株主の会社情報の収集権の多くは単独株主権であるが、会計帳簿閲覧謄写請求権は少数株主権であるから共益権であるとの説明がみられた[17]。しかし、会計帳簿閲覧謄写請求権は、株主の権利を確保するための前提として認められたものであり、確保の対象となる株主の権利には各種の単独株主権も含まれる。したがって、多数決制度の濫用に対する救済策という意味を有するものではなく、本来単独株主権として付与されるべきものであるとされる。ただ、わが国においてこの権利が少数株主権とされたのはいわゆる会社荒らしが横行する実情に鑑み、権利濫用の防止という趣旨を主眼としたものとみるべきであると考えられている[18]。さらに、会計帳簿閲覧謄写請求権それ自体が多数決の濫用ないしは大株主の専横に対して少数株主を救済し、会社の利益の擁

---

17)　松田二郎＝鈴木忠一『條解株式會社法 下』459 頁（弘文堂、1952 年）。石井・前掲（注 5）128 頁も参照。

18)　実方正雄「少数株主権の濫用」末川先生古稀記念論文集刊行委員会編『権利の濫用 中』152 頁（有斐閣、1962 年）、田中誠二『三全訂会社法詳論 下巻』917 頁（勁草書房、1994 年）。

護とその正義を実現するために認められた権利とはいえないとも批判されていた[19]。

しかし、会計帳簿閲覧謄写請求権が少数株主権である理由については、株主平等原則を重視する立場から次のような主張もされている。すなわち、単純な資本多数決のみでは大株主ないし多数派株主の専横が生じやすいことに対する歯止めとしての制度の一つであるとする。そうした理解を前提に、少数株主の発言力の強化により大株主に対する対抗力を付与しようとするものであるから株主平等原則と共通の政策目的を有していると主張される[20]。

このように、通説では共益権として分類される会社情報の収集権であっても、その法的性質を巡って種々の見解が唱えられていた。様々な見解が交錯する株主による会社情報の収集権であるが、その法的性質をどのように位置付けるかは拒絶事由や権利行使要件の在り方もしくは権利濫用となる判断基準を考えるにあたって重要な観点になるものと思われる。

もとより、会社法で認められている株主の会社情報の収集権も多岐に亘り、種々の要件を課されているものもある。ただ、会社法において株主の会社情報の収集権は会社情報に応じて別々に規定されており、権利行使の要件や拒絶事由等も区別されていて分かりづらい規定となっている。

2. 具体的な会社情報の収集権の意義

(1) 株主名簿閲覧謄写請求権

会社情報の収集権として、まず挙げられるのは株主名簿閲覧謄写請求権であろう（会社法125条2項）[21]。すなわち、株主は営業時間内であればいつで

---

19) 上柳克郎＝鴻常夫＝竹内昭夫編集代表『新版注釈会社法（9）―株式会社の計算(2)』206-207頁［和座一清］（有斐閣、1988年）。

20) 上村達男「株主平等原則」竹内昭夫編『特別講義商法Ⅰ』21頁（有斐閣、1995年）。

21) 株主名簿制度の歴史的沿革については、松井智予「技術革新と会社法」中東正文＝松井秀征『会社法の選択―新しい社会の会社法を求めて』817頁以下（商事法務、2010年）を参照。

第 9 章　わが国における株主の会社情報の収集権とその問題点

も、請求理由を明示したうえで閲覧及び謄写を請求できる。

　株主名簿閲覧謄写請求権には次のような意義があると考えられている[22]。株主名簿閲覧謄写請求権は株主名簿の備置及び利害関係者に正当な閲覧請求に応じる義務を取締役に課すことで直接には株主等の保護を図り、間接的に株主の構成等といった会社の状態を監視することによって会社の利益を保護するための制度である説明される。株主名簿の閲覧謄写を通して、直接には株主情報を知ることにより権利行使や株式譲渡を容易にするという株主及び債権者の保護を図り、間接的に株主名簿管理の監視を通して会社の適切な運営を確保するためのものであるとする[23]。

　会社法は株主名簿の記録を基礎に株主としての権利行使要件を決定し（同法124 条）、会社ないし第三者への対抗要件とする（同法 130 条）。そのため、会社による株主名簿の改ざんのおそれを否定できず、株主等の監視が必要であるともいわれる[24]。その一方で、プライバシー権の行使としての株主名簿上の「自己情報」を確認すること及び株主権の行使として他の株主に委任状勧誘や書面投票を呼びかけるといったその他のコミュニケーションを図る目的で「他

---

22)　山下友信編『会社法コンメンタール 3―株式 (1)』289 頁［前田雅弘］（商事法務、2013 年）、酒巻俊雄＝龍田節編集代表『逐条解説会社法 第 2 巻株式・1』205 頁［志谷匡史］（中央経済社、2008 年）、上柳克郎＝鴻常夫＝竹内昭夫編集代表『新版注釈会社法 (6)―株式会社の機関 (2)』200 頁［山口幸五郎］（有斐閣、1987 年）、奥島孝康＝落合誠一＝浜田道代編『新基本法コンメンタール 会社法 1（第 2 版）』255 頁［吉本健一］（日本評論社、2016 年）参照。

23)　なお、株主名簿の備置及び閲覧謄写の実務については、木村敢二「株主名簿の備置対応」商事 2138 号 37 頁（2017 年）、辰巳郁「実務問答会社法第 14 回 株主名簿の閲覧・謄写請求におけるコピー機の利用の可否等と株主名簿の作成時点」商事 2143 号 40 頁（2017 年）を参照。また、平成 21 年 1 月から実施されている株券の電子化といわれている振替制度の対象となる上場会社では、株主名簿の他に振替口座簿という 2 つの名簿で株主を管理しており、その関係が問題となっている。その詳細については、拙稿「株券の電子化・ペーパレス化と株式取引を巡る問題点の検討〜公開・上場会社を中心に〜」専大院 55 号 60 頁以下（2014 年）を参照していただければ幸いである。

24)　酒巻＝龍田編・前掲（注 22）205 頁［志谷匡史］。

275

の株主の情報」を得ることにあるとの見解もあり[25]、理解の異なる点も多くなっている。

(2) 会計帳簿閲覧謄写請求権等

少数株主権である会社情報の収集権として、会計帳簿閲覧謄写請求権（会社法433条1項）がある。株主が直接に会計帳簿等の閲覧謄写を請求できる制度は比較的稀であるといわれるが、会計帳簿閲覧謄写請求権は取締役の責任追及の訴えを提起するための必要な調査をなす場合などに重要な役割を果たす[26]。会計帳簿閲覧謄写請求権はその意義として次のことが考えられている[27]。

株主は、取締役等の責任追及のための株主代表訴訟提起権等の会社の業務執行に対する各種の監督是正権を有している。そうした種々の監督是正権を有効適切に行使するために、株主は会社の業務及び財産の状況に関する正確かつ詳細な情報を入手しておく必要がある。そこで会社法は計算書類及びその附属明細書の閲覧権を株主に付与しているが、計算書類等はオリジナルな会社情報ではなく概括的な記載内容にとどまるため、会社の経理について必ずしも十分な情報を提供するものとはいえない。それゆえに会計帳簿及びこれに関する資料の閲覧謄写を請求する権利を有していると説明される。この権利は株主の監督是正権を行使するための前提ないし手段となる権利であって、開示請求権に属するとされている。

ただ、会社法は株主に対して会計帳簿の閲覧謄写を認めているが、唯一の持株要件の課されている株主自身が行う会社情報の収集権である。すなわち、会社法433条1項は総株主の議決権又は発行済株式の100分の3以上を有する株主は営業時間内であればいつでも、請求理由を明示したうえで閲覧及び謄写を

---

25) 尾崎安央「株主名簿閲覧請求と権利濫用」判タ948号25頁（1997年）。

26) 江頭・前掲（注3）707頁。

27) 江頭憲治郎＝弥永真生編『会社法コンメンタール10—計算等（1）』131頁［久保田光昭］（商事法務、2011年）、上柳ほか編・前掲（注19）201頁［和座一清］（有斐閣、1988年）参照。

第 9 章　わが国における株主の会社情報の収集権とその問題点

請求できると規定する。ただし、同条 2 項各号に該当する場合には会社はこれ
を拒絶できる。そもそも、こうした拒絶事由の根底には株主の権利一般の行使
に関する基本原則を示しているともいわれる[28]。

　会計帳簿の他に会社の財務状況に関する会社情報の収集権としては計算書類
等の閲覧等を単独株主権として認めている（会社法 442 条 3 項）。これは株式
会社における企業内容開示の一環といわれる。計算書類等とは各事業年度に係
る計算書類及び事業報告並びにこれらの付属明細書、臨時計算書類を作成した
場合には臨時計算書類、監査報告、会計監査人の会計監査報告である[29]。

(3)　取締役会議事録閲覧請求権等

　取締役等の会社役員の責任追及をする場合に重要な役割を果たすのが取締役
会等の議事録の閲覧謄写請求権である。取締役会の議事録には議事の経過の要
領とその結果が記録され、これにより取締役会の決議が適正な手続の下に成立
したかどうか、又は取締役が取締役会における意思決定に誠実に参加している
かどうかが明らかとなる。そのうえ、報告事項等からは業務執行取締役の業務
執行状況も知ることができる会社情報である[30]。株主は取締役会議事録の記
録を前提に権利行使あるいは責任追及をすることになる。

　取締役会以外の議事録として、会社法は株主総会議事録の閲覧謄写を株主に
認めている。すなわち、会社法 318 条 1 項は会社に対して株主総会の議事録の
作成を義務付け、2 項で 10 年間の保存義務を課している。そのうえで、3 項
において、株主は当該議事録を営業時間内であればいつでも、その閲覧及び謄
写を請求できると定めている。株主総会議事録は議事の経過及びその結果を示
す記録であり、とりわけ決議の成否を知るうえで重要な記録文書としての意味

---

28)　大隅健一郎「いわゆる株主の共益権について」『新版 会社法の諸問題』161 頁（有信
　　堂、1983 年）。

29)　江頭＝弥永編・前掲（注 27）532、535 頁［弥永真生］。

30)　落合誠一編『会社法コンメンタール 8─機関 (2)』322 頁［森本滋］（商事法務、
　　2009 年）。

を持つ[31]。ちなみに取締役会議事録の記載内容は会社法施行規則101条で詳細に規定されているが、その在り方としては疑問が提起されている[32]。

(4) 株主総会における説明義務等

　株主総会と関連した会社情報の収集権としては株主総会における会社役員の説明義務ないし質問権が挙げられる（会社法314条）。すなわち、株主は株主総会において質問をできるとする。ただし、その質問内容が株主総会の目的事項に関しない又は説明によって株主の共同の利益を著しく害する場合その他正当な理由がある場合として法務省令で定める場合はこの限りではない。

　ただ、説明義務ないし質問権は、あくまでも株主総会の議題ないし議案に対する審議のため、ひいては議決権を行使するために認められる。この範囲内ないし制約のもとにおいてではあるものの、株主総会における情報開示機能や経営者のコントロール機能を担っている[33]。

　もっとも、上場会社については情報開示と説明の場として株主総会を位置付けて、株主の質問権と経営者の説明義務を強化すべきとする見解がある。この見解は株主総会の権限縮小が取締役の説明義務と並行的な縮小をもたらすと考えるべきではなく、むしろ株主総会の権限縮小に反比例する形で説明の場としての株主総会の意義が特に強調されなければならないとする。そのうえで、株主総会は企業のIR活動発揮の最も有力な場であると主張する[34]。

　さらに、健全なコーポレート・ガバナンスの構築するために、上場会社を対象として会社と株主あるいは投資家との対話が重要視されている「コーポレートガバナンス・コード」との関係で次のようにもいわれる。すなわち、個人株

31）　岩原紳作編『会社法コンメンタール7―機関（1）』245頁［前田重行］（商事法務、2013年）。

32）　この点については、須藤典明「取締役会の逐語的な議事録の作成・開示について」金判1497号1頁（2016年）を参照されたい。

33）　岩原編・前掲（注31）245頁［松井秀征］。尾崎・前掲（注1）22頁も参照。

34）　上村達男『会社法改革―公開株式会社法の構想』215頁（岩波書店、2002年）。

第 9 章　わが国における株主の会社情報の収集権とその問題点

主は原則として株主総会において質問ができないが、コーポレートガバナンス・コードでは株主総会における個人株主の発言等にあまり配慮されていないと指摘されている。上場会社の健全かつ効率的な運営を確保するためには、個人株主の役割（株主民主主義）にも配慮すべきであろうともいわれている[35]。

　ところで、株主の会社情報の収集権は開示請求権とも考えられているが、とりわけ会計帳簿の調査に際して著しい欠落ないし虚偽の疑いがある場合、株主は取締役に対してその点の説明を求めることができるであろうか。この点につき、学説は見解が分かれている[36]。

　肯定説は、会計帳簿に著しい脱落ないし虚偽の疑いがある等の例外的な場合にのみ、説明請求権が認められるとする。すなわち、閲覧謄写請求権は直接的開示請求権というべきであるのに対して説明請求権は間接的開示請求権である点で会計帳簿閲覧謄写請求権よりも弱い権利と見ることができ、閲覧謄写請求権が認められながら会社側の事情によりその権利行使ができない場合に補助的に口頭の説明を求める権利を目的とすべきではない等をその論拠とする[37]。

　これに対して、否定説はわが国の商法（会社法）は株主総会以外で行使できる各種の開示請求権を規定し、会社情報の開示はそれらの手段のみによるべきことを定めていると解する。これは会計帳簿閲覧謄写請求権にも妥当し、株主総会以外に説明義務を負わせることは会社の正常な業務執行を阻害するから認められないとする[38]。さらに、商法（会社法）上、説明請求権行使の要件については明文の規定がないゆえに不明確であり、説明請求権を認めるとすれば会社の正常な業務執行を阻害する可能性が強いと批判する[39]。

---

35)　森本滋『企業統治と取締役会』46 頁（商事法務、2017 年）。

36)　学説の展開につき、上柳ほか編・前掲（注 19）205-206 頁［和座一清］を参照。

37)　山村忠平「株主の説明請求権」私法 16 号 122-123 頁（1956 年）。

38)　菅原菊志「株主の解説請求権の法律的考察」私法 23 号 157 頁（1961 年）。

39)　本間・前掲（注 8）643 頁。

(5)　検査役選任請求申立権

　株主自身による直接的な情報収集権ではないが、より広範な会社情報の収集権として検査役選任請求申立権（会社法358条1項）がある。すなわち、総株主の議決権又は発行済株式の3％以上を有する株主は、会社の業務の執行に関し、不正の行為又は法令もしくは定款に違反する重大な事実があることを疑うに足りる事由があるときは、裁判所に対して検査役の選任の申立てをすることができる。ちなみに、わが国の検査役選任請求申立権は1862年イギリス会社法が参考にされたようである[40]。

　株主の会社情報の収集権は、前述のように株主の監督是正権の適切な行使を通した経営監督のための手段である。ただ、上述の様々な株主による会社情報の収集権では収集できる情報が限定される。そのため、さらに進んで、直接に会社の業務及び財産の状況も調査する必要がありうる。それに応える制度が検査役選任請求申立権であると考えられている。もっとも、強力な権利であるため、濫用の危険も大きいためその要件及び効果については厳格な法規制が加えられている[41]。

　検査役選任請求申立権については、会計帳簿閲覧謄写請求権との関係が古くから問題となっている。かねてより、中立的・公的な機関に会計帳簿・資料を調査させ、その結果を株主に報告させる方式を採用し、両制度の一本化が妥当であると主張されてきた[42]。そこでは、株主に会計帳簿の閲覧謄写請求権を認めることで不当に会社業務の運営が阻害されるおそれがあるとともに、個別的な閲覧を認める実益が少ないのを理由とする[43]。

---

40)　上田純子「中立的社外者による会社情報の収集と利害調整」法政79巻3号298頁（2012年）、司法省『ロェスエル氏起稿 商法草案 上巻（復刻版）』444頁（新青出版、1995年）。

41)　落合編・前掲（注30）107頁［久保田光昭］。なお、欧州諸国では少数株主の申立てに基づき裁判所が選任した検査役が会社の業務及び財産を調査する制度が広く採用されているとされている（江頭・前掲（注3）596頁注4)。この点につき、上田・前掲（注40）298頁以下を参照。

第 9 章　わが国における株主の会社情報の収集権とその問題点

あるいは、会計帳簿については情報の機密性が高く、漏洩されれば結果として全株主に不利益が及ぶことになるから独立中立機関に情報収集を委ねるのが望ましいとの主張がある。そのうえで、その他の会社情報については利害関係人のイニシアチブに基づく権利として存置すべきだが、情報の内容・性質に応じて検討されるべきであるともいわれる[44]。

このように、会計帳簿閲覧謄写請求権と検査役選任請求申立権は権利行使要件やその効果については重複する点が多い。今後は、両者の関係をどのように位置付けて、調整していくかが重要な課題となろう[45]。

第 2 節　会社情報の収集権の沿革

1．昭和 25 年改正以前の規定

会社法における会社情報の収集権に関する検討の前提として、まず、平成17 年改正前商法における株主の会社情報の収集権に関する規定の沿革を確認しておきたい。その規定の変遷は次のとおりである[46]。

明治 23 年のいわゆる旧商法は「会社ハ基本店及ヒ各支店ニ株主名簿、目論見書、定款、設立免許書、総会ノ決議書、毎事業年度ノ計算書、財産目録、貸

---

42)　石井照久『会社法下巻（商法Ⅲ）』243 頁（勁草書房、1967 年）、上柳ほか編・前掲（注 19）204 頁［和座一清］、大隅健一郎＝今井宏『会社法論上巻（第 3 版）』502 頁（有斐閣、1992 年）、木俣由美「適切な経営監視のための株主の情報収集権—会計帳簿閲覧権を中心に—」産法 38 巻 1 号 37 頁（2004 年）。

43)　石井・前掲（注 42）243 頁。

44)　上田・前掲（注 40）333-334 頁。

45)　この点につき、黒沼悦郎「帳簿閲覧権」民商 108 巻 4・5 号 529 頁（1993 年）は、会計帳簿閲覧請求権と検査役選任請求権が並存している以上、一方の存在が他方の利用を妨げることはあってはならないと述べている。

46)　蓮井良憲「株主による会社備置書類の閲覧請求」加藤勝郎＝柿崎榮治＝新山雄三編『服部榮三先生古稀記念 商法学における論争と省察』755-756 頁（商事法務研究会、1991 年）参照。

借対照表、事業報告書、利益又ハ配当金ノ分配案及ヒ抵当若クハ不動産質ノ債権者ノ名簿ヲ備置キ通常ノ取引時間中何人ニモ其求ニ応シ展開ヲ許ス義務アリ」と定めていた（同法222条）。旧商法は明治26年の一部施行にあたって、「何人ニモ其求ニ応シ」との文言が「株主及ヒ会社ノ債権者ノ求ニ応シ」と改められた。

明治32年の商法は、その171条1項で「取締役ハ定款及ヒ総会ノ決議録ヲ本店及ヒ支店ニ備ヘ置キ且株主名簿及ヒ社債原簿ヲ本店ニ備ヘ置クコトヲ要ス」とし、そのうえで2項は「株主及ヒ債権者ハ営業時間内何時ニテモ前項ニ掲ケタル書類ノ閲覧ヲ求ムルコトヲ得」と規定していた。明治32年商法は書類の備置及び閲覧を旧商法が会社の義務として規定していたのに対して取締役の義務として規定する。その他に会社の計算書類は会社の計算の節に移し、取締役は定時株主総会の会日前に、財産目録、貸借対照表、事業報告書、損益計算書、準備金及び利益又は利息の配当に関する議案を本店に備え置くこととしたうえで株主にその閲覧を認めていた（同法191条）。さらに、目論見書並びに設立免許証等は削除するとともに、実際上の便宜を考慮して社債原簿の本店での備置を加えた。

昭和13年改正商法は株主総会の議事録について規定を設け（同法244条）、これとともに取締役が会社の本店・支店に備え置き、株主の閲覧に供すべき会社情報のうち、株主総会の「決議録」を「議事録」と改めたが実質的な変更はなかった（同法263条）。その一方で、株主総会に提出すべき計算書類等は定時総会の会日1週間前から本店に備え置くことを要し、株主は営業時間内いつでも閲覧を求めることができた。さらに、会社の定めた費用を支払ってその謄本及び抄本の交付を求めることができる旨定められた（同法281条）。

2. 昭和25年改正等

その後、アメリカ法の影響を受けた昭和25年改正商法では次のような規定となった[47]。すなわち、同法263条1項は「取締役ハ定款並ニ総会及取締役会ノ議事録ヲ本店及支店ニ、株主名簿及社債原簿ヲ本店ニ備置クコトヲ要ス名

第 9 章　わが国における株主の会社情報の収集権とその問題点

義書換代理人ヲ置キタルトキハ株主名簿及社債原簿又ハ其ノ複本ヲ名義書換代
理人ノ営業所ニ置クコトヲ得」とし、会社に保存を求める会社情報を列挙して
いた。そのうえで、同条 2 項で「株主及会社ノ債権者ハ営業時間内何時ニテモ
前項ニ掲グル書類ノ閲覧又ハ謄写ヲ求ムルコトヲ得」として、株主及び債権者
の会社情報の収集権を規定した。

　昭和 25 年改正商法における改正点は、まず、同年の改正で採用された取締
役会制度に伴う議事録に関する規定が新設された。すなわち、昭和 25 年商法
改正で取締役会制度が法定され、昭和 25 年改正商法 260 条ノ 3 が取締役会議
事録について「取締役会ノ議事ニ付テハ議事録ヲ作ルコトヲ要ス議事録ニハ議
事ノ経過ノ要領及其ノ結果ヲ記載シ出席シタル取締役之ニ署名スルコトヲ要
ス」と規定した。そのうえで、同法 263 条が定款や株主総会の議事録とともに
取締役会の議事録を本店と支店での備置を要求し、株主はその閲覧謄写できる
と規定した[48]。これと併せて、名義書換代理人の採用に伴う改正がされたも
のの、本質的な変更はなかった。

　また、昭和 25 年商法改正では会社情報の閲覧以外に謄写ができる旨規定さ
れた。その理由として、昭和 25 年改正前商法では会社情報の閲覧のみが認め
られ、その謄写は認められていなかった。しかし、学説では会社情報の閲覧者
が会社の業務及び他の閲覧者を妨害しない限り、会社情報の謄写を禁止すべき
理由がないとし[49]、判例においても、大審院昭和 13 年 6 月 6 日判決（民集 17
巻 13 号 1207 頁）が会社情報の閲覧には謄写も含まれることを判示しており、
従来から会社情報の謄写を認めていたこうした立場を明文化したものとされて
いる。

　次いで、昭和 25 年商法改正では、株主の地位を強化する一環として、会計
帳簿閲覧謄写請求権が認められた。会計帳簿閲覧謄写請求権は、アメリカ法上

---

47)　蓮井・前掲（注 46）756 頁参照。

48)　落合編・前掲（注 30）320 頁［森本滋］。

49)　松本烝治『日本会社法論』290 頁（厳松堂書店、1929 年）、奥野健一ほか『株式会社
　　法釈義（改訂 4 版）』177 頁（厳松堂書店、1940 年）。

283

の会社情報の収集権に倣い導入された。すなわち、同改正は株主総会の権限を
縮小して取締役の権限強化を図った一方で、株主が直接に会社業務の運営の監
督及び是正する権利を与え、そうした権利の一つとして会計帳簿閲覧謄写請求
権が認められた[50]。ちなみに、この規定を設けるにあたって参考とされたの
は 1933 年イリノイ州事業会社法（Illinois Business Corporation Act of 1933)
とされている[51]。

　しかし、その行使にあたっては発行済株式総数の 10 分の 1 以上の株式の保
有が要求されていた。会計帳簿閲覧謄写請求権が 10％以上の株式保有という
少数株主権とされた理由は、個々の株主に当該権利行使を認めると会社荒らし
等によって容易に濫用されるとともに、会社が権利濫用に藉口して正当な権利
行使を妨げる危険を考慮したためとされている[52]。

　それに対して、わが国の会計帳簿閲覧謄写請求権のモデルとなった 1933 年
イリノイ州事業会社法は、会計帳簿だけではなく、各種議事録、株主名簿の調
査を請求するにあたって、6 か月以上又は発行済株式の 5 ％以上の株式の保有
を要求していた。しかし、アメリカではコモン・ロー上の会社情報の収集権が
排斥されておらず、持株数とは無関係に会社情報の収集権を行使できたことに
鑑みるとアメリカ会社法を主なモデルとしながらも大きな相違があったものと
いえよう。

　他方で、昭和 25 年改正商法は 293 条ノ 5 で全ての株主に計算書類付属明細
書の閲覧権を認めた。ただ、昭和 49 年商法改正により附属明細書も計算書類
と同様の扱いになったため、同条は全面削除された。なお、昭和 25 年改正商
法 281 条では備置が義務付けられていた財産目録は昭和 49 年の商法改正でそ
れを削除してその作成を不要とした。それは次のことを理由とする。すなわ

---

50)　上柳ほか編・前掲（注 19）201 頁 ［和座一清］。

51)　会計帳簿閲覧謄写請求権の創設に係る議論につき、中東正文編著『商法改正（昭和
　　25 年・26 年）GHQ/SCAP 文書』解 38 頁以下（信山社、2003 年）を参照。

52)　鈴木竹雄＝石井照久『改正株式会社法解説』285 頁（日本評論社、1950 年）、大隅健
　　一郎＝大森忠夫『逐条改正会社法解説』467 頁（有斐閣、1951 年）。

第 9 章　わが国における株主の会社情報の収集権とその問題点

ち、会計帳簿が完備される限り、財産目録の実質的な重要性が失われたゆえに必要がないと判断されたためである[53]。

3．昭和 56 年改正

ところで、昭和 25 年改正商法において、取締役会議事録は、株主総会議事録と同様に株主に広く開示されていた[54]。そもそも、取締役会は重要な業務執行に係る意思決定機関であり、かつ取締役の職務執行の監督機関でもある。したがって、事後的に取締役の責任の追及に資するためだけではなく、合理的な資料に基づいて実質的な審議がされたかどうか等の経営チェック一般の実効性を確保するために、取締役会の議事の経過についてできるだけ詳しく議事録に記載等されることが望まれる。しかし、その議事や決議の内容には企業秘密に属する事項が含まれており、これが広く開示されると会社の利益を害するおそれがあった。

そこで、実務慣行として代表取締役中心の常務会や経営会議等が実質的な経営の基本方針に係る意思決定機関として機能し、取締役会における審議が形式化する事態、いわゆる取締役会の形骸化が生じるようになった。そうした取締役会の形骸化を阻止し、その活性化のために昭和 56 年商法改正で取締役会の専決事項を詳細に法定した。それとともに、その議事録の閲覧等は裁判所の許可を要するものとして、取締役会の議事録の備置、閲覧及び謄写に関する規定は、株主総会の議事録等とは別個に商法 260 条ノ 4 第 3 項ないし 5 項において規定された。それと併せて、取締役会の議事録の備置期間が 10 年とされて本店のみに備え置けばよいこととなった[55]。

この改正は、株主の会社情報の収集権については常に存在する濫用の危険性に対する措置と当該権利をいかにして確保するかという点との調整でもあると

---

53)　上柳ほか編・前掲（注 6）19 頁［酒巻俊雄］。

54)　昭和 56 年商法改正における取締役会議事録の閲覧謄写に係る改正の背景につき、落合編・前掲（注 30）320-321 頁［森本滋］参照。

285

されている。いわば濫用に対する抑制と会社情報の収集権の保障という異なる2つの要請の調和を図るということについての立法的努力の結果と評価されている[56]。

4. 平成5年改正

(1) 平成5年商法改正の経緯

ところで、会計帳簿の閲覧謄写請求権を行使できる株主は、発行済株式総数の10分の1以上に当たる株式を有する者に限定されていた。しかし、この要件はわが国特有のいわゆる特殊株主による濫用の危険を考慮するものであるとしても、発行済株式数の10分の1という比率は厳格すぎるため持株比率の低減が望ましいといわれていた[57]。

そのような状況もあって、日米構造協議においても、株主の会計帳簿閲覧謄写請求権の要件の緩和をアメリカ側が要請していた。日本側も法制審議会において、株主の持株要件を一定程度緩和することによる株主の会計帳簿へのアクセスの改善の問題について具体的な検討を進めていると説明して、アメリカ側の理解を求めたという経緯があった[58]。

もっとも、アメリカ側の指摘をまつまでもなく、そもそも発行済株式総数の10分の1という持株要件はかなり厳しい要件であって、大規模公開会社では

---

55) もっとも、昭和56年改正以前も取締役会議事録の閲覧謄写が自由に認められていたわけではなく、不当な権利行使に対しては会社が拒絶することがあり、そのような場合に、裁判所は株主の権利濫用論をもって株主の請求を棄却してきたとされている（木俣由美「取締役会議事録閲覧・謄写権の『必要性』の要件の検討―株主代表訴訟提起権の濫用規制を参考に―」出口正義ほか編著『企業法の現在―青竹正一先生古稀記念』300頁（信山社、2014年））。

56) 前田重行「株主の情報開示請求権の行使とその濫用規制について―株主名簿閲覧・謄写請求権を中心として―」竹内昭夫編『特別講義商法 I』76頁（有斐閣、1995年）。

57) たとえば、上柳ほか編・前掲（注19）204頁［和座一清］。

58) 吉戒修一『平成五・六年改正商法』178-179頁（商事法務研究会、1996年）。

286

第 9 章　わが国における株主の会社情報の収集権とその問題点

個人株主がこの要件を充たすのはほとんど無理であった。そのため、大規模公
開会社については「画餅」となっていた会計帳簿閲覧謄写請求権を利用しやす
い権利にするという改正は、従来の学界における議論に沿うものであるともい
われていた[59]。

(2)　平成 5 年当時のアメリカ会社法の状況

　会計帳簿閲覧謄写請求権の主なモデルとなったアメリカの会社情報の収集権
は各州会社法によって差異があるものの、一般にはそうした持株要件が課され
ていなかった。たとえば、1950 年の公表当時の模範事業会社法では 6 か月以
上又は発行済株式の 5 ％以上の株式の保有を要求していたが、模範事業会社法
の 1984 年改正でそうした要件が撤廃された。その理由として、濫用的な株主
の会社情報の収集権から会社を保護するために権利行使要件を設けたとされて
いるが、十分な抑止にならなかったことが挙げられている。あるいは、わが国
の会計帳簿閲覧請求権の主なモデルとされているイリノイ州事業会社法も
1983 年に改正されて、会社情報の収集権の行使については正当な目的を要求
するという制限のみとなっていた。

　そうした状況を踏まえて、株主による会社の業務執行に対する監督是正権の
強化という見地から平成 5 年商法改正でその持株要件を緩和した。ただ、その
程度については、他の少数株主権とのバランス及び濫用のおそれを考慮して少
数株主要件が発行済株式総数の 100 分の 3 とされた[60]。

---

59)　神田秀樹「会計帳簿等の閲覧謄写権」ジュリ 1027 号 24 頁（1993 年）。それ以外の
　　要因についての分析につき、黒沼・前掲（注 45）518 頁参照。

60)　法務省民事局参事官室『一問一答 平成 5 年改正商法』54 頁（商事法務研究会、1993
　　年）、江頭＝弥永編・前掲（注 27）132-133 頁［久保田光昭］。なお、1984 年改正模
　　範事業会社法における株主の会社情報の収集権の特徴については、第 6 章第 3 節を
　　参照

（3）　平成 5 年商法改正で検討された事項

　その議論の中では発行済株式総数の 100 分の 5 以上とする案、100 分の 1 以
上とする案、あるいは一株株主権とする案等が出された。しかし、ある程度の
緩和を図る必要性と濫用の抑制との兼ね合いからいずれも採用されず、発行済
株式総数の 100 分の 3 とされた。さらに、アメリカ会社法との比較から会社が
会計帳簿の閲覧を認めるにあたり、株主に対して閲覧により知った情報を他に
漏らしてはいけないという条件を付すことができるとする手当ても検討され
た。この点については、株主が閲覧により知った情報を会社の競業者等に漏ら
したことにより会社に損害が生じた場合、会社は当該株主に対し民法の不法行
為でその責任を追及できると解されること等の理由からその意見は採用されな
かった[61]。

　ちなみに、1984 年改正模範事業会社法は、会社情報の閲覧手続として不要
な時間と費用を避けるために、株主が会社情報の収集をしたい日時に先立つ 5
営業日前に会社に対する書面の通知を要求していた。これは株主による会社情
報の収集権の行使目的を会社に示し、会社がその内容に基づいて株主の請求の
認否を判断することを意図したものであった。そのうえで、取締役会等の議事
録、株主名簿及び会計帳簿といった機密性の高い会社情報の調査については、
上記の通知に加えて株主が善意かつ正当な目的で閲覧を請求し、合理的な特定
性をもって調査の目的及び調査を求める記録が説明されるとともに、調査した
い会社情報が当該目的と直接関連することが要求して濫用的な会社情報の収集
権の行使の抑止が意図されていた。

　それに加えて、会社情報の収集権を用いた株主による阻害行為から会社を保
護するために、裁判所に得られた情報の利用並びに配布を制限する権限を与え
ていた。これは株主の会社情報の不当な利用の抑止のみならず、機密性の高い

---

61)　吉戒・前掲（注 58）184-185 頁、181-182 頁。なお、平成 5 年商法改正に関する近
　　時の論稿として、仮屋広郷「国際政治と会社法制改革—平成 5 年商法改正を通して
　　今を見る」法セ 734 号 48 頁（2016 年）がある。

会社情報の収集に係る収集範囲の明示や権利行使目的との関連性という要件の
実効性を高めていた。

5．平成11年改正及び平成13年改正

(1)　平成11年商法改正

　会社情報全般に係るその後の改正としては、まず、平成11年商法改正にお
いて株式交換及び株式移転制度の導入されたことに伴い、親会社株主の権利の
拡充が検討課題となった。すなわち、株式交換等により親会社の株主が子会社
の経営状況について重大な利害関係を有することが予想された。その一方で、
株式交換等が行われると、完全子会社の株主はその会社の株主たる地位を失
い、従来閲覧ができた完全子会社となる会社情報の閲覧を求めることができな
くなる。そこで、親会社の株主の利益を保護するために親会社株主に子会社の
会社情報を開示することとした[62]。

　ただし、その閲覧には裁判所の許可を要するものとした。これは親会社と子
会社は別法人であり、親会社の株主は子会社の所有者ではない。そのため親会
社株主が無条件に子会社に対して閲覧権等を行使することは妥当ではなく、そ
の者が株主としての権利を行使するために子会社の情報の閲覧が必要である場
合にのみ、子会社に対して閲覧権等を行使できるとするのが適切であると考え
られた。さらに、閲覧等の請求を行っている者が親会社株主であるか否かは子
会社にとって必ずしも容易に判別できないとされた。そうした見地から裁判所
の許可を必要としたとされている[63]。

　平成11年商法改正では検査役選任請求申立権についても改正が行われてい
る。すなわち、検査役選任請求申立権は発行済株式総数の10分の1以上の株
式を有する株主に認められていたが、平成11年商法改正で株主権の強化とい

---

62)　原田晃治ほか『一問一答 平成11年改正商法—株式交換・時価評価—』97-98頁（商
　　事法務研究会、1999年）。
63)　原田ほか・前掲（注62）102頁。

う見地から会計帳簿の閲覧謄写請求権と同様に、発行済株式総数の100分の3以上の株式を有する株主にも認められることになった。それに加えて、検査役はその職務を行うために必要があるときは子会社の業務及び財産の状況を調査できるものとした。親会社の株主の子会社に対する経営監視権の強化という見地から親会社の業務執行に問題があるとき等に親会社の株主の選任した検査役に子会社の業務及び財産の状況を調査する権限を認めるものであった[64]。

(2) 平成13年商法改正

　平成13年商法改正では二度にわたり会社情報の収集権の改正が行われた。まず、平成13年6月商法改正は単元株制度を創設したことにより、発行済株式総数と議決権の数との間に齟齬が生じることになった。それに伴い、少数株主権の要件について議決権を基準とする旨の改正が行われ、そこには会計帳簿の閲覧謄写請求権が含まれていた[65]。

　次いで、平成13年11月の商法改正が挙げられる。この改正には次のような背景があった。すなわち、インターネット等のコンピュータ・ネットワーク網の整備、IT革命と呼ばれる情報技術の進歩、暗号技術の利用によるセキュリティの確保等に支えられた高度情報化社会の到来により、企業が国際的な競争の場で生き残るためにはこれを迅速かつ的確に対応することが求められた。そこで商法においても会社が作成するとされている書類等について、電子的記録等で作成できるとして企業が高度情報化社会に対応するうえでの障害となる規制の廃止が求められていたため改正が行われた[66]。

　もっとも、昭和49年商法改正に際して、会計帳簿、計算書類その他の会社の重要書類をマイクロフィルムその他情報保存装置で保存ができるようにする旨の改正提案がされていたほか[67]、実務では平成13年6月改正以前にも一部

---

64) 原田ほか・前掲（注62）111頁。

65) 神田秀樹＝武井一浩編著『新しい株式制度』142頁（有斐閣、2002年）。なお、改正前後の条文につき、相沢英之ほか編『一問一答 金庫株解禁等に伴う商法改正』91頁（商事法務研究会、2001年）を参照。

第9章　わが国における株主の会社情報の収集権とその問題点

の会社情報について電子的に保存されていた[68]。たとえば、株主名簿については改正がされる以前からコンピュータの情報処理機能を用いないと株主名簿の作成や保存が不可能になっていたとされている。ただ、株主名簿の作成をコンピュータで行う場合には当然その保管形態は電子的記録となるが、必要に応じて相当期間内に紙等にプリントアウトして見読可能な状態にできた。その場合には会社の株主名簿作成義務は履行されたものと解されていた[69]。

(3)　会社情報の電磁的保存に関する学説の展開

　平成13年6月改正以前の学説においても、容易に見読可能な状態に置くことを条件としたコンピュータによる保存が解釈上認めるとする解釈が示されており[70]、法務省民事局も同様の立場をとっていた[71]。ただ、この点については反対する学説もあり、その理由として次のことを挙げる。すなわち、商業帳簿及びその営業に関する重要書類は10年間の保存を必要としているのは、商業帳簿自体又は営業に関する重要書類自体の保存を意味すると主張する。した

---

66)　原田晃治編著『平成13年改正会社法 Q&A 株式制度の改善・会社運営の電子化』6-7頁（商事法務、2002年）。平成13年11月商法改正によって電子化された会社情報については、中村信男「会社関係書類等と総会運営の電子化」酒巻俊雄編『平成13年および平成14年会社法改正の検証（判タ1093号）』68頁表1（判例タイムズ社、2002年）を参照。

67)　江頭＝弥永編・前掲（注27）161頁［片木晴彦］。

68)　中村・前掲（注66）68頁。改正提案につき、商法改正研究会「商法改正要綱私案」商事501号11頁（1969年）参照。その解説として、矢沢惇「電子計算機・マイクロフィルムによる書類の作成・保存の法律問題」商事527号8頁（1970年）を参照。

69)　上柳克郎＝鴻常夫＝竹内昭夫編集代表『新版注釈会社法（4）―株式（2）』17頁［西島梅治］（有斐閣、1986年）。

70)　大隅健一郎『商法総則（新版）』224頁（有斐閣、1978年）。

71)　マイクロフィルムでの保存につき、昭和49年11月18日付け民四第6029号民事局長回答（商事684号29頁（1974年））、電磁的記録での保存については、法務省民事局「商業帳簿等の電磁的記録による保存について」商事1486号19頁（1998年）を参照。

291

がって、磁気テープ又はマイクロフィルムの保存で足りるという意味に解することはできないと指摘していた[72]。

　他方で、電子的記録をもって作成ないし保存されている会社情報の備置や閲覧等の方法、署名が要求されている場合における署名の代替策といった解釈だけでは十分に対応できない問題が残されていたため、そのような問題も含めて立法的に手当てするべきことが求められていた[73]。そうした要請から、平成13年6月商法改正ではその文言上電子的記録を含みうると解される会社情報については、電子的記録により作成できる旨を確認的に明らかにするとともにその場合にすべき署名に代わる措置等の必要な手当てがされた[74]。

　アメリカの模範事業会社法においては1969年改正でマイクロフィルムといった書面以外の形式で会社情報の保存を認めた。さらに、1984年改正模範事業会社では会社情報の保存に係る規定の解釈としてコンピュータによる会社情報の保存も認めていた。わが国の会社法制も、解釈として会社情報の電子的保存が認められていたことに加えて、解釈では十分に対応できないことを明確に規定した点は先駆的であったといえよう。

　なお、株主名簿の電子的記録による保存には次のような問題も指摘されている。すなわち、情報技術の発展に伴って過去の株主名簿の記載内容も長期間の保存が可能となり、いつでも既往に遡って株主移動状況等の調査が可能となっている。株主名簿の閲覧謄写権については、過去の株主名簿の記載内容を閲覧謄写請求することができるのか否かが条文上明確ではないと指摘されている[75]。

---

72)　田中誠二『全訂商法総則通論』310頁（勁草書房、1976年）。

73)　中村・前掲（注66）68頁。

74)　原田・前掲（注66）97頁。

75)　酒巻＝龍田編・前掲（注22）207頁［志谷匡史］。ちなみに、同書では株主名簿の閲覧謄写請求を法定した趣旨に照らして否定的に解するべきであると主張している。

6．昭和 61 年商法・有限会社法改正試案と学説の関係

(1)　株主名簿に関する提案

　株主による会社情報の収集権については、結果として改正されなかったが、昭和 61 年の商法・有限会社法改正試案において次のような改正案が検討された[76]。まず、株主名簿の閲覧謄写について、後述するようにその権利行使が濫用に亘るような場合に会社は拒絶できると解されている。しかし、その立証の負担は会社にあるため会社が濫用的な権利行使を拒絶するのは事実上困難であるとされていた。そのうえ、昭和 61 年の改正試案が公表された当時、ダイレクトメール業者等によるリスト作りを目的とする個人情報の収集のために株主名簿の閲覧謄写請求権が使われている場合が生じてきており、株主のプライバシー保護の観点からも問題が提起されていた。そこで立証責任を転換する形で、株主名簿の閲覧謄写を求めるにはそれを必要とする正当な理由の存在を明らかにしなければならないとすることが考えられた。あるいは、取締役会議事録と同様に閲覧謄写には裁判所の許可を要するとすることも考えられた。

　ただ、株主名簿の閲覧謄写請求権は株主の最も基本的な権利の一つであり、これを安易に制限するのは問題であると考えられた。たとえば、株主が株主提案権等の少数株主権を行使するために他の株主と連絡をとったり、委任状勧誘を行ったりする場合には株主名簿の閲覧が必要であり、株主名簿の閲覧謄写請求がこのような株主間のコミュニケーションの機会を奪うことになる。そのため、株主名簿の閲覧謄写請求権を取締役会議事録と同様の制限のもとに置くことについては異論が予想された。閲覧謄写に制限を加えるのが適切と考えられる典型は上場会社のような株主の数が多く、株主の会社運営への参加の意識が極めて希薄な会社であることが想定された。そこで裁判所の許可に係らせるよ

---

76)　その検討経緯については、大谷禎男「会社法改正作業の最近の動向について（2・完）」商事 1194 号 9 頁（1989 年）、同「商法・有限会社法改正試案の解説（7）―株式・持分―」商事 1084 号 15-16 頁（1986 年）参照。

うな制限をするとしても、そのような制限は閉鎖的な会社には及ばないとする
手当てが必要であった。もとより、いかなる会社であっても株主が株主名簿に
おける自分自身の記載部分の閲覧は上述の制限とは無関係である。それゆえ、
その実質を担保するために当該記載部分の内容を証する書面の交付請求権を株
主に認めることの可否が検討された。

(2) 学説の展開

この試案に対して学説は、上場会社のような株主が数万人を超える大規模な
会社と株主数の少ない小規模な会社では株主の信頼関係や会社経営への関心に
差異があるとして、株主数等に応じて株主名簿の閲覧謄写請求について異なる
規制をして制限を設けることに賛成する見解もあった[77]。それに対して、株
主名簿の閲覧謄写について規制が妥当か、規制するとすればどのような規制が
適当かということは短兵急に決められるものではなく、長期にわたって検討さ
れなければならない事項であると指摘されていた。

すなわち、株主が株主資格とは無関係な純然たる個人的利益のために株主名
簿の閲覧謄写の放任は許されるべきではないが、株主名簿の閲覧謄写について
厳しい制限を設けてよいかということになると、株主名簿の閲覧謄写請求権が
他の共益権とは異なって多分に自益権的な性質も有していることに照らすとそ
れを肯定できないことをその論拠とする[78]。

さらに、濫用の規制については解釈論で十分に対応できるとも考えられてお
り、安易に立法論を持ち出すのは適切ではないとの指摘もあった[79]。そのう
え、株主名簿の閲覧謄写の制限につき、裁判所は権利濫用によって対応してお
り改正の必要性自体が疑問視されたため、そのような改正はされなかった[80]。

---

77) 盛岡一夫「株主名簿の閲覧請求権等」田中誠二監修『商法・有限会社法改正試案の
研究（金判 755 号）』122 頁（経済法令研究会、1986 年）

78) 阪埜光男「株主名簿の閲覧・謄写請求権の問題点」石山卓磨＝上村達男編『酒巻俊
雄先生還暦記念 公開会社と閉鎖会社の法理』602 頁（商事法務研究会、1992 年）。

79) 前田・前掲（注 56）90 頁。

(3)　会計帳簿に関する提案

　他方で、昭和 61 年の商法・有限会社法改正試案においては、会計帳簿の閲覧謄写についても次のような改正案が検討された[81]。第 1 に、株主数 50 人以下の株式会社、株式の譲渡制限の定めをした株式会社又は有限会社については、発行済株式総数又は出資の総額の 100 分の 3 以上に当たる株式・持分を有する株主ないし社員に会計帳簿の閲覧謄写権を認めるとする提案がされた。閉鎖会社においては株主ないし社員は信頼関係で結ばれていて、会社経営に対する関心が高いのが原則であり、会社経営に対する監督是正のための会計帳簿の閲覧謄写権についても、少数株主等の要件の緩和が株主等の利益を保護するために適当であると考えられた。そこで、株主数が 50 人以下の株式会社、株式の譲渡制限の定めをした株式会社又は有限会社については持株等の比率を引き下げ、発行済株式総数又は出資の総額の 100 分の 3 以上に当たる株式等を有する株主等に会計帳簿等の閲覧謄写を認めることが検討された。

　そのうえで、会計帳簿の閲覧謄写権を認める要件の緩和と併せて、株主による濫用を防止するための手当てについても検討された。そこでは株主等に対して会計帳簿等の閲覧謄写請求によって知り得た企業秘密について守秘義務を課すこととし、株主等が会計帳簿の閲覧謄写により知った秘密を正当な理由なく漏らしたときはそれによって会社に生じた損害につき賠償の責めに任ずることとする提案がされた。この守秘義務は閲覧謄写権行使のための少数株主等の要件が緩和される会社に限らず、すべての株式会社・有限会社に適用されるとするものであった。学説上も、公開会社については職務上の守秘義務を負う専門家を受任者として閲覧させ、閉鎖会社では少数株主権ではなく単独株主権として規定すべきであるとの立法論も展開されていた[82]。

---

80)　龍田節「平成二年改正商法の検討」商事 1222 号 10 頁（1990 年）。阪埜・前掲（注78）603 頁も参照。

81)　改正試案の検討として、大谷禎男「商法・有限会社法改正試案の解説（9）—計算・公開—」商事 1086 号 32-33 頁（1986 年）参照。

7．会社法制定以降の展開

(1)　会社法の制定に伴う規定の整備

　会社法では会社情報毎にそれぞれ規定が設けられている。その一方で、平成17年改正前商法においては、株主の会社情報の収集権の一部は集約して規定されていた。たとえば、改正前商法では263条で定款、株主名簿、新株予約権原簿、社債原簿、端株原簿の閲覧謄写に関する規定を置いていた[83]。こうした規定の在り方については専ら形式的な理由のものと推測されている[84]。

　個別の会社情報の収集権について個別具体的にみていくと、株主名簿の閲覧謄写が会社法が制定される際に次のように改正された。まず、閲覧謄写の請求は当該請求の理由を明らかにして行わなければならないと改正された（会社法125条2項後段等）。この改正は前述の昭和61年に公表された改正試案での検討を承継したものと思われる。もっとも、改正により導入されたのは後述の拒絶事由の創設と軌を一にするものとも考えられる。

　次いで、会計帳簿の閲覧等請求の規定に倣って株主による株主名簿の閲覧等の請求を会社が拒絶できる事由を明文で定められた（同法125条3項）。株主名簿の閲覧謄写に際して会社の拒絶事由を設けたことにつき、立法担当者はその趣旨について次のように説明している。すなわち、いわゆる名簿屋が株主名簿を経済的利益の獲得のために利用している弊害とプライバシー保護の問題が指摘されていた[85]。そのため株主名簿の閲覧謄写請求の拒絶を新たに創設し、その事由については会計帳簿の閲覧謄写請求の拒絶事由（同法433条2項）と

---

82)　髙橋公忠「会計帳簿閲覧権制度」森淳二朗編集代表『蓮井良憲先生・今井宏先生古稀記念　企業監査とリスク管理の法構造』266頁（法律文化社、1994年）。

83)　なお、振替制度の対象となる上場会社において、株主による会社情報の収集権の行使については個別株主通知をすることが要求されていると考えられており、権利行使の手続が煩雑となっている。振替制度における個別株主通知の検討につき、拙稿「振替制度における個別株主通知の意義と問題点～近時の判例の動向を中心に～」専大院54号1頁（2014年）を参照されたい。

84)　上田・前掲（注40）297頁注5。

第9章　わが国における株主の会社情報の収集権とその問題点

平仄を合わせたとする⁸⁶⁾。しかし、株主名簿についても会計帳簿に関する拒否事由を十分な検討なしにコピー・アンド・ペーストした結果であるとの指摘⁸⁷⁾や法制審議会の答申に反する内容のものであると批判されていた⁸⁸⁾。

　拒否事由を設けた理由として掲げられている株主のプライバシーであるが、この点については次のようにもいわれる。すなわち、株主のプライバシー保護を強調するのであれば、金融商品取引法の定める大量保有に関する開示制度（同法 27 条の 23 以下）⁸⁹⁾も廃止しなければならないと指摘される。そのうえで上場会社はもはや純粋に私的存在とはいえず、上場会社の株主になるというのはその構成員になることだから他の株主に自己の氏名などを知られるのは甘受しなければならないとする⁹⁰⁾。あるいは、プライバシー侵害という不利益のみならず閲覧される株主が享受しうるメリットも考慮する必要があり、会社が閲覧等を拒絶さえすれば閲覧される株主の利益が守られると考えるのは誤りであると批判されていた⁹¹⁾。

　さらに、会計帳簿につき、平成 17 年改正前商法は請求理由を付した書面又はこれに代わる電磁的方法をもって請求しなければならなかった（平成 17 年改正前商法 293 条ノ 6 第 2 項、第 3 項）。これに対して、会社法ではそうした

---

85)　ちなみに、木俣由美「株主名簿の閲覧と株主情報の保護」商事 1710 号 77 頁（2004年）によれば、株主名簿に記録されている株主個人事項は個人情報保護法 2 条 1 項にいう個人情報に該当し、株主名簿はその個人情報を体系的に構成したものであるから同条 2 項にいう個人情報データベース等に該当するとしている。しかし、株主名簿の閲覧・謄写にあっては、会社法の定める株主としての権利であるから本人の同意を得ない個人データの第三者への提供には当たらないとされている。

86)　相澤哲編著『一問一答 新・会社法（改訂版）』63 頁（商事法務、2009 年）。

87)　稲葉威雄『会社法の解明』328 頁（中央経済社、2010 年）。

88)　江頭憲治郎「会社法制定の理念と会社法制見直しの行方」ジュリ 1414 号 99 頁（2011 年）。

89)　大量保有報告制度については、松岡啓祐『最新金融商品取引法講義（第 3 版）』83頁以下（中央経済社、2016 年）を参照されたい。

90)　正井章筰「判批」金判 1294 号 5 頁（2008 年）。

91)　船津浩司「判批」商事 2043 号 47 頁（2014 年）。

規定は設けられていない[92]。また、取締役会議事録については、会社法は小規模閉鎖会社を株式会社の基本形としているため株主については昭和25年商法改正における議事録公開の原則に立ち返り、営業時間内にいつでも議事録等の閲覧謄写を会社に請求できるとした。その特則として監査役設置会社又は指名委員会等設置会社を位置付けて従来の規制を維持している。もっとも、会社法における原則の規制は指名委員会等設置会社以外の大会社ではない非公開会社であって、業務監査権限を有する監査役のいない会社の株主にのみ適用されるにすぎないともいわれる[93]。

(2) 平成26年会社法改正による整備

　会社法125条3項3号で拒絶事由として規定されていた競業者による株主名簿の閲覧謄写請求であるが、上述のようにその在り方について疑問が提起されていたゆえに平成26年会社法改正で削除された。削除された理由は会社法125条3項3号の拒絶事由について、請求者が株式会社と実質的に競争関係にあるというのみで閲覧謄写請求の拒絶を認める合理的理由はないと指摘されており、会社法部会でも同様の意見が大勢を占めた[94]。

　しかし、中間試案に対する意見の中で経済界は会社法125条3項3号の削除に対して反対意見を示していた。その理由として、たとえば経団連等は競業者による会社の資本政策や取引関係等に係る情報の把握が懸念されるとする。さらに、経営法友会等は当該拒絶事由の削除によって拒絶事由が不当に狭まると、濫用的な請求を拒絶しうるかどうかの判断に係る企業の負担が増加を危惧していた。その他に、全国銀行協会は株主名簿の閲覧について中間試案の見直しがされる場合には、少なくとも株主のプライバシー保護や閲覧後の情報管理

92）　江頭＝弥永編・前掲（注27）138-139頁［久保田光昭］。

93）　酒巻俊雄＝龍田節編集代表『逐条解説会社法 第4巻機関・1』590頁［早川勝］（中央経済社、2008年）、落合編・前掲（注30）321頁［森本滋］。

94）　法務省民事局参事官室「会社法制の見直しに関する中間試案の補足説明」商事1952号59頁（2011年）。

第 9 章　わが国における株主の会社情報の収集権とその問題点

について何らかの規律や議事録といった株主名簿等以外の会社情報の閲覧請求
にも会社法 125 条と同様の制限を設けるべきであると提言していた[95]。

　他方、会社法 125 条 3 項 1 号及び 2 号の定める拒絶事由が不当に広く解される
おそれがあるから、その文言を見直すべきとの指摘がある一方で、拒絶事由
の見直しによって株主名簿等の閲覧等の請求を拒絶しうるかどうかの判断等に
係る会社の負担が増大するおそれがあると懸念されているため、拒絶事由の見
直しについてはこの懸念に配慮する必要があるとも考えられた[96]。会社法部
会においてもこの点が議論の対象となり、株主名簿の拒絶事由は会社の企業秘
密に直結する会計帳簿の閲覧についての同法 433 条 2 項各号をコピーしたゆえ
に全体として目的がずれており、その結果、同法 125 条 3 項 3 号を削除しただ
けでは問題が十分に解決されないと指摘された[97]。すなわち、会社法 125 条
3 項 1 号及び 2 号は、会計帳簿閲覧の拒絶事由と同じ文言を採用したためその
解釈論に引きずられ、会社法立法後は積極的に株主の権利に裏付けられ、支え
られた請求以外は認めるべきではないという運用が出てきているとの意見が
あった。その一方で、1 号及び 2 号は株主の個人情報保護への配慮が弱く、同
法 125 条 3 項の規定の仕方を根本から考え直すべきことが主張された[98]。

　そうした議論のなか、中間試案に対するパブリック・コメントにおいて株主
は株主名簿の閲覧等を自由に行えるのが原則であり、濫用的な請求が例外的に
排除されることを法文で明確すべきとの賛成意見[99]もあったものの、反対意
見が多数であった[100]。そうした反対意見として、全国株懇連合会等は会社法

---

95)　坂本三郎ほか「『会社法制の見直しに関する中間試案』に対する各界意見の分析
　　（下）」商事 1965 号 47 頁（2012 年）。

96)　法務省民事局参事官室・前掲（注 94）60 頁。

97)　岩原紳作「『会社法制の見直しに関する要綱案』の解説（Ⅵ・完）」商事 1980 号 8 頁
　　（2012 年）。

98)　岩原・前掲（注 97）8 頁。

99)　資料「『会社法制の見直しに関する中間試案』に対する早稲田大学教授意見」早法
　　87 巻 4 号 351 頁（2012 年）。

100)　岩原・前掲（注 97）8 頁。

125条3項1号及び2号は権利の濫用にあたる場合を確認的に規定したものであるから見直しの必要性が認められないとの見解を示した。経団連等は見直しによって拒絶事由が不当に狭まることになりかねず、濫用的な請求を拒絶しうるかの判断にかかる企業の負担が増大すると主張していた。その他にも、第一東京弁護士会等は委任状加入や少数株主権行使の場面で自己に賛同する同志を募る目的で行われる株主名簿の閲覧請求について、当該目的があることをもって会社法125条3項1号又は2号の拒絶事由を構成するものではないことを明確にする方向で見直しをすべきとの意見等もあった[101]。

さらに、中間試案後の部会審議において1号及び2号の見直しも主張する意見が提起されたが、1号及び2号に代わる適切な文言を見いだすことが困難であるとの理由により文言の見直しはされなかった[102]。とはいえ、この改正措置によって多数の学説の見解に従うとともに最近のM＆Aの際における同業者の閲覧ニーズ等に応え、立法的な修正を図るものであった[103]。

(3)　平成26年改正以降の動向

平成28年1月に商事法務研究会に設置された「会社法研究会」（座長：神田秀樹学習院大学教授）では制度の課題等についての議論がされた[104]。そこでは、株主代表訴訟における株主の資料収集や議決権行使書面の閲覧謄写請求権の濫用的な行使の制限に係る検討で、株主が会社情報を直接的な閲覧を認めるべきかが検討された。

その議論の中で株主の直接的な会社情報の収集を否定し、検査役による調査を通じて株主の権利を担保しようとする見解が有力に示されたようである。議

---

101)　坂本ほか・前掲（注95）47頁。

102)　岩原・前掲（注97）9頁。

103)　松岡啓祐「会社法改正の概要とその課題について―平成26年改正の動向を中心に―」専紀39号（民事法の諸問題XIV）161頁（2014年）。

104)　神田秀樹「特集 会社法施行10年の実情と課題―特集にあたって」ジュリ1495号14頁（2016年）。

第 9 章　わが国における株主の会社情報の収集権とその問題点

決権行使書面の閲覧についても株主名簿管理人が何らかの証明書を出すような制度の創設等といった意見が示されたとされている[105]。同研究会の報告書によれば、株主の収集した会社情報の目的外利用等の濫用が懸念される等の意見があったため、株主による会社情報の調査に関する会社法の規律の見直しの要否については継続した検討事項となった[106]。

　もっとも、こうした発想は昭和 25 年商法改正に向けた検討でもあったとされている。その検討過程で、商法部会は株主の権利を強化するという基本的方針については賛成であったが、この方針を実現させるための方法として会計帳簿閲覧謄写請求権という方法の採用には強い反対があったようである。この権利が戦後の日本に導入されれば実際上の弊害が引き起こされることが危惧された。その代わりに株主は取締役に経営上の誤りを疑うべき理由が存在する場合に、裁判所に検査役の選任を請求できるとすることが提案された。これは日本では馴染みのあった裁判所に検査役の選任を請求できる方が望ましいと考えられたためである[107]。

　しかし、GHQ の占領下という特殊な状況にあり、アメリカ流の発想を受け入れざるを得なかったとされている。現在の議論は昭和 25 年商法改正に向けての議論の再来ともいわれ、昭和 25 年商法改正において重要な役割を果たしていた GHQ という外圧がない環境で、わが国にふさわしい会社情報の収集権の在り方を模索すべきであると主張されている[108]。

---

105)　中東正文「株主による会社の書類への直接的アクセス」金判 1509 号 1 頁（2017 年）。

106)　公益社団法人商事法務研究会 会社法研究会「会社法研究会報告書」商事 2129 号 28-29 頁（2017 年）を参照。

107)　中東編・前掲（注 51）解 98 頁参照。

108)　中東・前掲（注 105）1 頁。

301

第3節　会社情報の収集権の行使等を巡る判例の動向

1.「株主の権利」の内容

(1)　学説の見解

　会社情報の収集権の行使に際して、まず問題となるのが会社法 125 条 3 項 1 号ないし 433 条 2 項 1 号にいう「株主の権利」の内容である。会社法 433 条 2 項 1 号の解釈としては株主が株主の利益とは関係のない純個人的な利益のために閲覧請求をした場合はもちろん、会社に対する権利であっても株主の資格を離れて有する権利（売買契約上の権利や労働契約上の権利等）は株主の権利には含まれないと解されている [109]。ただし、株主名簿についてもその解釈を適用すべきかは検討の余地があるといわれ [110]、1 号の拒絶事由は従前の権利濫用に関する判例基準を明確化したものと考えるべきであると主張される [111]。

　その一方で、取締役会議事録の閲覧謄写についても、株主がその権利を行使するため必要があるときに認められる（会社法 371 条 2 項）。これは、企業秘密の漏洩を防止するとともに、総会屋等による濫用的な閲覧等の請求を抑制するためと説明される [112]。ここにいう株主の権利とは株主としてのすべての権利行使を意味し、共益権だけではなく自益権も含まれると解されている。そこでは議決権や株主提案権を行使するためや取締役等の責任追及をするために必要がある場合のほか、株式買取請求権を行使するために必要な場合にも請求で

---

109)　江頭＝弥永編・前掲（注 27）141 頁［久保田光昭］、上柳ほか編・前掲（注 19）219 頁［和座一清］。

110)　荒谷裕子「株主名簿閲覧謄写請求権の拒絶事由をめぐる法的問題の考察」柴田和史 ＝野田博編著『会社法の実践的課題』39 頁（法政大学現代法研究所、2011 年）

111)　上田純子「株主名簿の閲覧謄写請求と『正当な目的』」法時 84 巻 4 号 56 頁（2012 年）。

112)　中山誠一「取締役会の議事録の閲覧申請」門口正人編『新・裁判実務体系第 11 巻 会社訴訟・商事仮処分・商事非訟』325 頁（青林書院、2001 年）。

第9章　わが国における株主の会社情報の収集権とその問題点

きるとされている[113]。

　ただ、株式を譲渡するか否かの決定や民事訴訟の証拠資料を得るというような場合は株主の権利には該当せず、取締役等の責任追及のために必要な場合にのみ取締役会議事録の閲覧許可を求めることができるとする見解[114]が有力であると考えられている[115]。取締役会議事録の閲覧謄写に際して要求されている株主の権利の行使に必要があるときという要件は信義誠実に反して権利濫用にあたる閲覧請求を許さないことを意味し、正当な権利行使に関係なく、ただ閲覧謄写したいというのを許さないものであって、会社法433条2項1号において定められている「株主の権利」と同趣旨であるとされている[116]。

　さらに「株主の権利」の射程については見解の相違がみられる。まず、会社法の関連法規である金融商品取引法はその制度趣旨や保護法益は異にするが、相互に補完しあって今日の市場経済を支えていること及び投資者としての側面も有する株主という地位の特殊性等に鑑み、少なくとも株主が有する金融商品取引法上の権利も「株主の権利」に含まれるとするものがある[117]。次いで、会社の利益のための「会社経営に対する監視、批判の権限」といった会社経営

---

113)　森本・前掲（注35）277-278頁、上柳ほか編・前掲（注22）200頁［堀口亘］。

114)　大隅健一郎＝今井宏『会社法論 中巻（第3版）』197頁（有斐閣、1992年）、元木伸『改正商法逐条解説〔改訂増補版〕』133頁（商事法務研究会、1983年）、稲葉威雄『改正会社法』244頁（金融財政事情研究会、1982年）。

115)　森本・前掲（注35）277-278頁。ちなみに、投資判断を目的とする取締役会議事録の閲覧謄写を肯定する見解として、北沢正啓『会社法（第6版）』392頁（青林書院、2001年）参照。

116)　酒巻＝龍田編・前掲（注93）592頁［早川勝］、竹内昭夫『改正会社法解説（新版）』162頁（有斐閣、1983年）。稲葉・前掲（注114）244頁は、会計帳簿の閲覧拒否事由を定める293条ノ7第1号（会社法433条3項1号）を積極的要件として裏返して規定したものであると述べている。もっとも、小橋一郎「取締役会の議事録」民商86巻1号46頁（1982年）は、取締役会議事録の閲覧謄写請求に要求されている株主の権利行使の必要性は会計帳簿閲覧謄写請求よりも厳格な要件であると解している。

117)　荒谷裕子「判批」平成23年度重要判例解説（ジュリ1440号）99頁（2012年）。

303

に関わる抽象的な権利も含まれるとする見解がある[118]。あるいは、会社情報を収集する株主がその権利実現のために他の株主にアクセスする必要性が類型的に高いといえるかどうかを判断基準として、その権利とは会社法の権利に限らないが法的な権利である必要があるとする説である[119]。

(2)　委任状勧誘等との関係

委任状勧誘による議決権の代理行使においては他の株主を把握するために株主名簿の閲覧謄写に頼らざるを得ないと指摘されていた[120]。委任状勧誘を目的とした株主名簿閲覧謄写が争点となった事案としては、東京高裁平成20年6月12日決定（金判1295号12頁。日本ハウズイング事件）[121]及び東京地裁平成22年7月20日決定（金判1348号14頁。大盛工業事件）[122]がある。

東京高裁平成20年6月12日決定は実質的な競業者である株主が株主提案についての委任状勧誘を行うことを目的とした株主名簿の閲覧謄写が事案である。この事案につき東京高裁は「株主が取締役に対し一定の事項を株主総会の目的とすることを請求し（同法（筆者注：会社法）303条）、株主が株主総会において株主総会の目的である事項につき議案を提出する（同法304条）ことは、いずれも株主としての権利の行使にほかならないから、株主がこれらの株主の権利行使に関し、自己に賛同する同士を募る目的で株主名簿の閲覧謄写請

---

118)　伊藤雄司「判批」神田秀樹＝神作裕之編『金融商品取引法判例百選』23頁（有斐閣、2013年）。

119)　荻野敦史「株主の情報取得権」神田秀樹＝武井一浩編『実務に効くM&A・組織再編判例精選（ジュリスト増刊）』198頁（有斐閣、2013年）。

120)　酒井太郎「委任状勧誘」ジュリ1346号48頁（2007年）、菅原貴与志「株主名簿閲覧謄写請求権の一考察」法研82巻12号298頁（2009年）等。

121)　同事件の評釈として、荒谷裕子「判批」江頭憲治郎＝岩原紳作＝神作裕之＝藤田友敬編『会社法判例百選（第2版）』30頁（有斐閣、2011年）、中村信男「判批」商事法研究62号19頁（2008年）、潘阿憲「判批」ジュリ1378号186頁（2009年）等がある。

122)　同事件の評釈として、菊田秀雄「判批」金判1365号4頁（2011年）、和田宗久「判批」商事法研究88号1頁（2010年）等がある。

第 9 章　わが国における株主の会社情報の収集権とその問題点

求をすることは、株主がその権利の確保又は行使に関する調査の目的で請求を
行うものと評価すべきである」と述べている。

　東京地裁平成 22 年 7 月 20 日決定は、債権者かつ競業者である株主が債務者
である会社に対して委任状勧誘を目的とした株主名簿の閲覧謄写請求を求めた
事案である。この事案において、裁判所は「株主が株式会社に対して業務提携
を提案し、その一環として自らの推薦する者を取締役に就けるべく株主提案を
行い、賛同者を募る目的で委任状勧誘を行うために株主名簿の閲覧謄写を請求
したからといって、このことをもって、会社法 125 条 3 項 2 号にいう『当該株
式会社の業務の遂行を妨げ、又は株主の共同の利益を害する目的』に該当する
ということはできない」として、委任状勧誘を目的とした株主名簿の閲覧謄写
請求を認めている。

　さらに、株主提案権を行うために株主が取締役会議事録の閲覧謄写を求めた
大阪高裁平成 25 年 11 月 8 日決定（判時 2214 号 105 頁）がある。この事案は
定款変更及び役員選任に関する株主提案権を行うために株主が取締役会議事録
の閲覧謄写を求めたものである。この事案でも裁判所は株主による取締役会議
事録の閲覧謄写を認めている [123]。

　このように、裁判所はいずれの事案も会社情報の閲覧謄写請求を認めてい
る。アメリカ会社法においても、会社情報の収集権は会社役員に不満のある株
主が当該会社役員の解任を意図した委任状合戦を行うことを可能にする機能を
有していると考えられている。また、カリフォルニア州会社法においては、株
主名簿の調査は他の会社情報の収集権とは別個に規定されるとともにその要件
も異なっており、委任状勧誘との関係を重要視している。そのうえ、委任状勧
誘は株主としての利益に合理的に関連する目的とされており、委任状勧誘にお
いて株主は取締役等を介さず情報を得る必要性があると指摘されていることに
鑑みるならば、こうした判例の動向は妥当であるといえよう。

---

123)　取締役会議事録の閲覧謄写に関する判例の動向等につき、木俣・前掲（注 55）313
　　　頁を参照。

(3) 株価の評価との関係

　会社法433条2項では拒絶事由が定められているところ、その1号で株主の権利の確保又は行使に関する調査ではない会計帳簿の閲覧謄写請求を会社は当該請求を拒絶できるとされている。同号にいう株主の権利に株式の譲渡に制限のある株式の適正な価格を算定する目的が拒絶事由に該当するかが争われた事案として、最高裁平成16年7月1日第一小法廷判決（民集58巻5号1214頁）がある。この事件で裁判所は、譲渡制限のある株式の適正な価格を算定する目的でした会計帳簿の閲覧謄写請求は特段の事情が存しない限り、株主の権利の確保又は行使に関する調査であると述べている。

　この点につき、学説では会社法433条2項1号（事件当時は商法294条ノ7第1号）にいう「株主の権利」に株式買取請求権のような自益権が含まれるのかどうか、あるいは株式売却をするための株式評価の目的で会計帳簿の閲覧謄写請求ができるのかどうかについて見解の対立があった[124]。まず、否定説は、株主が株主たる資格において有する権利のうち、その権利の確保又は行使が当該株主にのみ利益となる権利はここにいう株主の権利は含まれないとする。すなわち、会計帳簿閲覧謄写請求権を共益権であるとする以上、これを監督是正権その他の共益権の手段的権利としてのみ認め、その法的効果の点で共益権であるとして会社全体について生じることが必要であるとする。そのうえで、株式買取請求権についても議決権との関連はあるものの、その効果は当該株主についてのみ生ずるから会計帳簿閲覧謄写請求権の行使は認められないと解する[125]。

　この見解に対しては肯定説は次のように主張する。すなわち、株式買取請求権は株主の議決権の行使を補充するものであるから、株式買取請求権の実質を

---

124)　学説の分類につき、松並重雄「最判解」『最高裁判所判例解説民事篇 平成16年度（下）』401-404頁（法曹会、2007年）、江頭＝弥永編・前掲（注27）141頁［久保田光昭］を参照。

125)　松田＝鈴木・前掲（注17）462頁、上柳ほか編・前掲（注19）221頁［和座一清］、石井照久『会社法下巻（商法Ⅲ）』248頁（勁草書房、1967年）。

第 9 章　わが国における株主の会社情報の収集権とその問題点

確保するための情報収集権の保障は議決権の行使を適切なものに導くととも
に、持株を評価した結果としてその株主が株式を売却するよりも監督是正権を
行使して会社の建て直しを考えるかもしれない。それゆえに、会計帳簿閲覧謄
写請求権の根拠を何に求めようとも株主としての地位に基づく一切の経済的利
益を守るための権利を含むとする [126]。

　さらに株式買取請求権も議決権と密接な関係があり、これを除外するのは妥
当ではないとする見解である折衷説がある [127]。すなわち、株式買取請求権の
行使は少数株主の圧迫を原因とする行使が多いことから、これを会計帳簿閲覧
謄写請求権から除外するのは適当ではないとする。したがって、株式買取請求
権を行使する前提となる議決権の合理的行使のために会計帳簿閲覧謄写請求権
は行使できるが、単なる投資判断の材料を得るためには当該権利行使はできな
いとする [128]。

　アメリカにおいては、閉鎖会社の株主はその保有する株式の価値を算定する
市場がないため容易にその価値の算定ができない。それゆえに、自己の投資価
値を調査するという目的は重要な目的であると指摘されている。それに鑑みる
と、閉鎖会社の株主は株式売却をするための株式評価の目的での会社情報の収
集権の行使、とりわけ会計帳簿の閲覧謄写は認められるべきであるが、このこ
とが詳細な情報開示がされている上場会社にも妥当するかについては検討の余
地があろう。こうした理解はアメリカ会社法の判例からも窺われるところであ
る [129]。

---

126)　黒沼・前掲（注 45）523 頁。

127)　鈴木 = 竹内・前掲（注 4）387 頁。なお、最高裁平成 16 年 7 月 1 日第一小法廷判決
　　　の関係で、菊地雄介「判批」金判 1143 号 67 頁（2002 年）は、持株評価のための会
　　　計帳簿閲覧謄写請求権が認められるかという一般論はさておき、少なくとも同事件
　　　の特徴に即していえば、持株評価を会計帳簿閲覧謄写請求権の行使理由として認め
　　　てしかるべきであると述べている。

128)　江頭・前掲（注 3）710-711 頁注 2、森本滋『会社法（第 2 版）』307 頁注 3（有信堂
　　　高文社、1995 年）。

129)　第 1 章第 1 節を参照。

307

2．請求理由の明示及び主観的意図の立証

(1)　請求理由の明示

　まず、株主は株主名簿及び会計帳簿の閲覧謄写請求権の行使を会社に請求する際、当該請求の理由を明らかにしなければいけない（会社法 125 条 2 項、433 条 1 項後段）。この点につき会計帳簿閲覧謄写請求の事案であるが、当該請求に理由が必要とされる趣旨について高松高裁昭和 61 年 9 月 29 日判決（判時 1221 号 126 頁）は次のように述べている。会計帳簿等の閲覧謄写は会社の運営上極めて重大な事柄であって手続を慎重にさせ、会社が閲覧に応ずべき義務や拒絶事由の有無、あるいは閲覧させるべき会計帳簿等の範囲等を容易に判断できるようにすることにあると判示した。その上告審である最高裁平成 2 年 11 月 8 日判決（判時 1372 号 131 頁）はこれを是認した。

　学説も同様の見解がみられるが[130]、次のような指摘もある。すなわち、具体的に理由を記載しなければならないことについて株主の知る権利と会社経営の保護のバランスをとるために、株主にある程度具体性のある閲覧目的があって株主の閲覧の必要性がより具体的でかつ大きいと考えられる場合に限って閲覧が認められるとする主張がある[131]。いずれにしても、会計帳簿の閲覧謄写について提示された理由の具体的である必要があることに異論はないと考えられており、具体性の有無については今後の事例の集積によるとされている[132]。

　これとの関連で、前述の最高裁平成 16 年 7 月 1 日第一小法廷判決は取締役が違法な経理処理を行っているといった請求理由を基礎付ける事実が客観的に

---

130)　たとえば、新山雄三「会計帳簿・書類の閲覧等請求権制度と『営業の秘密』」『株式会社法の立法と解釈』318 頁（日本評論社、1993 年）。前田雅弘「判批」商事 1207 号 25 頁以下（1990 年）はこの点を強調する。

131)　岩原紳作「判批」ジュリ 1056 号 157 頁（1994 年）。

132)　久保大作「判批」岩原紳作＝神作裕之＝藤田友敬編『会社法判例百選（第 3 版）』159 頁（有斐閣、2016 年）。

第 9 章　わが国における株主の会社情報の収集権とその問題点

存在することについての立証は要しないとする。これは会計帳簿等の会社情報の調査後に予定された株主権の行使を通じてその有無を明らかにしようとしているからであると説明される[133]。

　会計帳簿の閲覧謄写に関する近時の事案である東京高裁平成 28 年 3 月 28 日判決（金判 1491 号 16 頁）[134]では、会計帳簿閲覧請求の理由の具体性及び閲覧謄写の対象範囲が問題となった。まず、会計帳簿閲覧請求の理由の具体性につき、裁判所は会計帳簿の不正操作が疑われるという理由では具体性を欠くとしつつ、不必要又は不適切な財貨の移動がなされていないかの確認の必要性という理由は財貨の移動による不正会計処理という限度で請求理由の具体性を肯定した。

　ちなみに、株主名簿に係る実務においては閲覧謄写申込書の書式を定め、その書式の中に目的の記載欄を設けている。その目的の記載欄に、例として「株主総会において発言権を増やすように意見を同じくする同志を募るため」、「少数株主権行使の要件を充足ように同志を募るため」等の請求理由を明示しなければならず[135]、「株主の権利を行使するため」等では不十分とされている[136]。実際に、株主名簿の閲覧謄写請求については個人情報保護と株主による当該請求の濫用防止の観点から、当該請求を許可するにあたり個人情報保護法を含む法令の遵守や請求目的以外での使用をしない旨を記載した誓約書を徴収する例もあるようである[137]。

　取締役会議事録の閲覧謄写請求に際しても、単に「株主権を行使するため」という漫然とした内容の自由では不十分であり、行使しようとする権利の種類

---

133)　江頭＝弥永編・前掲（注 27）139 頁［久保田光昭］。

134)　同事件の評釈として、出口正義「判批」リマークス 54 号 94 頁（2017 年）、山下徹哉「判批」法教 433 号 156 頁（2016 年）等がある。

135)　松山遙『敵対的株主提案とプロキシーファイト（第 2 版）』162 頁（商事法務、2012年）。

136)　松山・前掲（注 135）205 頁。

137)　石井裕介「大盛工業事件判決と実務上の留意点」商事 1917 号 14 頁注 22（2010 年）。

及び知ろうとする事実等についてある程度具体的な記載をすべきであるとされている[138]。もっとも、こうした問題設定は実務的にはあまり意味がないと指摘される。すなわち、真意は株主の売却目的の閲覧等であっても他の適当な理由をつけることができるためである。したがって「権利行使の必要性」については、請求されている閲覧等の内容ないし範囲と総合的に考慮して、会社の利益と株主の利益の調整を図るべきであるとも主張される[139]。

ともあれ、このような実務の慣行があるのであれば、株主名簿や会計帳簿の閲覧謄写請求を会社が拒絶するにあたり拒絶事由を例示列挙する必要性に乏しく、まずは閲覧謄写の目的によって当該請求を拒絶するか否かを判断することも十分に考えられる。

(2) 主観的意図の立証

かねてから、競業者である株主の会計帳簿の閲覧謄写請求につき競業者であるという客観的事実のみで足りるか、それに加えて当該株主が知り得た情報を競業関係に利用する具体的意図ないし主観的要件の要否については学説の対立があった。この点が争われた事案として最高裁平成 21 年 1 月 15 日第一小法廷決定（民集 63 巻 1 号 1 頁）がある。

競業者である株主の会計帳簿の閲覧謄写請求の具体的意図ないし主観的要件の要否については 3 つの学説が主張されてきた[140]。まず、株主の閲覧請求の具体的意図を問わないとする主観的意図不要説であり、これが通説であるとされてきた[141]。次いで、主観的意図必要説は拒絶事由を定めている規定を不当

---

138) 中山・前掲（注 112）329 頁。

139) 落合編・前掲（注 30）324-325 頁［森本滋］。近藤光男『取締役会・取締役制度―発展・最新株式会社法』70 頁（中央経済社、2017 年）は、目的の併存は珍しいことではなく、主として株主の権利行使を目的としていれば閲覧を認めるべきであるとする。ただ、閲覧の結果、会社や他の株主に大きな不利益が生じる場合には閲覧を認めるべきではないことは当然のことであると述べている。なお、この点については、鴻常夫ほか『取締役及び取締役会 監査役及び会計監査人―改正会社法セミナー(3)』141 頁以下（有斐閣、1984 年）の議論も参照。

第9章　わが国における株主の会社情報の収集権とその問題点

な権利行使を許さないとする趣旨であると解してアメリカ法と同様に競業に利用する意図があることを要するとする[142]。そして、主観的意図推定説は会社側が客観的事実と主観的要件との両者の存在を立証する必要はなく客観的事実の存在を立証すれば足りるが、客観的事実が立証された株主の側で主観的意図の不存在を立証すれば会計帳簿の閲覧謄写ができるとする見解である[143]。これは競業関係にあるという特殊の地位に鑑み、主観的意図の存在の推定は当然であることをその論拠とする。

　こうした学説の対立があったが、最高裁は主観的意図不要説に立つことを明らかにした。これは次の4つを理由しているとされている[144]。第1に、会社法433条2項3号の文言上、請求者の主観的意図が要求されていないことである。第2に、規定の構造上も主観的意図が認められる場合は1号により閲覧を拒絶できるところ、1号の他に特に本号が置かれている意義は客観的に競業者等に該当すれば主観的意図に関係なく閲覧を拒絶できることにあると解するのが自然であるとする。第3に、主観的意図の立証が困難であることも考慮する必要があると考えられた。第4に、請求者が請求時において情報を競業に利用する等の具体的意図を有していなかったとしても、競業関係が存在する以上、閲覧等によって得られた情報が競業に利用される危険性が常に存在するということができ、そのような利用を事後的かつ実効的に規制するのは一般に困難であることが考えられる等が考慮されたとされている。

　ちなみに、株主名簿の閲覧謄写を求めた事案であるが、後述の名古屋高裁平成22年6月17日決定の第一審決定（資料版商事316号209頁）で次のように

---

140)　学説の分類につき、増森珠美「最判解」『最高裁判所判例解説民事篇 平成21年度（上）』6-7頁（法曹会、2012年）、江頭＝弥永編・前掲（注27）142-143頁［久保田光昭］を参照。

141)　石井・前掲（注125）249頁。

142)　伊澤孝平『註解新会社法』526頁（法文社、1950年）。

143)　上柳ほか編・前掲（注19）223頁［和座一清］。

144)　増森・前掲（注140）7-8頁。

述べられている。すなわち、「謄写目的が複数存在し、その一つが謄写を拒否できる場合に当たる場合には、併存する正当な目的とそうでない目的のいずれかが主たる目的であるかにより決するのが相当である」と判示し、これが高裁決定においても引用されている。

(3)　アメリカ会社法との比較

アメリカにおいても、近時の判例で株主は裁判所が不正行為を推認できる証拠を示さなければならず、株主の推測的な主張のみでは不十分であるとされている。そのうえ、その請求が正当な目的であると立証されても会社の保有するすべての会社情報を調査できず、調査目的を達成するために必要不可欠な会社情報のみであるとされている[145]。会計帳簿は会社の企業秘密を多く含んでおり、会計帳簿閲覧謄写請求権は株主による濫用的行使の危険性も大きいため、請求理由の記載を具体的に求めることは適切な運用であると思われる。これは会計帳簿のみならず株主名簿や取締役会議事録といった他の会社情報にも共通する問題であり、会社情報の収集権の行使に際して横断的に請求理由の具体性を要求する規定を設けることも検討されるべきなのかもしれない。

さらに、株主の会社情報の収集権を行使する目的が様々なものから構成されていて、そうした目的の一つが不当な目的であったとしても、株主が主たる正当な目的を立証すれば拒絶はできないと考えられている。そのため会社情報の調査を求める正当な目的以外の副次的な目的や隠れた動機を有していても、そうした目的ないし動機は立証された正当な目的とは無関係であるとされている。さらに、会社が株主の主観的意図を立証することは困難な場合が多いことが推測されるのと併せて考慮すると競業者である株主による会計帳簿の閲覧請求に限らず、会社情報の収集権の行使目的に株主の具体的意図を問わないとするのが妥当であろう。ただ、この場合も株主の濫用的な権利行使のおそれがあることが否めず、そうした可能性がある場合には秘密保持合意の締結や裁判所

---

145)　第1章第1節参照。

が選任した検査役による調査の活用も考えられよう。

3．閲覧謄写の対象及び範囲等

（1）　閲覧謄写の対象及び範囲

　会計帳簿及び取締役会議事録については閲覧の対象となる範囲が問題となる。まず、会計帳簿の閲覧と対象範囲に関する学説として限定説と非限定説の対立があった。限定説は、会社法433条にいう「会計帳簿」並びに「これに関する資料」とは、前者につき、同法432条1項にいう会計帳簿であって、それは計算書類及びその附属明細書の作成の基礎となる帳簿をいい、後者についてはその会計帳簿の記録材料となった資料及び伝票、契約書あるいは信書等といったその他会計帳簿を実質的に補充する資料を意味するとし、多数説とされている[146]。他方で、非限定説は「会計帳簿又はこれに関する資料」を会社の経理の状況を示す一切の帳簿及び資料を意味し、会社が法律上の義務として作成する会計帳簿のみならず任意に作成する帳簿及び資料も含むと解する[147]。

　こうした見解の対立に対して、判例は限定説に立脚していると考えられている。たとえば、法人税確定申告書が損益計算書及び申告調整に必要な総勘定元帳を材料に作成される会計処理の下では、法人税確定申告書は会計帳簿閲覧謄写請求権の対象とはならないとする（横浜地裁平成3年4月19日判決（判時1397号114頁）等）[148]。

　会社法の規定の文言からはどちらの説によるべきかが必ずしも明らかではなく、会計帳簿閲覧謄写請求権の制度趣旨に照らしてその対象を解釈せざるを得ないとするのが立案担当者の見解である[149]。学説においても、限定説の立場からは非限定説によると業務財産検査役による調査の対象との区別が困難にな

---

146)　松田＝鈴木・前掲（注17）457-458頁、上柳ほか編・前掲（注19）210頁［和座一
　　　清］、大隅＝今井・前掲（注114）504頁、鈴木＝竹内・前掲（注4）387頁等。

147)　江頭・前掲（注3）708-709頁、小橋一郎「帳簿閲覧権」田中耕太郎編『株式会社法
　　　講座 第4巻』1463頁（有斐閣、1956年）、田中・前掲（注3）915頁。

148)　江頭＝弥永編・前掲（注27）137頁［久保田光昭］。

ると批判する[150]。

　そうした批判に対し、非限定説の立場からは、会計帳簿閲覧謄写請求の対象の限定は個々の事案ごとに閲覧目的との関連性でなされれば足りるとする。そもそも、会計帳簿閲覧謄写請求権はあくまで当該権利行使後に予定されている株主権の行使のための手段的権利にすぎず、それだけで完結しないことに鑑みれば非限定説を採用してその実効性を高めておく必要があると主張する[151]。

　前述の東京高裁平成 28 年 3 月 28 日判決でも閲覧謄写の対象範囲が問題となった。裁判所は、閲覧謄写の対象範囲について請求理由による閲覧謄写の対象となる会計帳簿の範囲の限定を肯定し、不必要に多数の会計帳簿の閲覧謄写は会社法 433 条 2 項 2 号に該当するとした。

　もとより、会計帳簿の閲覧謄写の範囲について学説では次のような見解もある。すなわち、株主は会社が作成ないし管理している会計帳簿及び資料の状況を容易に知り得ないのが通常である。それゆえに原則としてそのすべてについて閲覧請求をなすことができるとする。その一方で、会社としては閲覧目的と無関係な会計帳簿及び資料の範囲の立証によりその閲覧を拒絶できると解すべきであるとも主張される[152]。

　この問題は取締役会議事録においても生じうる。すなわち、取締役会議事録の閲覧謄写の許可申請においては権利行使の要件を判断するために対象となる議事録を特定する必要がある。しかし、会社の内部者ではない株主はどのような議事録が存在するかわからないのが通常であり、対象議事録の具体的な特定には困難がある。そこで、判例はその特定の程度につき、議事録の閲覧謄写の

---

149)　相澤哲編著『立案担当者による新・会社法の解説（別冊商事 295 号）』124 頁注 1（商事法務、2006 年）。

150)　たとえば、上柳ほか編・前掲（注 19）210 頁［和座一清］。

151)　江頭・前掲（注 3）709 頁注 1、江頭＝弥永編・前掲（注 26）138 頁［久保田光昭］。

152)　江頭＝弥永編・前掲（注 27）139 頁［久保田光昭］、石井・前掲（注 42）245 頁、上柳ほか編・前掲（注 19）211 頁［和座一清］、大隅＝今井・前掲（注 114）504 頁、江頭・前掲（注 3）710 頁注 1。

第 9 章　わが国における株主の会社情報の収集権とその問題点

範囲をその他の部分と識別できる程度でよいとする（東京地裁平成 18 年 2 月 10 日判時 1923 号 13 頁）[153]。

(2)　アメリカ会社法との比較

　これに対して、アメリカ会社法における株主による会社情報の収集権では次のような運用がされている。すなわち、模範事業会社法における会社情報の収集権は会計帳簿や議事録といった一定の会社情報の収集のみに限定しているが、そこで対象となっていない会社情報の調査についてはコモン・ロー上の権利を行使することでその欠欠を補完する関係にあった。コモン・ロー上の会社情報の収集権はすべての会社情報が対象となっており、株主に会社情報を調査する広範な権限が与えられていた[154]。

　さらに、東京高裁平成 28 年 3 月 28 日判決のように、裁判所が会計帳簿の閲覧謄写の対象範囲の限定は企業秘密の漏洩ないし株主の濫用的な権利行使から会社を保護する運用として適切であると考えられる。こうした発想はアメリカ会社法と同様であることが窺われる。

　アメリカ会社法における株主の会社情報の収集権は、会社経営陣が会社情報を得ることを妨げる場合に効果的に会社経営陣を監督するための基本的な権利であると考えられているが、会社情報の管理について会社経営陣に過剰な権限を与える会社情報の収集権に関する規定は会社経営陣に悪用される危険がある。その一方で、会社経営陣は競業者や嫌がらせ目的の株主による会社情報の収集権の行使を通した阻害行為から会社を保護する地位にある[155]。

　そこで、裁判所は会社情報の収集権を認めるにあたってその対象となるべき会社情報の範囲の特定や、会社情報の収集に際して他者に見せてはならないと

---

153)　酒巻＝龍田編・前掲（注 93）593-594 頁［早川勝］、森本・前掲（注 35）281-282 頁。

154)　第 1 章第 4 節参照。

155)　Randall S. Thomas, *Improving Shareholder Monitoring of Corporate Management by Expanding Statutory Access to Information*, 38 ARIZ. L. REV. 331, 369-371 (1996).

いった各種の条件を付すことができ、柔軟な対応が行われるのが通常であるといわれている[156]。これは会計帳簿のみならず調査の対象範囲が問題となる取締役会議事録にも妥当し、会社情報の調査範囲等の判断にあたって裁判所による一定の権限を会社法の規定で付与することも検討される余地があろう。

わが国の会計帳簿閲覧謄写請求権はアメリカ会社法を主なモデルとして導入され、その役割として株主に付与された種々の監督是正権を有効適切に行使するためにあるとする。アメリカの近時の判例では、株主が会社役員の責任を追及するための証拠収集手段として、積極的な会社情報の収集権の利用が示唆されており、そうであれば調査の対象となる会計帳簿の範囲は会計帳簿のみならず、その任意に作成する帳簿及び資料も含むと解するのが妥当であろう。

もっとも、そのような運用がされた場合、会社は企業秘密の漏洩といった危険にさらされうる。その点は2016年改正模範事業会社法で規定された株主と会社の間で会社情報の収集権の行使によって得られた情報につき、秘密保持契約の締結や会社ないし裁判所が請求理由による閲覧謄写の対象となる会計帳簿の範囲を限定することでその危険性を低減させる効果があると思われる。

(3)　取締役会議事録の閲覧謄写に係る著しい損害

取締役会議事録の閲覧謄写請求権に関する注目される事案として、取締役会議事録の閲覧謄写に関する権利行使の必要性が否定される場合及び著しい損害の要件について判示して佐賀地裁平成20年12月26日決定（金判1312号61頁）がある。同決定で、裁判所は著しい損害を及ぼす要件として「閲覧・謄写を認めることによって株主が得られる利益と会社等が被る損害とを比較考量し、会社等により多大な損害が生ずるとき」と述べている。

ただ、本決定は福岡高裁平成21年6月1日決定において変更されており、裁判所は次のように判示している。すなわち、取締役会議事録の閲覧謄写を申請した株主は「株主の地位を仮託して、個人的な利益を図るため本件M&A

---

156)　神田・前掲（注59）25頁。

第 9 章　わが国における株主の会社情報の収集権とその問題点

を巡る訴訟の証拠収集目的で本件申請をしたものと認めるのが相当である」と
する。その後、最高裁平成 21 年 8 月 28 日第三小法廷決定（金判 1332 号 54
頁）は株主の特別抗告を棄却している。

　著しい損害を及ぼすおそれがあるときとは議事録の閲覧によって企業秘密が
漏洩し、その結果として会社に著しい損害を与える場合であると考えられてい
るが、何が損害となるかは相対的な概念であるとされている。そのため株主の
権利行使の必要性が極めて高く、多少の企業秘密が漏洩しても株主全体のため
に利益となるような事情があれば、その損害は著しいとはいえないと考えられ
ており、裁判所には相当の裁量の幅が認められるべきであるとされてい
る [157]。著しい損害という点については会計帳簿や株主名簿といったその他の
会社情報の閲覧謄写にも共通する問題であり、閲覧謄写を認める制度趣旨のバ
ランスの中での解決が望ましいといわれる [158]。

　他方で、取締役会議事録の閲覧謄写請求に裁判所の許可を要しない場合、当
該会社等に著しい損害を及ぼすおそれがあるときであっても、その請求を拒絶
できる旨の規定が設けられていない。これは業務監査権限を有する監査役等が
設置されていない取締役会設置会社の株主の権利保護に配慮していると考えら
れている。しかし、株主は監査役のように職務権限として議事録等の閲覧等を
請求するのではないから、権利行使の必要性との関連で取締役会議事録の閲覧
対象範囲を限定的に解することや「権利濫用法理」の柔軟な適用が必要である
とも指摘されている [159]。

---

157)　元木・前掲（注 114）133 頁、稲葉・前掲（注 114）244 頁。

158)　福島洋尚「判批」金判 1339 号 24 頁（2010 年）。

159)　森本・前掲（注 35）278 頁。

第4節 株主による会社情報の収集権に関する諸問題

1. 株主による会社情報の収集権の濫用と不当拒絶に対する罰則

(1) 株主権の濫用と会社情報の収集権

　株主は、会社の株式を保有する結果、会社情報の収集権の他にも会社に対して種々の権利を有している。しかし、そうした権利の行使にあたって、株主は一般私法の原則である権利濫用の禁止の下に置かれることは当然であると考えられている[160]。

　そのなかでも株主の会社情報の収集権はその濫用の問題が常に存在しており、どのようにして濫用を規制し、その発生を抑制するかという点が常に問題となる[161]。特にわが国においては、かつて会社から金品の収受を目的として株式を取得して会社に接触を図る総会屋が跳梁していたため、会社情報の収集権がこれらの者により濫用される危険性が大きかった。

　さらに、現代の情報化社会においては多様な情報が収集及び累積され、それらが加工されて種々の目的のために提供されうる。あるいは、株式会社に関する情報は多方面から関心がもたれて調査の対象とされてきているから、会社情報の収集権の行使によって得られる情報が単なる会社に対する株主としての関

---

[160]　近藤光男『会社支配と株主の権利』195頁（有斐閣、1993年）。黒沼悦郎『会社法』55-56頁（商事法務、2017年）も参照。なお、権利の濫用の意義については、谷口知平＝石田喜久夫編『新版注釈民法 (1) ―総則 (1)〔改訂版〕』150頁以下〔安永正昭〕（有斐閣、2002年）等を参照。また、株主権の濫用を検討するものとして、大隅健一郎「株主権の濫用」『新版 会社法の諸問題』169-170頁（有信堂、1983年）や、荒谷裕子「株主権の濫用」判タ917号30頁（1996年）等がある。

[161]　前田・前掲（注56）77頁参照。株主権の濫用が問題となるものとしては、会社情報の収集権の他に株主代表訴訟提起権が挙げられる（荒谷・前掲（注160）38頁参照）。その点に関する論稿として、出口正義「株主代表訴訟と株主権の濫用」筑波18号129頁（1995年）等がある。

心の面からだけではなく、それ以外の面からも十分に関心がもたれうるような場合には一層濫用の危険性が大きいと考えられる。そのうえ、会社情報の収集権が単独株主権であれば、証券市場から1株又は1単元の取得がコストの面でも極めて容易であり、会社情報の収集権が本来の目的とは異なる目的のために行使される危険性は大きいものとなる。

(2) 判例の動向

株主の会社情報の収集権についてその行使が権利濫用にあたるとした判例としては、株主が株主名簿の閲覧謄写を求めた事案である最高裁平成2年4月17日第三小法廷判決（判時1380号136頁）がある。同事件で、裁判所は「株主は、会社の営業時間内であれば、いつでも株主名簿の閲覧又は謄写を請求することができるが、株主名簿の閲覧又は閲覧の請求が、不当な意図・目的によるものであるなど、その権利を濫用するものと認められる場合には、会社は株主の請求を拒絶することができる」とした。

株主権の濫用については近時議論が活発であり、その点を争点とする判例を見るに至っている[162]。株主の会社情報の収集権は濫用の危険性が大きく、検討すべき重要な課題である。もっとも、その検討にあたっては過度に規制して株主の権利行使を阻害するものであってはならず、慎重な対応が求められる。

(3) 不当拒絶に対する罰則等

取締役等による会社情報の収集権の拒絶に対しては100万円以下の過料が科されている（会社法976条4号）。ここにいう会社情報の収集権は、定款（同法31条2項）、株主名簿（同法125条2項）、株主総会議事録（同法318条4項）、取締役会議事録（同法371条2項）、監査役会議事録（同法394条2項）、

---

162) 株主権の行使が権利濫用にあたるかが争われた近時の事案として、株主提案権につき、東京高裁平成27年5月19日判決（金判1473号26頁）がある。その評釈としては、松井秀征「判批」平成27年度重判解（ジュリ1492号）99頁（2016年）等がある。

会計帳簿（同法433条1項）等である[163]。

会社情報に関する罰則としては、不当拒絶以外にも不実・虚偽記載等（同法976条7号）や備置義務違反（会計帳簿は除く。同条8号）も100万円以下の過料が科されている[164]。ただ、会計帳簿の不実・虚偽記載等に対する過料については次の批判がある。すなわち、会計帳簿の改竄や不実記載があっても、これをその時点では軽い犯罪とした把握できず、有価証券報告書の作成時まで待たないと重罪扱いできないというのは極めて問題があるとする。したがって、会計帳簿の不実・虚偽記載等を行った上場会社については相当の重罪とすべきであり、非上場会社についても債権者保護の観点からこの過料は軽きに失していると指摘される[165]。

さらに、実際問題として過料は法務局が所管している商業登記に関するもの以外にはほとんど科されていないとされている[166]。そうした実情も相俟って、かねてより会社側にとっては不当な権利行使を安易に許容したとき、株主側からみれば入手した情報を安易に処分したときにおける「情報管理者責任」や不当拒絶に対する救済策の必要性が説かれている[167]。

ところで、計算書類の虚偽記載については取締役の責任追及の対象（会社法

---

163) 落合誠一編『会社法コンメンタール21—雑則（3）・罰則』175頁［佐伯仁志］（商事法務、2011年）、酒巻俊雄＝龍田節編集代表『逐条解説会社法 第9巻外国会社・雑則・罰則』777-778頁［髙橋直哉］（中央経済社、2016年）等を参照。

164) 落合編・前掲（注163）176頁［佐伯仁志］、酒巻＝龍田編・前掲（注163）778-779頁［髙橋直哉］参照。

165) 上村・前掲（注34）185頁。

166) 江頭憲治郎＝中村直人編『論点体系 会社法6—組織再編Ⅱ、外国会社、雑則、罰則【第803条〜第979条】』523頁［葉玉匡美］（第一法規、2012年）。弥永真生「企業法における法の実現手法」佐伯仁志ほか『法の実現手法』161頁（岩波書店、2014年）も参照。なお、会社法における過料という行政罰を検討する論稿として、松井智予「行政罰によるエンフォース—過料（行政罰）によるエンフォースの意義」山田泰弘＝伊東研祐編『会社法罰則の検証—会社法と刑事法のクロスオーバー』173頁（日本評論社、2015年）がある。

167) 尾崎・前掲（注25）27頁参照。

第9章　わが国における株主の会社情報の収集権とその問題点

429 条 2 項 1 号ロ）になる。そうした事案としては、名古屋高裁昭和 58 年 7 月 1 日判決（判時 1096 号 134 頁）[168]や、東京地裁平成 19 年 11 月 28 日判決（判タ 1283 号 303 頁）[169]等がある。また、金融商品取引法との関係で重要な意義を有する判例として、いわゆる粉飾決算による株価下落損失に対して会社法 429 条 1 項に基づく損害賠償請求をした東京地裁平成 27 年 11 月 25 日判決（金判 1485 号 20 頁）がある[170]。

2．監督是正権との関係

(1)　株主代表訴訟

　取締役会議事録や会計帳簿の閲覧謄写請求権等（会社法 371 条 2 項、433 条 1 項等）は、株主による会社の不正行為に対する株主代表訴訟提起権（同法 847 条。株主による責任追及等の訴え）といった監督是正権の行使において、責任発生原因事実の主張ないし立証するための基本的かつ重要な手段となる。しかし、株主代表訴訟においては株主による会社情報の収集は相当な困難が予想されるという指摘があるのみならず、会社情報の収集権とその他の株主権との相互連関が図られているとも言いがたい[171]。そのため、かねてから種々の立法提案がされている。たとえば、株主による会社情報の収集の拡充という観点から、会計帳簿閲覧謄写請求権を単独株主権化すべきであると主張されてき

---

168)　その評釈として、上村達男「判批」江頭憲治郎＝岩原紳作＝神作裕之＝藤田友敬編『会社法判例百選（第 2 版）』152 頁（有斐閣、2011 年）等がある。

169)　同事件の評釈として、黒沼悦郎「判批」岩原紳作＝神作裕之＝藤田友敬編『会社法判例百選（第 3 版）』150 頁（有斐閣、2016 年）等がある。

170)　その評釈として、松岡啓祐「判批」ひろば 69 巻 10 号 57 頁（2016 年）がある。

171)　田中亘「取締役の善管注意義務・忠実義務および株主代表訴訟」同編『数字でわかる会社法』88 頁注 26（有斐閣、2013 年）。内藤裕貴「経営判断原則の再考（3・完）―ドイツにおける経営判断原則の立法化を中心として―」早稲田大学大学院法研論集 155 号 242 頁（2015 年）も参照。株主代表訴訟における情報収集手段の検討として、佐藤鉄男「株主代表訴訟における資料収集」小林秀之＝近藤光男『新版・株主代表訴訟大系』223 頁以下（弘文堂、2002 年）参照。

321

た[172]。

　株主代表訴訟における情報の非対称性との関連では会社の不提訴理由通知書の導入が挙げられる。株主代表訴訟における不提訴理由通知書は会社法で初めて導入されて制度である。その趣旨は、会社は株主による提訴請求があった場合には取締役等に損害賠償義務があるかどうかを調査し、その調査の結果を前提とした訴えの提起が通常であると考えられた。そこで、提訴請求をした株主が会社に対し調査の結果やそれを前提として訴えを提起しないとした会社の判断プロセスの開示を請求することにより、役員間の馴れ合いで提訴しないといった事態が生じないようにするための手当てである。それとともに株主が株主代表訴訟を遂行するうえで必要な訴訟資料の収集を可能にする趣旨の規定であるとされている[173]。

　不提訴理由通知書は、前述の商事法務研究会の会社法研究会で議決権行使書面の閲覧謄写請求権とともに株主代表訴訟における株主による資料収集の濫用的な行使の制限に係る検討において、株主が会社情報を直接的な閲覧を認めるべきかが議論された。不提訴理由通知書との関係では、株主による直接的な収集は必要がないという前提で次のような見解が示されたとされている。不提訴理由通知書を代表訴訟で機能するような形にすること又は代表訴訟の中で検査役を使って事実を調べさせることや、不提訴理由通知書の内容を充実させて検査役選任のハードルを下げて適切に審理できるほうが健全ではないかとする意見があったようである[174]。

(2)　違法行為差止請求権との関係

　取締役の違法行為に対する株主の差止請求権との関係でも次のように言及されている。まず、会計帳簿閲覧謄写請求権との関係で会計帳簿閲覧謄写請求権

---

172)　たとえば、岩原紳作「株主代表訴訟」ジュリ 1206 号 132 頁（2001 年）参照。

173)　相澤編・前掲（注 86）250 頁。

174)　中東正文「株主による会社の書類への直接的アクセス」金判 1509 号 1 頁（2017年）。

第9章　わが国における株主の会社情報の収集権とその問題点

発行済株式総数の3％以上を有する株主しか行使できない少数株主権である。それに対して、違法行為の差止請求権は6か月以上の保有要件が付されている単独株主権である（会社法360条。非公開会社については保有期間の制限はない（同条2項））。そのため、違法行為差止請求権を行使するか否かを判断するために会計帳簿閲覧謄写請求権は行使できず、この点でこれらの権利は連動していないとされる[175]。

　次いで、取締役会議事録の閲覧謄写請求権は株主に対して有用な情報を提供すると考えられる[176]。しかし、監査役設置会社においては取締役会議事録の閲覧謄写に裁判所の許可が必要である（会社法371条3項）。したがって、株主は裁判所に対して書面で取締役会議事録の閲覧謄写の許可申請をし、株主の権利の行使のためにその閲覧謄写が必要であると疎明しなければならない。そうした手続を経て、裁判所の許可を得たとしても違法行為の差止めの機会を逸してしまう可能性がある。

　さらに、比較的多数の取締役を有する株式会社の実務では取締役会がその大規模化により機動性を欠く等の理由により、取締役の一部をもって構成される常務会や最高経営会議等といった任意の機関を定款又は取締役会規則によって設置しているようである。これは取締役会の決定機能を事実上移行させているため、取締役会が常務会等の決定事項を単に形式的に事後承認するにすぎない事例が非常に多いとされている。そうだとすると、そうした常務会等での審議内容にもアクセスできる必要があると考えられるが、常務会等の任意の機関についてはその議事録の作成及び公示が義務付けられていないことに加えて、取締役会議事録閲覧謄写請求権の対象とはなっていない。

　これはコーポレートガバナンス・コードの施行により、取締役の指名又は報酬に関して、会社法に基づくものではない任意の委員会の情報開示と同様の立

---

175)　黒沼・前掲（注45）525頁。

176)　中村信男「株主権の機能的連関」石山卓磨＝上村達男編『酒巻俊雄先生還暦記念 公開会社と閉鎖会社の法理』508-510頁（商事法務研究会、1992年）を参照。

323

場である。すなわち、同コードの施行により取締役の指名又は報酬に関して会社法に基づくものではない任意の委員会を設置する上場会社が増えている[177]。そうした会社法に基づくものではない任意の委員会の情報開示については次のように考えられている。すなわち、意思決定のプロセス等が開示されないままに任意の委員会が用いられると、モニタリング機能が果たされているのかが不明確になるだけにとどまらず批判を浴びそうな判断の隠れ蓑として任意の委員会を用いるインセンティブを生じさせるとする。そのため、意思決定のプロセス等の開示を確保するルールが必要であるとされている[178]。

　他方で、中小規模の閉鎖的な株式会社においては取締役会を設置している会社であっても、取締役会そのものがほとんど開催されず、取締役会議事録も形式的なものにすぎないことが多いというのが実態であると推測されている。それゆえ、株主が取締役会議事録の閲覧謄写をしても違法行為差止請求権に有用な情報の入手ができないと指摘されている。

(3)　取締役解任の訴えとの関係

　では、取締役解任の訴えと会社情報の収集権との関係はどうであろうか。取締役解任の訴えは、取締役の職務執行に関して不正の行為又は法令定款に違反する重大な事実があるにもかかわらず、株主総会において取締役の解任の決議が否決された場合に、6か月引き続いて3％以上の議決権を保有する株主は取締役解任の訴えの提起ができる（会社法854条1項（非公開会社は保有期間の制限はない（同条2項）））。したがって、取締役解任の訴えを提起できる株主

---

177)　会社法に基づくものではない任意の委員会の意義や法的課題、あるいはその実務につき、松中学「任意の委員会の意義と法的課題」ビジネス法務16巻9号22頁（2016年）、浜田宰「任意の指名・報酬委員会の実務—CGコード適用開始1年後の現状と留意点—」商事2106号24頁（2016年）を参照。なお、会社法に基づかない任意の委員会については、上村達男「任意の指名・報酬委員会設計の視点とは何か」資料版商事395号23頁（2017年）も参照。

178)　松中・前掲（注177）24-25頁参照。

第 9 章　わが国における株主の会社情報の収集権とその問題点

はその判断のために会計帳簿閲覧謄写請求権の行使ができ、一定程度の連動が
図れている[179]。

　その一方で、取締役会議事録の閲覧謄写請求権は、取締役解任の訴えとの関
係でも情報収集手段として有用な情報提供機能を有すると考えられる[180]。た
だ、取締役の解任判決事由を構成する競業避止義務違反あるいは自己取引に関
する義務違反等が取締役会議事録に記載されるのは、取締役にとって極めて不
都合な事項である。それゆえにそのような事項が取締役会議長の作成する取締
役会議事録に記載されないおそれがあり、取締役解任の訴えについては会社情
報の収集権との間に機能的な不均衡があると指摘される。

3．金融商品取引法等との関係

(1)　情報開示等との関係

　ところで、上場会社においては株主の会社情報の収集手段として金融商品取
引法上の情報開示の制度がある。すなわち、上場会社の株主は証券市場で「買
い」という投資判断をした投資家であり、株式を売るまでは「株主」である。
こうした株主としての投資家は、金融商品取引法上の開示書類を通して詳細な
企業情報の収集ができる[181]。

　金融商品取引法は、上場会社は事業年度毎に「重要な事業内容等」を記載し
た有価証券報告書を事業年度経過後 3 か月以内に内閣総理大臣に提出が義務付
けられている（金融商品取引法 24 条 1 項）。その他にも 3 か月毎に企業集団の
状況等を記載した四半期報告書（同法 24 条の 7 第 1 項）や重要な事実が発生
したときはその内容を記載した臨時報告書（同法 24 条の 5 第 1 項）等も内閣
総理大臣に提出しなければならない[182]。さらに、上場株券等を原則として 5

---

179)　黒沼・前掲（注 45）525-526 頁。

180)　中村・前掲（注 176）513-514 頁を参照。

181)　上村達男「公開会社の法理と株主の経営監督機能」森淳二朗編集代表『蓮井良憲先
　　　生・今井宏先生古稀記念 企業監査とリスク管理の法構造』252 頁（法律文化社、
　　　1994 年）。

％以上を有する大量保有者にも、5日以内に一定の情報を記載した大量保有報告書の提出と開示が義務付けられている（同法27条の23以下）等の情報入手の手段が広がっている[183]。

それに対して、会社法は事業年度毎に決算公告や株主総会あるいは合併の際の利害関係者に向けた情報開示が中心である。しかし、会社に提出が義務付けられている四半期報告書と臨時報告書については投資家・証券市場にとってのみならず、株主にとっても極めて重要な情報が含まれているといわれる。そのため四半期報告書と臨時報告書の会社法上の位置付けの曖昧さないし空白部分が生じているのは否定できないと指摘されている[184]。

ところで、有価証券報告書については従来から「コーポレート・ガバナンスの状況等」を記載することが求められていたが（企業内容等の開示に関する内閣府令の第3号様式の記載上の注意を参照）、コーポレートガバナンス・コードの施行によりその在り方も変わろうとしている[185]。金融商品取引法上の投資者に対する情報開示を通して、会社情報の収集やコーポレート・ガバナンスの向上へ向けた動向も活発である。

さらに、平成22年の企業内容等の開示に関する内閣府令の改正で臨時報告書によって株主総会における議決権行使の結果の開示が要求されることになっ

---

182) 有価証券報告書については、ここ数年、不正会計や粉飾決算といった虚偽開示が問題となっている。有価証券報告書の虚偽記載に係る判例等の動向に関する近時の論稿として、松岡啓祐「流通市場の虚偽開示に基づく発行会社の民事責任」ビジネス法務16巻3号120頁（2016年）がある。また、同「虚偽の情報開示を巡る会社及び役員等の責任—金商法上の継続開示違反を中心に—」出口正義ほか編著『企業法の現在—青竹正一先生古稀記念』353頁（信山社、2014年）も参照。なお、会社法上の計算書類の虚偽記載に係る責任追及との関係については、上村・前掲（注168）153頁を参照。

183) 松岡・前掲（注89）49頁、51頁、53頁、84頁（中央経済社、2016年）。

184) 松岡啓祐「金融商品取引法と会社法の役割分担」永井和之＝中島弘雅＝南保勝美編『会社法学の省察』473頁（中央経済社、2012年）。

185) この点については、中村慎二「コーポレートガバナンス・コード施行を踏まえた有価証券報告書の記載の見直し」商事2098号18頁（2016年）を参照されたい。

第 9 章 わが国における株主の会社情報の収集権とその問題点

た[186]。こうした開示は次のことを目的とする。すなわち、株主の地位が日々取引され、変動するという上場会社の特質に鑑みると株主総会における議決権行使結果の投資者に対する開示は、上場会社のガバナンス上重要であると考えられた。そこで、株主意思をより明確化し、市場を通じた経営陣への適切な牽制効果を期待して上場会社に議決権行使結果の開示を求めた[187]。議決権行使の結果の開示は株主のニーズに応える趣旨であると考えられている[188]。

こうした金融商品取引法上の種々の情報開示は、主として投資判断の形成のためのものである。しかし、上場会社の株主がこうした開示情報をコーポレート・ガバナンスの観点から活用し、経営監督機能を発揮することは重要な意義を有していると考えられている[189]。もっとも、未熟な投資家が直接に有価証券報告等を読むことがありえないのではないかとの疑問視する見解もある。そのため、そうした報告書に関する限り、未熟な投資家に誤解を与えるおそれのある記載を禁じたり、それを虚偽記載として責任を追及したりすることは無用ではないかともいわれる[190]。

---

186) 岩原編・前掲（注31）153 頁［松尾健一］。

187) 谷口義幸「上場会社のコーポレート・ガバナンスに関する開示の充実等のための内閣府令等の改正」商事 1898 号 26 頁（2010 年）。

188) 松岡・前掲（注1）73 頁。議決権行使結果の開示と関連する会社法上の株主による会社情報の収集権として、議決権行使書面の閲覧謄写請求がある（会社法 311 条 4 項）。議決権行使書面の閲覧謄写に関する問題を提起する論稿として、前田雅弘「議決権行使結果の開示に向けた対応」金判 1342 号 1 頁（2010 年）、和田宣喜＝星野隆宏「議決権行使書面閲覧・謄写請求をめぐる会社法上の問題点─株主情報保護の観点から─」商事 1932 号 24 頁（2011 年）等がある。なお、議決権行使書面の閲覧謄写請求の意義につき、岩原編・前掲（注31）216 頁以下［松中学］等を参照。

189) 上村・前掲（注181）252-253 頁。金融商品取引法上の情報開示の意義については、上村達男「新体系・証券取引法（第3回）証券取引法における開示・会計・監査の一般理論」企会 53 巻 6 号 107 頁以下（2001 年）、黒沼悦郎『金融商品取引法』2-3 頁（有斐閣、2016 年）、龍田節「開示制度の目的と機能」論叢 110 巻 4・5・6 号 112 頁（1982 年）等を参照。

190) 江頭憲治郎「企業内容の継続開示」龍田節＝神崎克郎編『河本一郎先生還暦記念 証券取引法大系』208 頁（商事法務研究会、1986 年）。

他方で、会社情報の収集権の一つである会計帳簿閲覧請求権を行使した株主は金融商品取引法では内部者として扱われ、インサイダー取引規制の対象となる（同法166条1項2号等）。さらに、同法の平成25年改正により内部者による情報伝達及び取引推奨行為も罰則の対象となった[191]。

　そもそも、金融商品取引法については主たる規制対象が上場会社であるため、それ以外の会社は対象とならない。もとより、会計帳簿以外にも取締役会議事録等については企業秘密を多く含んでいる場合があり、そうした会社情報の閲覧から得られた情報についても保護の対象にするのは十分に考えられる[192]。なお、立法論としては株主一般をインサイダー取引規制の対象となる会社関係者にすべきであるとの主張もある[193]。

(2)　公開買付け等

　公開買付けの勧誘を目的とした株主名簿の閲覧謄写請求が問題となった事例として、東京地裁平成19年6月15日決定（資料版商事280号220頁。テーオーシー事件）[194]及び東京地裁平成24年12月21日決定（金判1408号52頁）[195]がある。東京地裁平成19年6月15日決定は競業者による公開買付けに伴う株主名簿閲覧謄写請求であったが、東京地裁は公開買付勧誘目的が「株主の権利又は行使に関する調査」に該当するかどうかを判断せず、会社法125

---

191)　詳細については、拙稿「証券市場の公正確保とインサイダー取引規制〜平成25年金融商品取引法改正を中心に〜」専大院53号23頁（2013年）を参照されたい。

192)　この点については、松岡啓祐「判批」金判1516号6頁（2017年）も参照。

193)　黒沼・前掲（注189）413頁。

194)　同事件の判例評釈として、鳥山恭一「判批」法セ641号121頁（2008年）や正井・前掲（注87）2頁等がある。

195)　同事件の評釈として、松岡啓祐＝澤山裕文「判批」専修ロー10号195頁（2014年）、大川俊「本件判批」独協92号23頁（2013年）、木村真生子「本件判批」ジュリ1462号109頁（2014年）、小柿徳武「本件判批」判例セレクト2013［II］（法教402号別冊付録）16頁（2014年）、込山芳行「本件判批」ビジネス法務14巻1号136頁（2014年）、志谷匡史「判批」商事2116号52頁（2016年）等がある。

第 9 章　わが国における株主の会社情報の収集権とその問題点

条 3 項 3 号に該当するとして申立てを却下している。ただ、傍論として保全の必要性を検討しているから、1 号には該当しないという前提によっていたとも考えられている[196]。

　もっとも、その後の判例である東京地裁平成 24 年 12 月 21 日決定では、公開買付勧誘目的は会社法 125 条 3 項 1 号に該当しないとする。その理由としては、公開買付けの応募者を募る目的等は権利の実現のために他の株主にアクセスする必要性が類型的に高いからである[197]。公開買付けは企業買収を効率的かつ公平・公正に行うための優れたツールであり、これによって経営者の交代や企業再編が進み、企業価値を高められるのであれば株主の利益に十分資する。そのうえで、公開買付けに応じるかどうかの最終的な判断は株主に委ねられており、肝心の株主の意思を問う前の株主へのアクセス段階で現経営陣が一方的にアクセス権を奪うことができるとすれば由々しき問題であるとの指摘がある[198]。そのため現在の株主が行う「株式の譲受け」勧誘目的の閲覧謄写請求は、公開買付けも含めて原則として 1 号拒否事由には該当しないと解すべきであると主張される[199]。もっとも、公開買付けの勧誘を目的とすることのみをもって無条件に株主名簿の閲覧を認めるかについては検討の余地があろう[200]。

　ところで、公開買付けのような金融商品取引法の制度と会社法 125 条 3 項 1 号の関係については、名古屋高裁平成 22 年 6 月 17 日決定（資料版商事 316 号

---

196)　弥永真生「判批」ジュリ 1452 号 3 頁（2013 年）。

197)　荻野・前掲（注 119）199 頁。公開買付けの意義については、上村達男「新体系・証券取引法（第 9 回）公開買付市場に対する法規制」企会 54 巻 3 号 42 頁（2002 年）を参照。

198)　荒谷・前掲（注 110）44 頁。

199)　中村康江「判批」平成 25 年度重要判例解説（ジュリ 1466 号）105 頁（2014 年）。

200)　たとえば、東京高裁平成 17 年 3 月 23 日決定（判時 1899 号 56 頁）において示された敵対的買収事件の「4 類型」に該当する場合の株主名簿の閲覧については議論の余地がある。敵対的買収事件の「4 類型」については、松岡・前掲（注 188）198-199 頁を参照。

329

198 頁。フタバ産業事件）[201]と関連して議論されてきた[202]。当該決定は「金商法で認められている損害賠償請求権は、虚偽記載のある有価証券報告書等重要書類の記載を信じて有価証券を取得した投資家を保護するため、それが虚偽であることによって被った損害を賠償するために認められた権利であって、当該権利を行使するためには現に株主である必要はないのに対し、株主の株主名簿閲覧謄写請求権は、株主を保護するために、株主として有する権利を適切に行使するために認められたものであり、権利の行使には株主であることが当然の前提となるものであって、金商法上の損害賠償請求とはその制度趣旨を異にするものである。したがって、金商法上の損害賠償請求権を行使するための調査は、会社法 125 条 3 項 1 号の『株主の権利の確保又は行使に関する調査』には該当しないというべきである」として、金融商品取引法上の損害賠償請求訴訟の原告を募ることを目的とした株主名簿の閲覧謄写を認めなかった。また、「株主名簿には株主のプライバシーに関する記載がなされているものであって、会社の取締役は、株主の個人情報を法令の範囲を超えて外部に漏らさないようにすべき注意義務を負っている」とも述べている。なお、名古屋高裁平成 22 年 6 月 17 日決定は特別抗告がなされたが、最高裁平成 22 年 9 月 14 日第三小法廷決定（資料版商事 321 号 58 頁）は「原審の判断は正当として是認することができる」として当該抗告を棄却している。

　このように、形式的理由をもって権利の「濫用」とまでは言い難い場合にまで株主名簿閲覧謄写請求を否定することには疑問が提起されており、会社法と金融商品取引法の保護法益や制度趣旨の違いを理由として株主名簿の閲覧謄写請求を拒絶できるとすることには批判が少なくない。あるいは、形式的に「株主たる地位から発生する」権利以外の権利行使をすべて不当な目的と解釈する運用を招くおそれがあるといわれる[203]。とはいえ、株主名簿の開示が金融商

201）　同事件の評釈として、家田崇「判批」酒巻俊雄＝尾崎安央＝川島いづみ＝中村信男編『会社法重要判例（第 2 版）』19 頁（成文堂、2016 年）、米山毅一郎「判批」金判 1382 号 2 頁（2012 年）等がある。

202）　中村・前掲（注 199）104 頁。

第 9 章　わが国における株主の会社情報の収集権とその問題点

品取引法上の損害賠償請求権の行使を容易にするための最善のツールとはいえないとも指摘される[204]。

(3)　アメリカ法との関係

　アメリカにおいて、株主はそもそも投資者であり、投資者は株式価値の向上を享受するために会社の業績が適切に反映されているかを知る権利を有しているとされ、会社情報の収集権もそうした連邦証券諸法による情報開示の一つとして考えられている。とはいえ、財務諸表等の情報開示それ自体は株主の会社情報の収集権を代替するものではないと考えらえている。他方でわが国においても金融商品取引法上の情報開示をコーポレート・ガバナンスの観点から活用して経営監督機能を発揮することは重要な意義を有しているといえよう[205]。さらに、株主は会社についての十分な情報を有していない限り、株主としての権利を適切に行使できないと考えられているから会社に対する訴訟の原告を募る目的での会社情報の収集権の行使もされている。

　他方で、公開買付け（tender offer）への応募の促進を目的として会社情報の収集権を行使する事案が見受けられる。裁判所は、委任状勧誘と同様に公開買付けが正当であること又は会社の最善の利益となるかどうかについて評価をしないとされており、株主が正当な目的を有していると判断すれば当該権利行使をすることができるとされている。ただ、公開買付けへの応募の促進を目的とすることが無条件に正当な目的になるとは解されておらず、アメリカの判例においても株主の会社情報の収集権の行使が認められなかったことを勘案すると事案に即した判断が望ましいのかもしれない。

---

203)　山下編・前掲（注 22）293 頁［前田雅弘］、荒谷・前掲（注 110）44 頁、松井智予「フタバ産業株主名簿閲覧謄写仮処分命令申立事件と会社法・金商法の課題」商事 1925 号 10 頁（2011 年）。

204)　伊藤・前掲（注 118）23 頁。

205)　上村・前掲（注 181）252-253 頁参照。

331

終章

1. アメリカ会社法における株主の会社情報の収集権の意義

　本稿は、わが国における株主の会社情報の収集権に係る諸問題に対して有益な示唆を得ることを目的として、その主なモデルになっていると考えられるアメリカ会社法における歴史的展開につき、模範事業会社法の展開を中心に検討してきた。ここまでのアメリカ会社法における株主による会社情報の収集権の検討をまとめると次のとおりになる。

　第1章では、まず、アメリカ会社法における会社情報の収集権を検討する前提として、株主権の意義についてその理論的根拠及び類型を整理するとともに、会社情報の収集権の理論的根拠を明らかにした。アメリカ会社法において株主権は、その理論的根拠として株主と会社との契約に基づき、かつ、持分の保有者としての地位によって株主には権利が認められている。

　そのうえで、株主権をわが国のように自益権や共益権といった分類をせず、伝統的には会社の支配及び経営に関する権利（rights as to control and management）、所有者としての権利（proprietary rights）、救済及びそれに付随する権利（remedial and ancillary rights）という株主の会社に対する3つの側面から権利が構成されている。会社情報の収集権は会社の所有者としての権利から派生すると考えられているが、救済を求める権利としての側面も有していると考えられている。アメリカにおいても、株主の会社情報の収集権は実質的な救済を求めるための前提となる権利として理解されていると思われる。

　次いで、アメリカにおける会社情報の収集権の意義とその特徴、あるいはそ

の理論的根拠について検討を加えた。アメリカでは株主の会社情報の収集権が株主の経営監督機能を果たすための重要な役割を担っていた。とりわけ、他の株主と意思疎通を図ることにより、会社役員に不満のある株主が当該会社役員の解任を意図した委任状合戦を可能とし、さらには株主が代表訴訟に会社役員の責任を追及するための証拠を集めるにあたって重要な手段的権利として機能していた。もっとも、会社情報の収集権はそれにとどまらず、株主が保有する株式価値を算定するといった目的でも行使されていた。そのうえで、当該権利行使につき、複数の行使目的が競合したとしても、そのうちの一つでも適切な権利行使であると裁判所が判断した場合には会社情報の収集権を行使できるとする点が興味深い点である。

もとより、会社情報の収集権は株主は会社資産の実質的な所有者として会社情報の収集権は認められるとする所有権理論及び会社役員は株主の資産を管理している代理人あるいは受託者であり、会社情報の収集権はその資産に対して利益を有する株主が説明を受ける権利であるとする代理人理論という重複した理論をその根拠としていた。その一方では投資者として、連邦証券諸法による情報開示の一つとして会社情報の収集権が位置付けられている。ただ、これらの理論のいずれによっても、自己の投資の保護ないし会社の監督のために認められているとする点に相違はなく、株主にとっては重要な権利であると考えられている。

そして、会社情報の収集権の発祥国と考えられているイギリスでの展開を確認した。株主の会社情報の収集権はイギリスのコモン・ローで発祥したものであるが、イギリスにおいては会社の企業秘密を巡って株主による会社情報の調査を認めることが会社にとって回避すべき切実な問題となった。そのため会社情報の収集権が制限される方向に向かっていったが、株主の会社情報の収集という観点から検査役制度が整備されて発展していくことになる。

そうした検討を踏まえて、本稿の検討の中心であるアメリカにおける会社情報の収集権の起源とその発展について、初期のコモン・ロー及び州会社法等の沿革を整理した。アメリカにおいて会社情報の収集権は、イギリスでの展開と

は対照的に会社経営陣を監督する権利として株主にとって重要な役割を担っていた。

アメリカのコモン・ローに基づく会社情報の収集権としては適切な時間及び場所でかつ正当な目的という要件が課されていた。そうした要件が課されていたが、閲覧対象となる会社情報の種類は契約書や会社の業務のために存在する資料等のあらゆる文書であった。その後、会社が大規模にかつその在り方がより複雑なものへと発展したことに伴って株主が会社情報に接する機会が減少したため会社情報の収集権が一層重要な権利となった。それゆえ、その権利を尊重するために会社が当該権利行使の拒絶を排除するために法による救済の必要性から権利行使要件が撤廃され、絶対的な権利として規定されるに至った。

しかし、会社情報の収集権を絶対的な権利として位置付けたことにより、株主による会社情報の調査が不当又は違法な目的であったとしても、会社はそれを拒絶できなかったという弊害が各州会社法の修正への誘因となった。そうした状況でその後の各州会社法は会社情報の収集権の行使にコモン・ロー上の要件やそれを加重した要件を課していた一方で、そうした要件を課さない州とさまざまなものがあった。当時の規定の特徴としては、不当拒絶に対する罰則を定めていた点が注目される。さらに州によっては調査の対象となる会社情報に差異があった。

第2章では、各州会社法の統一を目的として1928年に公表された統一事業会社法35条を中心に検討してきた。同法は4つの州で採用されたにすぎなかったが、会社情報の収集権について重要な規定を置いていたと考えられる。

統一事業会社法における会社情報の収集権の特徴として、株主による調査の対象となる会社情報は会計帳簿、各種議事録及び株主名簿であり、形式上一つにまとめていることが挙げられる。ただ、コモン・ロー上の株主による会社情報の収集権の対象が会社の業務のために存在するあらゆる文書であったことに比べるとその対象に制限を加えているという特徴がある。

統一事業会社法における会社情報の収集権を規定した理由はその公表過程で種々の議論があったものの、あくまでコモン・ロー上の権利の成文化であっ

た。そのため、濫用的な権利行使を防止する手段としては権利行使の目的をその判断基準としていた。

2. 模範事業会社法における株主による会社情報の収集権

第3章では州会社法の模範として機能することを目的として1950年に公表された模範事業会社法における株主の会社情報の収集権を検討した。その特徴としては、まず、統一事業会社法と同じく、株主による収集の対象となる会社情報が会計帳簿、各種議事録及び株主名簿となっており、形式上一つにまとめて規定していたことが挙げられる。ただ、模範事業会社法もコモン・ロー上の株主による会社情報の収集権の対象が会社の業務のために存在するあらゆる文書であったことに比べるとその対象に制限を加えているという特徴がある。

模範事業会社法における株主による会社情報の収集権の重要な特色としては、権利行使につき、株式を6か月以上継続的に保有するか、又は発行済株式総数の5％以上の株式保有という継続保有要件又は持株要件を課していたことである。こうした要件を設けることはコモン・ロー上の権利よりも制限するものであった。ただし、コモン・ロー上の権利が排斥されていないことには注意を要する。

さらに、模範事業会社法では権利行使に対する会社の拒絶事由が規定されたことも重要である。模範事業会社法の株主による会社情報の収集権はコモン・ロー上の権利を基礎しながらもそれとは異なり、権利行使要件を定めるとともに濫用的な行使から会社を保護するために拒絶事由を設けていた。模範事業会社法のこうした特徴は当時の州会社法の大きな影響を受けた規定であったと考えられる。

模範事業会社法を州会社法がどの程度採用していたかについては概ね模範事業会社法と同様ないしは類似の規定を有していた州が多かったといえよう。ただ、会社情報の収集権を付与されている株主の範囲や収集の対象となる会社情報といった具体的な内容には様々なものがあり、その多様性は興味深い。

第4章では模範事業会社法における株主の会社情報の収集権につき、1969

年改正を中心に検討した。同年の改正に係る点は比較的軽微なものであったが、その内容は次の3つの重要な改正がされている。第1に、会社情報の収集権を行使できる者の範囲を議決権信託証書の保有者に拡大した。その前提として、議決権信託の受託者にその証書の保有者名簿の作成を要求した。それを株主名簿等と同様に株主及び議決権信託証書の保有者に閲覧謄写に供されるとともに、そこに記載されている情報の不正利用についても会社情報の収集権の拒絶事由としていた点が注目される。

第2に、その対象となる会社情報の範囲を会社情報の収集権の行使目的に関連のある会社情報に限定した。それにより、費用の要する濫用的な情報収集の可能性から会社を保護することとした。株主の権利を保護しつつ、会社の利益も保護する手当てがなされており、会社情報の収集権を規定するにあたっては両者の利益を保護する必要であるという観点は重要であると考えられる。

第3に、会社情報の記録形式については、会社に書面以外による会社情報の保存を認めた。ただ、株主による会社情の収集権の行使に際して提供されるのは会社情報が書面以外の方法であっても、書面で提供されなければならなかった。この点は、会社情報の保存形式の多様化を認めていた効果がかなり限定的であったといえよう。

第5章においては、アメリカ会社法における株主の会社情報の収集権に関する問題点につき、模範事業会社法の公表当時から規定されていた罰則規定の妥当性を中心に検討した。不当拒絶の抑止効果を企図した罰則規定はその後の展開にどういった影響を与えたのであろうか。まず、罰則規定の妥当性につき、*Wood, Walker & Co. v. Evans* 事件を手がかりに検討した。同事件で裁判所は結論として株主に対する損害賠償を認めず、罰則規定は厳格に解釈されると判示した。不当拒絶の抑止を目的とした罰則規定は、株主の会社情報の収集権を保護するという観点は古くから考えられていたが、十分な抑止効果を得られなかった。

そうした状況において、同事件を契機に罰則規定に代わる法的執行手段が検討され、株主の会社情報の収集権に係る手続や請求後の株主に対する補償に重

点が置かれていた。これは会社情報の収集権の法的執行の在り方として、不当な目的による株主の会社情報の調査であっても罰則の脅威から当該権利行使を認めることは妥当ではないと考えられたためである。

そこで会社情報の収集権の行使に関する法的執行手続として、学説において次の4つが提案されていた。第1に、会社情報の収集請求の認否に係る期日の設定であり、そうした期間としては株主が会社情報の収集を請求してから5日が妥当と考えられていた。第2に、迅速な会社情報の収集手続の整備である。これは株主による会社情報の収集の引き延ばしを図る会社経営陣の不当拒絶の排除を目的とした。第3に、不当拒絶に対する救済を求める訴訟における弁護士費用を会社に負担させることである。第4に、不当拒絶に対する訴訟の被告として会社を除外するとともに、株主による会社情報の収集権の行使について会社の利益のために善意で正当に拒絶した役員は、株主の訴訟費用を負担しないとすることである。

こうした種々の提案は会社経営陣による不当拒絶を防止するとともに会社情報の調査の不当な引き延ばしの防止も目的とするものであった。株主の権利の確保という観点も重要であるが、それと同時に株主権の濫用的行使の防止という観点も必要になる。ちなみに模範事業会社法は1984年に抜本的な改正がされるが、こうした提案のいくつかが取り入れられることになる。その一方で、1978年には株主の会社情報の収集権を補完するものとして、年次財務諸表が一般に公正妥当と認められた会計原則に基づいて会計年度の財務諸表を作成された場合は株主に提供することを要求した。これは、アメリカにおいて会社情報の収集権を補完する会社情報を収集する制度として重要な意義を有していたものと考えられる。

第6章では、1984年に抜本的な改正がなされた模範事業会社法の検討を行った。同法では株主の会社情報の収集権についても大きく変更が加えられることになる。具体的に、16.01条では会社に保存を求める会社情報を具体的に規定した。そこでは株主総会あるいは取締役会の議事録のみならず、会社が自ら設置した取締役会内の委員会の記録も保存の対象としてそれを会社情報の収

集権の対象としていたことは興味深い。ただ、その対象は取締役会内に設置された委員会の記録であったのに加えて、通常の委員会の記録ではなく、株主の責任追及に対する会社の対応に関する議論の保存が想定されており、その意義は限定的であると思われる。

それとともに、株主の会社情報の収集権を規定する16.02条では、6か月以上株式を継続的に保有するか、又は発行済株式総数の5％以上の株式を保有する名義株主という権利行使要件及び会社の不当拒絶に対する罰則規定は設けておらず、廃止されたものと解されうる。そして、会社情報の収集権を行使する前提条件として、当該権利行使の少なくとも5日前に会社に対して通知することも初めて要求されることとなった。

そのうえで、会社情報についても機密性の高さで分類をし、その分類によって会社情報の収集権の行使に関する手続を区別したことも注目される。機密性の低い会社情報については、株主が会社に対して所定の通知をすれば調査する権利が付与された。それに対して、機密性の高い会社情報は、所定の通知したうえで当該権利行使が善意でかつ正当な目的があり、合理的な特定性をもって調査の目的及び調査を求める記録が説明されることに加えて、その記録が請求目的と直接に関連があることを要件とした。そこでは権利行使の認否の基準となる正当な目的の内容が重要となる。

さらに、16.03条では、株主名簿については請求後に編纂されたものを株主に対して提供することとしている。この点は、委任状勧誘といった株主名簿に記載されている情報を利用しようとする株主にとっては、株主名簿の作成方法として記録されている株主をアルファベット順にすることを要求する16.01条(c)項と相俟って、その利便性が高まったと考えられる。会社の不当拒絶に対する救済手段として、16.04条では裁判所は迅速な手続で株主の申立てについて聴聞をしなければならないとした。その申立てにつき、裁判所が閲覧の命令を下した場合、その株主が訴訟に要した費用を会社に負担させることができた。もっとも、株主による会社情報の収集権の拒絶に対しては会社側にも一定の配慮がされていた。そうした手当てとしては、会社が善意で閲覧を拒絶した

ということを立証した場合には費用の負担がなかったことが挙げられる。

　この他に、株主による会社情報の収集権の濫用を抑止するという観点からは、16.03 条（c）項で会社情報の収集権の行使に係る会社が要した費用を株主に請求できるとした点が注目される。さらに、16.04 条（d）項は株主による会社への潜在的な阻害行為からの保護を目的として、会社情報の収集権の行使によって得られた情報の利用や配布を制限する権限を裁判所に与えた。これは株主の不当な権利行使を抑止するとともに、会社情報の収集権の行使による企業秘密の漏洩の防止を意図したものと考えられる。

　このように、模範事業会社法における株主による会社情報の収集権は、1984年改正によってその行使につき、株式の保有数ないし保有期間要件の撤廃によって利用しやすくなったとともに、その実効性を確保するための手続や会社の拒絶に対する救済手段も充実したと考えられる。その一方で、会社情報の収集の拒絶や濫用的行使に対する会社の事務負担の軽減といった一定の配慮も窺われる。この改正により、会社情報の収集権に関する規定全体として株主と会社との利益を調和した構成になったものと思われ、会社情報の収集権の在り方を検討するうえでは重要な視点である。

　第 7 章では、1990 年代以降の模範事業会社法の展開と株主の会社情報の収集権の関係について検討を行った。同法は 1984 年改正以降も数度の改正を経ており、そこでは会社情報の収集権についての手当てもされていた。具体的にその内容は次のとおりである。

　まず、1998 年に会社情報の収集権について改正がされている。この改正は主として会社情報の謄写や会社情報の収集権の対象となる範囲であった。具体的に次の 3 つを内容とする。第 1 に、16.03 条（b）項で株主に対して電子的送付による会社情報の提供を会社に認めたことである。これは会社が電子的に会社情報を提供することを可能にした。その一方で、電子的送付又はその他の類似する方法によって会社情報の謄写物の提供に関する不当な負担を会社に課さないことを保証するために規定したものである。

　第 2 に、16.02 条（b）項で株主に株主名簿の調査を認める代わりに「合理

的に最新の（reasonably current）」株主名簿の提供に関して、会社に選択権を
与えたことである。1998 年改正ではその編纂に係る費用を株主で負担するこ
とを条件に会社が株主名簿の編纂に応じるものとした。これにより、株主の濫
用的な会社情報の収集権を抑止するとともに、会社の不要な支出の防止を目的
としたと思われる。

　第 3 に、条文自体の改正ではないが株主による会社情報の収集権の運用につ
いて見直しがされている。その対象となったのは、いわゆる NOBO List と呼
ばれる自身の開示に異議を唱えない実質的保有者の名簿の取扱いである。この
点については判例上の争いがあった点でもあり、模範事業会社法の 1998 年改
正ではその点に関する手当てがされている。

　次いで、模範事業会社法の 2009 年改正では次の 2 つが改正されている。第
1 に模範事業会社法における定義が改められたことに伴う若干の文言の修正が
され、第 2 に会社情報の収集権の対象についての改正がされている。前者につ
いては、模範事業会社法において文書（document）、電子的記録（Electronic
Record）等の定義が新たに追加された。それに伴い、会社情報についても書
面以外での保存が認められていたことや会社情報の収集権の行使に際して株主
に会社への通知を要求していたため、その平仄を合わせる手当てがされた。後
者については、会社情報の収集権の対象となっていた取締役会の委員会の記録
が会社を代表して取締役会の代わりに行った行為以外の委員会の記録も対象と
なった。

　そして、2010 年の模範事業会社法の改正は株主総会の基準日の改正に伴う
改正であり、この改正で 16.02 条（b）項が追加されてそれ以降の条項は繰り
下がっている。同年の主たる改正点は株主総会の参加方法とその基準日の多様
化を認める改正であり、それに伴い会社情報の収集権も一定の手当てがされ
た。

　模範事業会社法の 2010 年改正では、まず、株主の株主総会にインターネッ
トないし電話会議といった遠隔参加について、取締役会に遠隔参加（remote
participation）に関する指針（guidelines）と手続を定める権限を与えてそれ

341

らを条件として遠隔参加を認めるとするものである。次いで、7.03条、7.05条、7.07条及び7.20条を改正した。この改正は、株主総会において議決権を付与される株主を決定する基準日を当該総会の招集通知を受領した日と異なる日にする権限を取締役会に付与するものである。これは、議決権の行使の基準日を株主総会と近接して設定することで株式の保有と議決権の平仄を合わせることが意図された改正である。その改正に伴って会社情報の収集権が改正され、そこでは株主総会の通知日後に株主となる者についての当該総会に係る情報収集権が整備された。

3．2016年改正模範事業会社法等とわが国への示唆

　第8章では、2016年に改正された模範事業会社法における会社情報の収集権を検討した。それに加えて、アメリカにおいて主要な会社法と考えられているデラウェア州会社法、ニューヨーク州会社法、カリフォルニア州会社法の規定を概観し、それら州会社法と模範事業会社法との比較を行った。

　模範事業会社法の2016年改正は1984年の模範事業会社法の改正以降で初めてとなる全面改正と位置付けられており、その改正で会社情報の収集権についても一定の整備がなされた。そこでは規定の整理がされたほか、会社情報の収集権の行使によって得られた会社情報の秘密保持合意の締結や、会社にも利用又は配布について合理的な制限を課す権限が認められた。こうした手当ては株主による会社情報の収集権の濫用的行使に対して一定の抑止効果が期待される。

　その一方で、主な州会社法として考えられているデラウェア州会社法、ニューヨーク州会社法、カリフォルニア州会社法では、会社情報の収集権に次のような規定を有していた。まず、デラウェア州会社法及びニューヨーク州会社法では、模範事業会社法と同様に、株主がその行使を希望する5日前に会社に対して通知を求めている。次いで、これら州会社法では正当な目的の内容についても言及している点が注目される。すなわち、会社情報の収集権を行使するための目的を「株主としての利益に合理的に関連のある目的」と定義する。

終章

そのうえで、裁判所が会社情報の収集権の行使に関する紛争において広範な裁量権を付与していた。デラウェア州会社法では、裁判所に調査の対象となる会社情報の範囲を定めることや条件を付すといった種々の制限を課す権限を与えている。そのうえで、会社情報の収集権の行使に係る紛争について迅速な手続で行うことを規定している。ニューヨーク州会社法でも迅速な手続で会社情報の収集権に関する紛争解決を要求する。カリフォルニア州会社法においても、不当拒絶に対する救済について裁判所に裁量を与えるとともに第三者である検査役の選任を裁判所に認めている。

そうしたアメリカ会社法での歴史的展開の検討を受けて、第9章でわが国における株主の会社情報の収集権の意義やその沿革を明らかにして判例の動向を整理した。わが国の会社法は、会社情報の収集権を別個に規定したためわかりづらい規定となっているが、その解釈や問題点には共通点が多い。さらに、会社情報の収集権は監督是正権を効率的、合理的あるいは適切に行使するために機能する株主権と考えられながらも、株主権の連関が十分であるとは言い難い。ただ、会社情報の収集権を広く認めると濫用的行使の増加が当然に想定され、その点についても十分な配慮がされる必要があろう。

アメリカにおいて、株主の会社情報の収集権は効果的に会社経営陣を監督するための基本的な権利であると考えられている。他方で、会社情報の管理について、会社経営陣に過剰な権限を与える会社情報の収集権に関する規定は、会社経営陣に悪用される危険がある。同時に、会社経営陣は会社の競業者や嫌がらせ目的の株主による会社情報の収集権の行使を通した阻害行為から会社を保護する地位にあるとされている[1]。

これに対して、わが国においては株主による濫用的行使や会社が権利濫用に藉口して正当な権利行使を妨げる等の危険を考慮して、会社情報の収集権の行使を認めることに消極的であることが窺われる。さらに、株主には取締役の経

---

1) Randall S. Thomas, *Improving Shareholder Monitoring of Corporate Management by Expanding Statutory Access to Information*, 38 ARIZ. L. REV. 331, 369 (1996).

営監督機能を果たすための監督是正権が重要と考えられているが、それを行使するとしても、とりわけ上場会社においては株主数が多いため十分な会社情報を入手しづらく、会社経営者との情報の非対称性も大きくなる。そのため責任追及が十分に出来ないおそれがあり、会社経営者との情報の非対称性が監督是正権の行使に際して大きな障害となっている。

　株主が直接に会計帳簿等の閲覧謄写を請求できる制度は比較的稀であるといわれるが[2]、その母法であるアメリカ会社法のように会社情報の収集権の行使を積極的に認めることにより、諸外国の会社法制から見て株主は弱い立場にあるとされているわが国の会社法制の転換のきっかけになるものと思われる。コーポレート・ガバナンス（企業統治）の向上のために、株主権の適切な行使が重要な役割を担っている。その前提となる会社情報の収集を容易にすることは監督機関としての株主の地位を高めるものであり、近時重要視されている株主ないし投資者と会社との対話が有意義なものになると思われる。

　しかし、株主の会社情報の収集権の行使を広く認めるとすると濫用的行使の危険性が高まる。会計帳簿や取締役会議事録は企業秘密を多く含んでいるため、そうした企業秘密の漏洩により会社に対する損害が懸念され、結果として株主全体に不利益となりうる。そこでアメリカ会社法をモデルとするわが国の会社情報の収集権に関する規定の在り方として、株主と会社の両者の利益保護を実現するために、次のような手当てをすることでその機能を効果的に発揮できるものと思われる。

　まず、会社情報の収集権の法的執行に係る迅速な手続を規定することが必要であるように思われる。かねてより、会社情報の収集権の母法であるアメリカにおいて株主に簡易迅速な特別の救済手続が与えられているため、わが国においても株主による会社情報の収集権の特殊性に鑑み、実体法上の権利を認めるにとどまらず、手続法上でも権利を迅速に実現する立法の必要性が主張されてきた[3]。会社情報の収集権の行使する局面においては、たとえば、株主提案権

---

2)　江頭憲治郎『株式会社法（第7版）』707頁注2（有斐閣、2017年）

のように株主総会との関係で迅速さが要求される場合が多い[4]。あるいは、取締役等の責任追及をする場合においても、それに必要となる情報を事前に入手しておくことは責任の立証への障害が低くなるとも考えられる[5]。

さらに、謄写費用についても規定として設けることも必要があるのかもしれない。わが国の会社情報の収集権は株主が定款や計算書類についてはその謄本等を請求した場合、株主は会社の定めた費用の支払いを要求されている（会社法31条1項、442条3項但書）。そうした規定がされていない株主名簿等についても、謄写等に関する費用を徴収できると考えられているが[6]、条文ではその点についての言及がされておらず、会社情報の収集権を規定する規定の相互関係からは検討の余地があろう。

ちなみに、実務においては次のように考えられている。すなわち、謄写とは自分で写しをとるという意味であるから謄写費用も株主の負担すべきと解されている[7]。そうした理解を前提に、会社は閲覧謄写請求権の対象となる会社情

---

3) 上柳克郎＝鴻常夫＝竹内昭夫編集代表『新版注釈会社法 (9) ―株式会社の計算 (2)』213頁［和座一清］（有斐閣、1988年）。久保田光昭「帳簿・書類閲覧権に関する立法論的考察―その実効性確保のために―」吉川栄一＝出口正義編『石田満先生還暦記念論文集 商法・保険法の現代的課題』196頁（文眞堂、1992年）は、裁判上の迅速な強制手続を設ける場合、それとともに会社に閲覧請求の認否を考慮する一定の猶予期間を認めることが妥当であると述べている。

4) 吉垣実「株主名簿閲覧謄写請求に関する仮処分命令―手続法的視点から―」川嶋四郎＝中東正文編『会社事件手続法の現代的課題』202頁（日本評論社、2013年）は、株主名簿の閲覧謄写請求事件の処理にあたっては、当該請求の有する手段生ないし緊迫性という特徴を踏まえた観点から請求者には低廉かつ簡易迅速な救済手段が与えられるべきであると主張している。

5) 木俣由美「適切な経営監視のための株主の情報収集権―会計帳簿閲覧権を中心に―」産法38巻1号22頁（2004年）も、そうした略式手続に関する規定は訴訟等で取締役の責任を追及しようと目論む株主にとっては証拠収集のための有用な手段となると主張する。

6) 山下友信編『会社法コンメンタール3―株式 (1)』292頁以下［前田雅弘］（商事法務、2013年）、江頭憲治郎＝弥永真生編『会社法コンメンタール10―計算等 (1)』140頁［久保田光昭］（商事法務、2011年）等参照。

345

報に共通の閲覧規程等を定めて、具体的な請求手続や費用等について規定されているようである[8]。

　もっとも、謄写に要する費用徴収については会社の裁量に委ねているのに疑問がないではない。2016 年版株主総会白書によれば、謄写に係る費用に関して最も多かった回答が、その対応基準を定めずにケース・バイ・ケースで対応している会社である。次いで、多かったのが対応基準を設けて原則徴収している会社であるとされている[9]。しかし、会社情報の収集権について会社によって対応が異なるのは、会社情報の収集権の障害となるだけではなく、ケース・バイ・ケースでの対応が会社の裁量権を濫用する原因にもなりかねない。そこで会社情報の収集に要する費用負担について条文で明確に規定することは、濫用的行使の抑止や会社の事務負担の軽減という観点から検討に値するものと思われる。

　そして、会社情報の収集権の行使によって得られた情報について、株主と会社の間での秘密保持合意の締結も重要な観点であると考えられる。この点、アメリカにおいて、株主名簿の閲覧謄写につき株主のプライバシーを保護するという会社の利益は、当該請求をした株主と適切な秘密保持契合意（confidentiality agreements）の締結によって十分に保護されると指摘されている[10]。会計帳簿の閲覧謄写請求権が少数株主権とされていることや、株主名簿や取締役会議事録の閲覧謄写に係る訴訟において問題となるのが得られた情報の不正利用が懸念されることによる。そうした問題に鑑みると、株主による会社情報の収集権の保障とともにその権利の濫用の抑止として実効性の高い方法と思われる。アメリカの模範事業会社法の 2016 年改正で秘密保持合意の締結を会社

---

7)　東京地方裁判所商事研究会編『類型別会社訴訟 II（第 3 版）』656 頁、690 頁（判例タイムズ社、2011 年）。

8)　宍戸善一監修『会社法実務解説』86 頁（有斐閣、2011 年）。

9)　商事法務研究会編「2016 年版株主総会白書─対話型総会プロセスへの志向─」商事2118 号 87 頁（2016 年）。

10)　Thomas, *supra* note 1, at 369.

終章

及び裁判所の権限として認めていることからすれば、会社情報の漏洩に伴う
種々の弊害を防止策としてはその効果が期待される。

ただ、企業秘密に関わる情報は一般の株主に提供されるべきではないとも主
張され、秘密保持合意ではそうした重要情報に関して会社を十分に保護するも
のではないともいわれる[11]。そこで秘密保持合意の実効性を高める方法とし
て、その合意に反して得られた会社情報の不正利用があった場合には、それに
よって得られた経済的利益があればその額を罰則によって没収することや利益
が得られていない場合であっても一律の罰則を課すことが考えられる。たとえ
ば、会社情報の収集に係る罰則との平仄を合わせた規定を設けることも検討に
値すると思われる。

もとより、過料の制裁を科すだけでは不当拒絶に対する抑止効果が十分に期
待できない。そのため、会社経営陣がもっぱら支配権維持を目的に反対派株主
による会社情報の収集を不当に拒絶した場合には株主の負担した弁護士費用等
の損害賠償義務が積極的に認められるべきであるともいわれてきた[12]。ある
いは、株主側からみれば入手した情報を安易に処分したときにおける「情報管
理者責任」を課すことも必要であるかもしれない[13]。

そのうえで、会社情報の収集に関する裁判所の権限の明確化することであ
る。裁判所が株主の出捐した訴訟費用の負担を会社に命じることができること
を前提に、会社が株主による濫用的な会社情報の収集権の行使を拒絶した場合
についてはその責任を免除するといった模範事業会社法の救済規定の在り方は
参考になる[14]。また、その利用の制限も会社の利益、ひいては他の株主の利
益保護を図れるものと思われる。

---

11) Thomas, *supra* note 1, at 370.

12) 久保田・前掲（注3）196頁

13) 尾崎安央「株主名簿閲覧請求と権利濫用」判タ948号25頁（1997年）。

14) 上柳ほか・前掲（注3）213頁［和座一清］は、会計帳簿閲覧謄写請求権を行使して
株主代表訴訟が提起された場合等には、閲覧謄写に係る費用を会社の負担すること
が望ましいと述べている。

347

会社情報の収集権の行使を巡る訴訟において、裁判所が当事者に秘密保持合意を締結させることや中立的な閲覧者を条件とするといった会社情報の収集権の行使に対する柔軟な運用は、日本の実務においても参考になるといわれる[15]。たとえば、カリフォルニア州会社法における会社情報の収集権の行使の不当拒絶に対する救済手段として規定されている裁判所による検査役の選任は、企業秘密の保持という観点からも適切な救済手段であるといえよう。わが国においても、株主に会計帳簿閲覧請求権を認めるとともに、その行使方法については裁判所に対して帳簿等の調査を行うための検査役の選任とその検査役を通じて調査させる制度を設けるべきであると主張されてきた[16]。こうした制度を補充的に活用することも有用であると考えられる。

　本稿は、アメリカ会社法における会社情報の収集権につき、模範事業会社法の歴史的展開を中心に検討し、わが国の規定の在り方への有益な示唆を得ることができた。ただ、他の株主権との関連や各州会社法あるいは連邦証券諸法との関係については未だ検討の余地がある。そうした検討を本稿の課題とし、他日に期したい。

---

15)　木俣由美「取締役会議事録閲覧・謄写権の『必要性』の要件の検討—株主代表訴訟提起権の濫用規制を参考に—」出口正義ほか編著『企業法の現在—青竹正一先生古稀記念』320頁（信山社、2014年）。なお、欧州諸国では少数株主の申立てに基づき裁判所が選任した検査役が会社の業務及び財産を調査する制度が広く採用されているとしている（江頭・前掲（注2）596頁注4）。この点につき、上田純子「中立的社外者による会社情報の収集と利害調整」法政79巻3号293頁（2012年）を参照。

16)　柿崎榮治「会計帳簿閲覧請求権の機能性と権利濫用防止の諸問題（下）」商事1384号18頁（1995年）。

澤山　裕文（さわやま・ひろふみ）

1986 年　北海道に生まれる
2009 年　札幌学院大学法学部法律学科　卒業
2011 年　札幌学院大学大学院法学研究科修士課程法学専攻　修了
2016 年　専修大学大学院任期制助手（法学研究科）
2018 年　専修大学大学院法学研究科博士後期課程民事法学専攻　修了
　　　　　博士（法学）
2018 年　専修大学法学部助教

（主要論文）
「アメリカの 1984 年改正模範事業会社法と株主の会社情報の収集権〜改正の経緯とその特徴の検討を中心に〜」専修法研論集 60 号 1 頁以下（2017 年）、「日米の会社法における株主の会社情報の収集権」専修総合科学研究 24 号 115 頁以下（2016 年）、「アメリカ会社法における株主による会社情報の収集権に関する問題点の検討〜模範事業会社法の 1970 年代の展開を中心に〜」専修法研論集 59 号 1 頁以下（2016 年）等。

アメリカ会社法における株主の会社情報の収集権
〜模範事業会社法の改正の経緯を中心に〜

2019 年 2 月 28 日　第 1 版第 1 刷

著　　者　澤山　裕文

発 行 者　笹岡　五郎

発 行 所　専修大学出版局
　　　　　〒 101-0051　東京都千代田区神田神保町 3-10-3
　　　　　　　　　　　　　　　（株）専大センチュリー内
　　　　　電話 03-3263-4230（代）

印　　刷
製　　本　亜細亜印刷株式会社

Ⓒ Hirofumi Sawayama 2019　Printed in Japan
ISBN 978-4-88125-336-6